# 기업의 사회적 가치 측정

사회적 가치 측정 체계 개발을 위한
한–중 공동의 여정

**SK** · 중국 국유자산감독관리위원회(**SASAC**)
사회적 가치 공동연구팀

# 기업의 사회적 가치 측정
사회적 가치 측정 체계 개발을 위한 한-중 공동의 여정

**초판 1쇄 발행** 2021년 03월 01일

**지은이** SK·중국 국유자산감독관리위원회(SASAC) 사회적 가치 공동연구팀
**펴낸이** 장현수
**펴낸곳** 메이킹북스
**출판등록** 제 2019-000010호

**디자인** 안영인
**편집** 안영인, 장지연
**교정** 안지은
**마케팅** 오현경

**주소** 서울특별시 금천구 가산디지털1로 142, 312호
**전화** 02-2135-5086
**팩스** 02-2135-5087
**이메일** makingbooks@naver.com
**홈페이지** www.makingbooks.co.kr
ISBN 979-11-91014-95-2(93300)
값 12,000원

ⓒ SK·중국 국유자산감독관리위원회(SASAC) 사회적 가치 공동연구팀 2020 Printed in Korea

잘못된 책은 구입하신 곳에서 바꾸어 드립니다.
이 책의 전부 또는 일부 내용을 재사용하려면 사전에 저작권자와 펴낸곳의 동의를 받아야 합니다.

홈페이지 바로가기

메이킹북스는 저자님의 소중한 투고 원고를 기다립니다.
출간에 대한 관심이 있으신 분은 makingbooks@naver.com로 보내 주세요.

# 발 간 사

이제 사회적가치연구원(CSES)이 설립된 지 만 3년이 다 되어가고 있습니다. 그동안 저희 연구원은 사회적 가치의 '측정'과 '인센티브'를 중심으로 여러 이해관계자와 다양한 연구를 전개하였습니다. 대표적으로 사회적 기업이 만들어 내는 사회적 가치를 측정하여 일정 비율만큼 현금으로 보상하는 SPC(Social Progress Credit) 프로젝트를 운영하고 있고, 국내의 저명한 연구진들과 「CSES 연구총서」도 발간하고 있습니다. 한국의 공공기관, 중국의 국유자산감독관리위원회(국자위), 유럽의 Value Balancing Alliance(VBA) 등 다양한 기관들과 사회적 가치에 대해 협력하고 있습니다.

그중 중국 국자위와의 사회적 가치 공동연구 성과를 담아 CSES의 첫 번째 연구보고서를 출판하고자 합니다. 지난 2019년 2월 중국 베이징에서 공동연구를 착수한 이래, 양측 연구진은 사회적 가치에 대한 심도 깊은 논의를 하였습니다. 특히 같은 해 8월 SK가 주최한 이천포럼에서 한국의 민간기업과 중국의 국유기업이라는 차이를 뛰어넘는 공동의 연구경과를 발표하며 상호 간의 폭넓은 이해와 교류를 할 수 있었습니다. 이제 저희 연구원뿐만 아니라 한중의 많은 연구진의 노고가 담긴 연구보고서를 여러분과 함께 나누고자 합니다.

본 연구보고서가 나오기까지 많은 분들께서 물심양면으로 도와 주셨습니다. 무엇보다 국자위와의 사회적 가치 연구의 물꼬를 터주시고 적극적으로 지지해 주신 최태원 SK 회장님께 깊은 감사를 드립니다. 본 연구의 좌장을 맡아 처음부터 끝까지 이끌어 주신 이형희 SK SV위원장님과 펑화강 중국 국자위 비서장님께 감사 드립니다. 또한 연구의 내용이 충실할 수 있도록 많은 자문을 해 주신 문명재 교수님, 라준영 교수님, 김인선 교수님께도 감사의 말씀 전합니다.

아무쪼록 본 연구보고서가 한국과 중국의 사회적 가치 연구에 작은 밀알이 되어 더 깊고 활발한 연구로 이어질 수 있기를 바라겠습니다.

감사합니다.

2021년 3월
사회적가치연구원장
나 석 권

# 인 사 말

지난 2018년 1월 다보스 포럼과 4월 보아오 포럼에서 SK와 중국의 국유자산감독관리위원회(국자위)는 기업의 사회적 가치 측정과 창출에 대한 상호 간의 공감대를 확인한 이후, 이에 대한 공동연구에 합의하게 되었으며, 사회적가치연구원(CSES)과 국자위 산하 연구센터를 중심으로 연구진을 구성하여 본 연구를 착수하였습니다.

2019년 2월 중국 베이징에서 양측의 사전 연구 발표로 시작된 공동연구의 초반에는 한국과 중국에서의 사회적 가치 개념에 대한 차이를 이해하는 것이 어려웠습니다. 관련된 용어도 다르고, 오랜 시간을 두고 발전하여 온 이론이나 학문체계에도 차이가 있었습니다. 그러나 수개월 동안 인내심을 가지고 여러 차례 걸친 토의를 통해 서로에 대해 이해하기 시작하였고, 양측이 추구하는 사회적 가치가 가지는 의미는 크게 다르지 않다는 것을 깨닫고 마침내 1년 5개월 만에 하나의 연구 결과를 발표하게 되었습니다.

본 연구는 중국 국유기업에 적용할 사회적 가치 측정체계와 지표를 SK의 DBL(Double Bottom Line) 측정경험을 바탕으로 연구하고 개발한 결과입니다. 금번 연구를 통해 한국 민간기업의 측정 지표를 중국 국유기업에도 적용할 수 있음을 확인하고 사회적 가치 측정의 국제 표준화에 대한 자신감을 얻게 되었습니다. 그러나, 모든 지표가 완전히 동일하게 적용된 것은 아니며, 서로 다른 국가의 관점에서 바라볼 때 사회문제에 대한 인식과 성과의 정의가 다를 수 있다는 것도 깨닫게 되었습니다. 본 연구의 경험은 앞으로 사회적 가치 측정의 표준화를 위한 국제적 협력에 매우 가치 있는 자산이 될 것입니다.

이제 한국과 중국의 기업들이 사회적 가치에 대한 다양한 연구를 할 수 있는 초석이 마련되었습니다. 사회적가치연구원과 국자위의 공동 연구팀은 앞으로 2차 연구를 통해 추가적인 연구를 지속해 나갈 것을 이미 합의한 바 있습니다. 본 보고서를 통해 한-중 간의 사회적 가치 연구와 사회적 가치 창출을 위한 공동 노력에 많은 연구자와 기업들의 관심과 참여를 기대하고, 나아가 국제적 협력의 확산으로 발전하기를 기원합니다. 감사합니다.

2021년 3월
SK SV위원회 위원장
이 형 희

# CONTENTS

| | |
|---|---:|
| 발간사 | ⋯ 4 |
| 인사말 | ⋯ 5 |
| 서문 | ⋯ 10 |

## 제1장  기업의 사회적 가치 이론연구 및 실천

### 1. 이론연구 ⋯ 14
    1.1. 국제 이론연구 ⋯ 15
    1.2. 한국 이론연구 ⋯ 20
    1.3. 중국 이론연구 ⋯ 25

### 2. 다양한 지역에서의 실천 ⋯ 31
    2.1. 국제사회에서의 실천 ⋯ 31
        2.1.1. 기업의 사회적 책임(CSR) 관련 국제 동향 ⋯ 31
        2.1.2. 사회책임투자(SRI) 관련 국제 동향 ⋯ 33
    2.2. 한국에서의 실천 ⋯ 35
        2.2.1. 개요 ⋯ 35
        2.2.2. 글로벌 이니셔티브 참여 ⋯ 35
        2.2.3. 지속가능성 보고 및 연구 활성화 ⋯ 36
        2.2.4. 한국기업의 지속가능경영 실천 사례 ⋯ 38
    2.3. 중국에서의 실천 ⋯ 40
        2.3.1. 개요 ⋯ 40
        2.3.2. 글로벌 이니셔티브 참여 ⋯ 42
        2.3.3. 지속가능성 보고 및 연구 활성화 ⋯ 43
        2.3.4. 중국 기업의 지속가능경영 실천 사례 ⋯ 44

### 3. 사회적 책임과 사회적 가치의 측정과 평가체계 ⋯ 55
    3.1. 국제사회에서의 지속가능경영 및 사회적 가치의 평가 ⋯ 55
        3.1.1. ESG INDEX ⋯ 55
        3.1.2. ESG Analytics ⋯ 57
        3.1.3. 사회적 가치 측정 주요 이니셔티브 ⋯ 58

3.2. SK Double Bottom Line ··· 60
　　3.3. CASS-CSR4.0 중국 기업 사회책임 발전지수 지표체계 ··· 68
　　3.4. 중국 내 기타 조직 혹은 기구의 기업 사회적 책임 지표 ··· 75
**4. 소결** ··· 81

## 제2장 한-중 기업 사회적 가치 지표체계

**1. 한국 SK DBL 지표체계** ··· 84
　1.1. 한국 SK DBL 지표체계의 특징 ··· 84
　1.2. 거버넌스(G) ··· 86
　1.3. 사회(S) ··· 87
　　1.3.1. 제품 서비스 성과 ··· 87
　　1.3.2. 노동성과 ··· 90
　　1.3.3. 동반성장 ··· 94
　　1.3.4. 사회공헌 사회성과 ··· 98
　1.4. 환경(E) ··· 100
　　1.4.1. 측정방식 ··· 101
　　1.4.2. 환경 영향 ··· 102
　　1.4.3. 측정범주(성과발생위치) ··· 103
　　1.4.4. 환경성과의 지표구성 ··· 106

**2. 중국기업의 사회적 가치 지표체계** ··· 107
　2.1. 중국기업의 사회적 가치 지표체계 구축 구상 ··· 107
　2.2. 거버넌스(G) ··· 113
　　2.2.1. 주주 책임 ··· 113
　2.3. 사회(S) ··· 115
　　2.3.1. 고객 서비스 ··· 115
　　2.3.2. 사업파트너 ··· 117
　　2.3.3. 거시 경제 ··· 123
　　2.3.4. 직원 책임 ··· 124
　　2.3.5. 지역 사회 ··· 128
　2.4. 환경(E) ··· 132
　　2.4.1. 환경 보호 및 개발 ··· 132

## 제3장 한-중 사회적 가치 지표체계의 비교분석

### 1. 지표체계 비교 ··· 140
    1.1. 측정 및 지표체계 개발의 목적 및 개발 과정 ··· 140
    1.2. 지표체계 구성과 성과영역 ··· 141

### 2. 측정원칙의 비교 ··· 144
    2.1. 이해관계자 회계 원칙 ··· 144
    2.2. 결과(Outcome) 위주의 측정 ··· 145
    2.3. 기준점(Baseline) ··· 145
    2.4. 기준값(Proxy)의 설정 ··· 147
    2.5. 측정의 범위 ··· 148
    2.6. 기타 측정산식의 적용 원칙 ··· 148

### 3. 세부영역별 지표 비교 ··· 150
    3.1. 거버넌스(G) ··· 150
    3.2. 사회(S) ··· 151
        3.2.1. 삶의 질 개선 성과 對 고객 성과 ··· 154
        3.2.2. 동반성장 對 사업파트너 성과 ··· 156
        3.2.3. 경제간접기여 對 거시 경제 성과 ··· 158
        3.2.4. 노동 對 직원 책임 성과 ··· 159
        3.2.5. 사회공헌 사회성과 對 지역사회 성과 ··· 160
    3.3. 환경(E) ··· 161
        3.3.1. 환경오염 지표: 온실가스, 대기오염, 수질오염 ··· 163
        3.3.2. 환경오염 지표: 폐기물 ··· 165
        3.3.3. 자원소비 지표 ··· 166
        3.3.4. 환경재생 지표 ··· 169

## 제4장 한-중 기업의 사회적 가치 측정 사례

### 1. 한국 기업의 사회적 가치 측정 사례 ··· 174
    1.1. SK텔레콤 ··· 174
    1.2. SK 이노베이션 ··· 181
    1.3. SK E&S ··· 186
    1.4. 한국토지주택공사(LH) ··· 191

### 2. 중국기업의 사회적 가치 측정 사례 · · · 196

    2.1. 중국화능그룹 · · · 196
    2.2. 중국화전그룹 · · · 200
    2.3. 차이나모바일 · · · 204
    2.4. 동풍자동차 · · · 216
    2.5. 중국건재 · · · 218
    2.6. 중국교통건설 · · · 235
    2.7. 중국석유화학 · · · 244

## 제5장 시사점 및 전망

### 1. 시사점 · · · 252
### 2. 전망 · · · 257

한-중 기업 사회적 가치 연구 여정 · · · 260
참여 연구진 명단 · · · 262
참고 문헌 · · · 264

# 서문

사회가 발전함에 따라, 기업의 사회적 책임이 중요하게 논의되고 있다. 점점 더 많은 기업들이 사회적 책임을 적극적으로 수행하고 있으며, 사회적 가치를 창출하는 일에도 큰 관심과 노력을 기울이고 있는 추세다. 이들은 사회적 책임을 수행하고 사회적 가치를 창출하는 일이 기업의 이미지 제고뿐 아니라, 사업의 핵심 경쟁력을 강화하며 지속가능한 성장을 실현하는 데 필수불가결한 것임을 분명히 인식하고 있다.

한국에서 '사회적 가치'는 이미 국가적 논의과제로 자리매김했다. 21대 국회의 최초 법안으로 '공공기관의 사회적 가치 실현에 대한 기본법'이 발의된 사실이 그것을 뒷받침한다. 중국의 시진핑 국가주석 또한 '오직 배려하는 마음이 있는 부만이 진정으로 의미가 있는 부이며 오직 적극적으로 사회적 책임을 지는 기업만이 경쟁력과 생명력이 있는 기업이다.'라고 지적한 바 있다. 또한 국제사회는 지난 30년간 기업의 사회적 책임의 이행 및 사회적 가치의 창출을 강조하여 왔다. UN, 다양한 국제 기구, GRI(Global Reporting Initiative) 등 국제적 표준화를 지향하는 조직들은 지속적으로 기업의 사회적 책임(CSR) 또는 지속가능성(Sustainability) 관련 기준, 수칙, 제안을 제시하고 기업들의 동참을 적극 촉구하고 있다. 세계 자본시장도 'ESG 투자'라는 개념으로 상장 기업들이 사회적 책임을 이행하는 것을 적극적으로 요구하고 있으며, 각국의 증권거래소는 빠른 속도로 상장 기업의 환경, 사회 및 거버넌스 분야에 대한 공시를 제도화하고 있다.

한-중 양국은 이미 각기 기업의 사회적 책임 및 사회적 가치 창출에 대하여 상당한 연구를 진행하였고, 연구한 바를 다각도로 실행하고 있다. 중국에서는 2008년에 국무원 국자위에서 〈중앙기업의 사회적 책임 이행에 관한 지도의견〉을 발표한 후 중앙기업은 사회적 책임을 이행하는 모범이 되어 중국 기업들에 본보기를 보여주었다. 한국에서는 최근 SK그룹과 POSCO 등을 비롯한 기업에서 '사회적 가치' 또는 '기업시민'이라는 개념을 비즈니스에 적극 반영하기 시작하였으며 2007년 법제화된 '사회적 기업'을 중심으로 사회적 경제가 발달하고 있다.

기업의 사회적 가치 창출은 기업의 사회적 책임이라는 개념에 비해 새롭게 제시되고 있는 개념이다. 기업의 사회책임활동은 사업과 별개의 활동, 즉 기업가치와 직접적 관계가 적은 활동으로 인식되어 왔다. 이에 반해, 사회적 가치 창출은 기업의 본질적 사업활동이 사회의 이해관계자 입장에서 어떤 결과(Outcome)와 영향(Impact)으로 나타나는지 인식하여, 사업전략의 근본적 변화를 가져오게 된다는 점에서 기업가치와 보다 밀접하게 연관되어 있다. 금번 공동연구를 통해 양국 모두 기업의 사회적 가치에 대한 연구를 중요시해야 한다는 데 의견의 일치를 보았다. 2018년 3월 보아오 포럼 기간에 중국 국무원 국자위와 한국 SK그룹은 이러한 인식을 공유하여 공동연구를 추진했으며 기업이 보다 주도적으로 사회적 책임을 이행하고 효율적으로 사회적 가치를 창출하여야 한다는 데 뜻을 함께하였다. 중국 국무원 국자위 연구센터와 한국 사회적가치연구원(CSES)은 2018년 12월부터 연구의 방법론 및 주요 내용을 적극 토의하여 2019년 2월, 정식으로 한-중 기업의 사회적 가치에 대한 연구를 시작하였다. 중국측은 펑화강 국무원 국자위 비서장, 한국측은 이형희 SK SV위원회 위원장이 주도하여 정부기구, 정부 연구부서, 국유기업, 연구소, 대학교수 등이 참여한 공동연구팀을 결성했다. 공동연구팀은 모델을 구성하는 과정에서 양국의 이론적 근거에 대한 상호 학습 및 토론을 진행하고 충분한 소통을 통해 공감대를 형성했다. 여러 차례의 회의, 한중 여러 기업에 대한 조사연구와 자문 등 여러 절차를 거쳐 최종적으로 중국 국유기업의 사회적 가치 기본 평가지표체계를 구축하여 2019년 8월 한국 SK이천포럼 기간에 발표하였으며 9월부터 7개 중국 중앙기업을 초청하여 Pilot 테스트를 진행하여 그 결과를 얻었다.

본 연구는 국유기업의 사회적 가치 평가를 혁신적으로 발전시켰다는 점에서 중요한 의의를 지닌다. 첫째, 측정 대상 기업들의 공감대를 모아 기업의 사회적 가치에 대해 화폐화 평가의 방법을 사용함으로써 평가결과를 보다 직관적으로 확인하고, 기업 간 비교 및 외부 공시에 용이하도록 하였다. 둘째, 기본 평가체계를 구성하는 과정에 투입-산출 이념을 도입하여 비용-효율의 이중 평가를 강화하고 기업이 차별화된 전략을 선택하도록 추진하였다. 셋째, 기업의 경제적 가치와 사회적 가치 등 포괄적인 가치를 극대화하도록 기업의 전략적 방향을 확립하였다. 각각의 기업은 저마다 다른 단계, 환경 및 시기에 처해 있기에 기업 내부에서 작용하는 경제적 가치와 사회적 가치 창출에 대한 방향과 의지 또한 다를 수밖에 없다. 따라서 종합적인 사고와 양자 Balancing을 통해 각 기업 스스로 자율적이고 지속적으로 발전할 수 있도록 고려하였다. 넷째, 사회적 가치 창출 연구의 향후 보완점에 대해서도 논의하였다. 최대한 조속히 측정 및 보고기준을 제정하고 기업별, 유형별, 지역별 기업평가 참고 기준을 마련해야 하며, 회계제도에 반영할 수 있는 단계까지 연구를 심화해야 할 것이다.

양국 연구진은 기업의 사회적 가치 창출이라는 개념을 적극 수용하고 확산하는 것을 필두로, 기업의 사회적 가치 창출 효과를 보다 객관적으로 평가해야 할 것이라 보았다. 나아가 기업이 바람직한 전략을 선택하고 Business Model의 혁신을 이루어 지속가능성을 높이도록 유도할 필요가 있음을 확인하였다. 본 보고서는 한중 기업의 사회적 가치 창출 실현에 대한 연구의 출발점으로, 양국의 연구진은 향후로도 공동연구를 지속 진행하여 국제사회에 표준화된 평가 모델을 제시할 수 있도록 비전을 공유하였다. 이를 통해 기업의 지속가능발전과 인류생존환경의 개선이 동시에 이루어질 수 있도록 국제 기구, 표준화 기관 등과의 교류와 협력도 적극 추진할 예정이다. 마지막으로, 양국 연구진은 다음에 발간될 보고서에서는 중국의 산업별 적용 지표 등 보다 기업에서 더 실용적으로 활용할 수 있는 연구내용과 함께 국제적인 표준으로 활용될 수 있는 연구 내용 등을 담아 제공할 수 있기를 함께 다짐하였다.

제 1장

# 기업의 사회적 가치 이론연구 및 실천

# 제1장
# 기업의 사회적 가치 이론연구 및 실천

## 1. 이론연구

　기업의 사회적 책임(Social Responsibility)이라는 개념은 서양에서 먼저 제기되었다. 이 개념이 이론적으로 연구되기 이전부터 서양에서는 이미 성공한 기업가들의 개인적인 자선 및 기부 행위가 있었다. 일부 학자들은 서양에서 기업의 사회적 책임의 개념은 1889년에 출판된 앤드류 카네기의 책 《부의 복음》의 신탁 이론에서 비롯되었다고 주장한다(Jung Jaegwan, 2015). 카네기의 말에 따르면 부자의 잉여 수익은 곧 사회가 부자들에게 위탁한 신탁 자금이며, 부의 신탁자 및 대리인으로서 부자들은 재물을 사회의 제일 유익한 사업에 사용할 책임을 지닌다. 그러므로 초기 서양 기업의 사회적 책임은 회사가 사회에 대해 갖는 책임보다는 부자 개인의 책임을 강조하고 있다고 볼 수 있다. 그러나 사회가 부단히 발전함에 따라 빈부 격차, 지구 온난화 등과 같은 일련의 사회·환경 문제가 끊임없이 발생하였고, 이러한 사회 문제에 대하여 올리버 셀던은 1923년에 "기업의 사회적 책임" 개념을 명확하게 제기하였다. 정부와 기업의 전통적 역할이 변화되기 시작하였으며, 점점 더 많은 기업들이 사회적 책임의 이행과 사회 가치의 창조를 중요시하게 되었다. 다만 맹목적으로 따라하거나 피동적으로 참여하는 기업들도 적지 않았으며 사회적 책임을 회피하거나, 사회책임활동을 의심하는 경우도 있었다. 이러한 시대적 배경에서 서양에서는 20세기 80년대부터 사회적 책임에 관한 연구 논문이 점차 증가하였고, 특히 2000년대 국제사회에서 사회적 책임에 관한 토론에 적극적으로 참여하면서부터 관련 연구 논문 수는 폭발적으로 증가하였다. 이어서 우리는 기업의 사회적 책임과 유사한 개념의 이론연구들을 국제, 한국, 중국 순으로 살펴보기로 한다.

## 1.1. 국제 이론연구

기업의 사회적 책임에 대한 정의와 이해는 기업, 비정부기구(NGO), 정부마다 각기 다르다. 쉘든(Sheldon)은 1923년 '기업의 사회적 책임'이라는 개념을 제기했다[1]. 펜로즈(Penrose)는 1959년에 출판한 《기업성장이론》에서 기업을 인적자원과 인간관계의 집합이라고 보았다. 캐롤(Carroll)은 사회적 책임의 범위를 전통적인 경제적 책임과 법적 책임에서 도덕적 책임과 자선적 책임으로 확대했다[2]. 기업의 사회적 책임을 주장하는 대부분의 사람들은 기업의 사회적 책임이 기업의 이익을 증가시킬 수 있다고 생각하는 반면, 비평가들은 기업의 사회적 책임은 기업의 경제적 역할에서 벗어난다고 주장한다.

그러나 기업의 사회적 책임이 기업경영.성과에 미치는 영향에 대한 기존의 주장에는 통일된 견해가 없다. 그리고 기업의 사회적 책임도 경제발전 방식에 따라 다양한 모델과 유형으로 존재한다. 이를테면 기업의 사회적 책임과 주가의 상관 관계에 근거해서 학자들은 각기 다른 결론을 내렸다. 모스코위츠(Moskowitz, 1972)는 사회적 책임을 잘 이행하는 14개의 기업을 반년 동안 관찰한 후 해당 기업들의 주가 상승율이 동일 시기 주식시장의 주가보다 높은 것을 발견하였고, 사회적으로 좋은 모습을 보인 기업에 투자하는 것은 좋은 선택이라고 보았다[3]. 반면 밴스(Vance, 1975)는 3년에 걸쳐 같은 기업을 관찰하고 측정하였는데, 이와 상반된 연구결론을 내렸다[4]. 그밖에 로망(Roman), 하이보(Hayibor), 아겔(Agle, 1999)은 기업의 사회적 책임과 재무성과와 관련된 그리핀(Griffin)과 마혼(Mahon, 1997)의 실증연구 데이터 51편을 재분

---

1  Oliver Sheldon,"The Social Responsibility of Management",The Philosophy of Management, London:SirIsaac Pitmanand SonsLtd.,1924.

2  Archie, B, Carroll. The Pyramid of Corporate Social Responsibility: Toward the Moral Management of Organizational Stakeholders, Business Horizons, 1991.

3  Moskowitz, M, Choosing Socially Responsible Stocks. Business & Society Review, No.1,1972.

4  Vance S G.Are Socially Responsible Corporations Good Investment Risks, Management Review,1975,No.8

석한 결과, 기업의 사회적 책임과 재무성과 간 긍정적 상관 관계를 보인 연구결과는 33편, 부정적 상관 관계를 보인 연구결과는 19편, 무상관 관계를 보인 연구결과는 9편이라고 보았다[5].

기업의 사회적 책임 이행과 기업가치의 상관 관계에 대해서도 학자들은 다른 결론을 내렸다. 힐만(Hillman), 카임(Keim, 2001)은 역U자형 이론을 제기했다. 기업이 처음에 사회적 책임을 이행할 때에는 기업의 가치창출이 제한되지만, 사회적 책임을 지속적으로 이행함에 따라 기업의 가치가 점차 상승하고 특정 수준에 도달하면 하락하게 된다는 것이다[6]. 그러나 바타차이아(Bhattacharya), 센(Sen, 2004)의 연구는 상반되는 결과를 보여주었는데, 기업의 사회적 책임 이행과 기업가치창출은 U자형 관계를 나타낸다는 것이다. 이 단계의 주요 연구의 결론은 기업의 사회적 책임 이행과 기업가치 간에 긍정적 상관 관계가 있다고 보는 쪽이 조금 더 우세하다[7].

기업의 사회적 책임에 대한 논의와 함께 이해관계자에 대한 이론도 증가하고 있다. 1960년대 이후 주주지상주의 원칙과 이론은 새로운 국면을 맞이했다. 기업의 사회적 책임은 기업계와 이해관계자의 관심을 끌었으며, 이해관계자 이론은 기업의 사회적 책임 이행에 근거를 제공했다. 전통적인 기업조직이론에 따르면 주주는 기업의 유일한 주인이며, 기업은 주주의 이익과 요구를 우선시해야 한다. 반면에 이해관계자 이론에 따르면 기업은 주주 외에 정부기구, 채권자, 무역파트너, 무역단체, 지역사회, 관련 단체, 미래 직원, 미래 소비자, 대중, 경쟁자 등 이해관계자의 이익도 고려해야 한다. 많은 연구결과는 이해관계자들을 포함하는 경영관리가 사회를 개선할 뿐 아니라 회사의 재무상황을 개선하는 데 도움이 될 것이라고 주장한다.

특히 1980년대를 전후하여 직원, 소비자, 지역사회 등 이해관계자의 요구가 주목을 받아[8] '앵글로 색슨' 모델로 유명한 미국과 서방국가에도 거대한 영향을 일으켰다. 이해관계자 이론은 각 나라의 실정, 기업상황 및 발전단계와 밀접히 관계되어, 영국·미국과 같은 앵글로 색슨

---

5  Roman R. M. S. Hayibor and B. R. Agle, The Relationship between Social and Financial Performance: Repainting a Portrait, Business and Society,1999, Vol.38, No. 1

6  Hillman, A. and Keim, G., Shareholder Value, Stakeholder Management, and Social Issues: What's the Bottom Line? Strategic Management Journal, 2001, No.22.

7  Sen, S. Bhattacharya, C.B. Doing better at doing good: When, why, and how consumers respond to corporate social initiatives. California Management Review, 2004, No.47.

8  앵글로 색슨(Anglo Saxon) 모델은 미국, 영국 등 앵글로 색슨 민족 국가들이 취해온 성장 중심의 신자유주의 모델이다.

(Anglo Saxon) 모델, 프랑스·독일과 같은 라인랜드 모델(Rhineland Capitalism)[9], 한국·일본과 같은 동아시아 모델 등으로 나타났다. 총체적으로 살펴보았을 때, 이해관계자 이론은 두 가지 큰 의의를 갖는다. 첫째, 기업이 사회적 책임을 더욱 적극적으로 이행하도록 하였으며, 둘째, 세계 각국 기업관리의 차이를 반영하고 각국 발전모델과 시장경제의 다양성도 충실히 구현하였다는 점이다.

사회적 책임을 이행하는 기업은 기부자(Donators), 회피자(Avoiders), 창조자(Creators) 등 몇 개의 단계를 거쳐 변화했다. 기부자로서 기업은 기부를 통해 사회에 보답하려 한다. 회피자로서 기업은 기업 활동의 부정적인 영향을 줄이려 한다. 창조자로서 기업은 사회적 책임을 지출이 아닌 투자로 본다(상세한 내용은 Jeroen De Flander를 참조).

최근에는 공유가치창출에 대한 연구의 영향력이 더 커졌다. 마이클 포터와 마크 크레이머(Porter&Kramer)는 '공유가치창출'(Creating Shared Value)의 정의를 제시하였는데, 그 내용은 기업이 경쟁지위를 향상시키면 공유가치를 창출함과 동시에 기업의 사회적 발전을 추진할 수 있다는 것이다[10]. 이 정의에 따르면 회사(기업)와 사회의 관계는 제로섬(zero-sum game) 관계가 아니라 포지티브섬(positive sum) 관계이다.

---

9  라인랜드(Rhineland) 모델은 라인강이 흐르는 지역인 독일, 프랑스 등 서유럽을 기반으로 하여 복지를 강조하는 전통 유럽 모델이다.

10  Porter, M. E., & Kramer, M. R., Creating Shared Value. Harvard Business Review, 2011.January-February.

표 1-1 '기업의 사회적 책임'이 '공유가치창출'로 전환[11]

| | CSR | CSV |
|---|---|---|
| 가치 | 선행(doing good) | 비용 대비 경제적 사회적 편익 |
| 활동 원칙 | 선한 시민의식과 자선, 박애 | 사회와 기업의 공동 가치 창출 |
| 추진 이유 | 기업의 독자적 판단 혹은 외부의 압력에 대한 위기관리와 대응의 차원 | 기업의 경쟁력 강화에 필수적 활동 |
| 의제설정 방식 | CEO의 개인적 선호나 외부 압력에 의해 의제 설정 | 각 기업별 핵심역량에 내재화된 의제설정 |
| 재무적 인식 | 이윤 극대화의 목적과 관계없는 활동 | 이윤 극대화의 목적에 필수적 활동 |
| 예산 조달 방식 | 지극히 제한된 CSR예산으로 분리해서 조달 | 기업 전체 예산의 재편성을 통해 조달 |
| 사례 | 공정무역 | 질과 양을 함께 제고시킬 수 있게 조달 체계 혁신 |

기업의 사회적 책임은 시장경제 유형과 밀접히 관계된다. 듀크대학교의 고백(Bai Gao)교수는 연구를 거쳐 앵글로 색슨 모델에서는 주주가 항상 우선시되고 소비자가 다음, 직원이 마지막이라는 점을 입증하였다. 그의 연구에 따르면, 일본에서는 이와 정반대의 양상이 나타났다. 일본의 발전주의는 민간기업의 재산권을 '책임에 따른 유한 지배권'으로 정의한 바 있다. 이는 '자본주의와 달리 기업은 더 이상 민간 주주의 이익을 목표로 간주하지 않으며, 모든 국민의 복지를 위해 봉사하는 것을 최종 목표로 함'을 뜻한다[12]. 이러한 경향은 신자유주의 경제개혁이 일어나기 전까지 꾸준히 이어졌다.

독일은 1949년 〈헌법〉에 독일경제체제는 사회시장경제라고 규정했다. 사회시장경제에서는 모든 판단기준을 시장으로 삼지 않으며, 시장경제의 장점을 살리면서도 기업의 사회적 책임을 강조한다. 시장메커니즘 외에 비시장적 요소 또한 고려하는 비시장메커니즘은 공감대를 찾거나 경제문제를 해결하는 데 중요한 역할을 한다. 이러한 비시장 관리체제(특히 독일의 공동결정메커니즘)는 여러 분야의 이해관계자와 관련된다. 독일에서 직원이 2000명 이상인 대기업

---

11  본 자료는 Porter and Kramer(2011)에서 제기된 내용을 정재관(2015)이 재구성한 표이다.

12  Bai Gao, Economic Ideology and Japanese Industrial Policy: Developmentalism from 1931 to 1965, Cambridge: Cambridge University Press, 2002, p57.

에서는 직원과 노조대표의 투표권이 1/2에 달했고, 직원이 500명 이상인 소기업에서는 직원과 노조대표의 투표권이 1/3에 달했다. 한편 미국에서도 이해관계자를 중요하게 생각하게 되었고, 이는 기업의 사회적 책임에 대한 이론 연구는 물론, 일부 정책적인 움직임으로 이어졌다. 그 예로, 1980년대 말부터 현재까지 미국의 29개 주(반수를 초과하는 주)에서 회사법을 수정했다. 새 회사법은 회사 사장으로 하여금 주주뿐 아니라, 회사의 이해관계자를 위해서도 봉사할 것을 요구한다[13].

이해관계자를 중심으로 한 기업의 사회적 책임은 최근 국제 정치경제 토론에서도 나타나고 있다. 2018년 8월 19일, 베조스(Bezos), 쿡(Cook)을 비롯한 미국 최고 기업의 CEO들이 원탁회의에 모여 기업의 운영취지에 대한 성명을 발표했다. 기업은 '주주 가치'를 초월하여 직원, 소비자, 사회의 모든 이해관계자를 고려할 책임이 있으며, 주주의 이익을 기업의 가장 중요한 목표로 삼아서는 안 된다는 것이다. 기업의 사회적 책임에 대한 대기업들의 목소리는 스티글리츠, 스펜서 등 유명한 경제학자들의 관심을 끌었으며, 기업의 사회적 책임에 대한 새로운 논의로 이어졌다.

일찍이 1999년 1월에 스위스 다보스 세계경제포럼(WEF)에서 코피 아난(Kofi Annan) 전 유엔 사무총장은 글로벌콤팩트(Global Compact)를 선언하고 기업에 인권, 근로기준, 환경 관련 9항 기본 원칙을 준수하라고 호소했다. 2000년 7월, 유엔 본부에서 개최된 유엔 글로벌 콤팩트(UNGC, UN Global Compact) 창설 회의에 참석한 50여 개 유명한 다국적 기업의 대표들은 글로벌시장을 구축하는 동시에 글로벌콤팩트를 기틀로 근로자 작업환경을 개선하고 환경보호수준을 향상시키겠다고 약속했다. 중국을 포함한 30여 개 국가의 대표, 200여 개 유명한 대기업이 이에 동참했다.

1970년대에 경제협력개발기구(OECD)는 〈다국적기업 가이드라인(Guidelines for Multinational Enterprises)〉을 제정하였다. 2017년에 G20 정상 선언에 따라 OECD는 〈다국적기업 가이드라인〉을 다시 수정하여 발표하였으며, 〈책임 있는 기업 행위(Responsible Business Conduct)〉 이념을 제시하며 정부가 관련 지침정책을 제정하여 〈책임 있는 기업 행위〉를 실행에 옮겨야 한다고 호소하였다.

---

13  최지원(崔之元, 중국경제학자, 1963년 1월생, 현재 청화대학교 공공관리대학 교수임)은 여러 편의 논문에서 유럽과 미국기업의 사회적 책임 연구와 실천을 소개한 바 있음.

## 1.2. 한국 이론연구

한국학계는 1970년대 이후, 기업의 사회적 책임(Corporate Social Responsibility, CSR)에 관한 국제적 흐름에 주목함과 동시에, 기업의 사회적 책임에 대한 개념과 한국 사회에서의 제도 구축 및 실현 가능성을 탐구하기 시작하였다.

기업의 사회적 책임에 대한 연구의 전개과정은 한국 산업의 발전, 그리고 주요 기업의 발전 과정과 밀접한 관련이 있다. 1960년대 초기 공업화 발전과정에서 한국 정부는 경제발전을 최우선 과제로 하여 고도의 공업화 정책과 함께 기업의 규모화 발전을 전력 추진하였다. 한국 기업들은 수출확대, 고용증가, 납세 등의 책임 이행을 통해 경제발전과 사회 및 산업구조의 발전에 크게 기여하였다. 1970년대, 중공업 발전을 통해 한국경제는 비약적인 성장을 이루었다. 삼성, 현대, SK, LG, 대우 등의 기업은 그 규모를 급속도로 확대하여 그룹화 발전을 실현하였으며, 한국경제에서 주도적 위치를 차지하였다(金仁仙, 2017). 한편, 이렇게 단기간에 이뤄진 고도의 경제 발전은 열악한 노동환경과 환경오염 등 다양한 사회문제를 동반하였다. 이에 따라 주요 기업들을 중심으로 사회적 책임에 대한 의식이 싹트기 시작하였다. 1970년대 후반, 주요 기업들은 자선사업을 위한 재단설립을 시작으로 기업 이익의 일부를 사회에 환원함으로써 사회의 복지 증진을 위해 노력하였다(金仁仙, 2014).

1980년대 들어서서 학계에서는 기업의 사회적 책임에 대한 이론연구를 본격적으로 전개하였다. 해당 연구들은 주로 외국의 "기업의 사회적 책임"에 대한 개념과 그 발전 현황을 소개하고, 법률제도를 통한 기업의 사회적 책임 이행 촉진과 감독조치에 대해 강조하였다. 이를 통해 기업은 자신의 이익만을 추구하는 것이 아니라, 국가와 사회, 주주와 임직원 및 기업의 존속과 발전에 대한 책임을 이행하고(정희철, 1974), 사회와 융합하고 생산요소를 가장 효과적으로 통합하여 값싸고 질 좋은 제품과 서비스를 제공하여야 한다고 주장하였다(카와모토 이치로, 1974). 또한 정희철(1974)과 카와모토 이치로(1974)는 일본 학계의 전통 자본주의 이론에 대한 수정이 이뤄져야 함을 역설하며, 기업경영목적의 다양화, 기업활동과 사회의 관계긴밀화, 사회적 책임 회계 및 환경 회계와 관련한 관심증대에 대한 고찰을 통해, 법적 관점에서 기업의 사회적 책임에 대한 제도화 실현가능성에 대해 연구하였다.

1980년대 시장자유화 정책의 도입 이후, 한국 주요 대기업의 국내 시장 영향력은 더욱 확대되었다. 같은 시기, 국민들의 사회적 의식 향상에 힘입어 소비자 및 근로자의 권익보호 관련 법률 또한 점차 완성되어 갔다. 사회 각계에서 기업의 사회적 책임에 대한 요구를 본격적으로 제기하기 시작하였다. 한국 주요 대기업들은 국내 시장에서의 입지를 유지하기 위하여 재단 설립이나 기부 위주의 사회적 책임 캠페인을 전개하였다. 이와 같은 캠페인 활동은 기업이 사회적 책임을 지속발전을 위한 중요한 수단으로 인식하고 적극적인 사회공헌 활동을 전개하게 되었다는 측면에서 긍정적 의미를 갖는다. 하지만 기업 내부의 구조적 모순, 정치적 의도, 사회적 인식 등의 한계로 인해 여전히 전략적 관점과 장기적 계획성이 부족한 초기 단계에 머물러 있었다고 할 수 있다(金仁仙, 2017).

1990년대 이후, 한국 기업의 세계화가 심화되면서 기업의 사회적 책임에 대한 정부, 시민사회 및 학계의 관심이 높아졌으며 CSR은 점차 중요한 연구 의제로 자리잡게 되었다. 2000년 이후, 정부 기능의 축소와 기업경영의 글로벌 확산으로 인해 한국 기업의 국내외 경쟁이 더욱 치열해지는 가운데, 주요 기업들은 기업의 신뢰도와 경쟁력 강화에 긍정적인 영향을 미치는 CSR 활동을 보다 중시하게 되었다.

이 시기 이론연구 주제들은 기업의 사회적 책임이 실제로 창출하는 가치에 주목하였고, 주로 실증분석을 통해 기업의 사회적 책임과 기업 가치 간의 관계를 연구하였다. 이들 연구는 기업의 사회책임활동이 소비자의 긍정적인 평가에 영향을 미치고(최지호 등, 2007), 기업의 이미지를 향상시키며(김윤영, 2004; 허원무 등 2007), 또한 자본시장에서 투자자의 기대치를 높이고 있다는 것을 포함한다(곽관훈, 2007). 배현미(2007)는 한국에서 사회공익활동에 가장 많이 투자한 상위 10개 기업을 대상으로 기업의 사회책임활동은 제품의 구매수요 및 인지도에 긍정적인 영향을 미치며, 기업의 사회문화지원형 책임활동은 기업 신뢰도에 대한 소비자의 긍정적인 평가를 가져온다는 것을 밝혔다. 이기훈과 최선(2004)은 21세기 들어 세계 주요 선진국의 친환경 상품에 대한 관심도가 높아짐에 따라, 국제무역에 대한 의존도가 극히 높은 한국의 수출주도형 기업에 있어 친환경 경영이 국제무역에서 좋은 브랜드 이미지를 구축하는 데 긍정적 영향을 미치고, 심지어 한국기업의 생존과 밀접한 관계가 있음을 지적하였다. 이러한 연구들은 "사회적 인식이 향상되고 시장경쟁이 점차 치열해짐에 따라, 기업의 사회적 책임은 기업의 지속적 발전에 필수적인 경영전략이 될 것"이라는 관점을 지지한다. 이 시기의 연구들은 기업의 사회책임활동이 기업의 시장경쟁력을 높일 수 있음을 구체적 근거와 함께 제시함으로써, 기업이 보다 적극적인 자세로 사회적 책임을 이행하는 시대를 맞이하고 있음을 시사한다.

같은 시기, 기업의 사회적 책임의 발전경로 및 영향요인을 탐색한 연구도 있었다. 삼성경제연구소는 기업의 사회적 책임에 대한 인식을 그 정도에 따라 부정적 인식(4단계), 수동적 수용(3단계), 자발적 관리(2단계), 성장전략과 통합(1단계) 등 4단계로 나누었고, 사회적 책임에 대한 인식단계가 높을수록 기업이 보다 효과적이고 전략적으로 사회책임활동을 실행하고 있다고 시사하였다(金仁仙, 2017). 연구에 따르면, 사회적 인식, 정부의 지원, 인재의 양성은 기업의 사회적 책임을 촉진하는 중요한 환경요소로 작용한다(이상민, 2002; 이기훈&최선, 2004). 이병훈(2007)은 당시 기업의 사회적 책임에 대한 사회인식 확산활동은 주로 기업의 사회적 책임에 대한 사회인식 향상에 초점을 둔 초기 준비단계라고 지적하였다. 이와 관련하여, 이기훈과 최선(2004)은 학계가 사회적 책임 관련 지식의 보급, 전문가 양성, 해외의 친환경 경영에 대한 연구분석 등을 통해 기업에 시사점을 제공함으로써, 기업이 사회적 책임을 이행하고 지속가능경영을 실현하는 데에 중요한 역할을 한다고 강조하였다. 정부의 제도적 지원은 기업의 적극적인 사회적 책임 이행을 촉진하는 주요 요인이며, 한국 정부는 관련 전문지식의 교육과 홍보, 기업의 사회적 책임의 이행에 대한 평가기준의 수립, 기업의 사회적 책임 보고서의 제정과 인증, 기업의 행위규범 및 사회책임투자(Socially Responsible Investment, SRI) 도입 등을 통해 관련 촉진제도를 보완할 수 있다(이병훈, 2007). 정부는 또한 환경보호정책을 발표하거나, 기존 노동법에 국제노동자권리보호기준의 도입 등을 통해 기업의 사회적 책임의 규범화를 발전시킬 수 있다(김인재, 2005). 나아가 정부 차원에서 제시하는 기업의 사회적 책임에 대한 가이드라인은 기업의 사회적 책임에 대한 긍정적인 인식을 제고하고, 기업이 이익추구 및 고용창출 활동을 통해 경영의 이타성을 표출하게 함으로써 기업의 지속적 경영에 대한 실현을 가능하게 한다. (김창호, 2007).

이 시기 연구 흐름은 한국 기업의 사회적 책임이 과거 수동적이고 소극적인 실천에서 자발적이고 적극적인 형태로 변화하는 것을 촉진하고, 나아가 경영전략으로서 사회적 책임 모델이 발전하도록 방향을 제시하였다.

2008년 이후, 한국 국내 기업의 사회적 책임 관련 연구논문 수는 폭발적으로 증가하였다. 사회문제 해결에 있어, 민간 역량의 참여를 촉진하기 위하여 한국정부에서는 사회적 책임의 정책제도화를 시도하였다. 그 일례로 사회적 기업, 사회적 협동조합 등 사회적 경제 주체의 육성을 위하여 제도적 방침을 마련하였다. 뿐만 아니라, 글로벌 시장의 환경변화 속에서 한국의 대표기업들은 글로벌 CSR 활동을 기업의 국제화 진전을 위한 중요한 전략적 요인으로 인지하고, 적극적으로 글로벌 CSR 채널을 확장하여 기업의 사회책임활동을 전개하였다.

이러한 시대적 배경하에서 이 시기 한국학계의 연구는 아래와 같은 세 가지의 특징을 보인다. 첫째, 한국의 사회적 경제가 제도화되면서 빠르게 발전하고 있는 상황에 따라 기업의 사회적 책임 이행 방식도 혁신적으로 변화하고 있으며, 기업과 사회적 경제조직 간에 자원이 순환되는 경로를 모색하고 있다는 점이다. 둘째, 과거 국내에 한정된 기업의 사회적 책임에 대한 이념과 실천을 넘어, 기업의 사회적 책임의 세계화를 위한 방안을 모색한다. 셋째, 실증적 연구방법을 활용하여 기업이 사회책임활동을 통해 창출한 사회적 가치에 대해 탐구한다. 이러한 연구들은 아래와 같은 시사점을 제시한다.

먼저 사회적 경제의 발전과 함께, 기업의 사회적 책임 이행 방식을 혁신할 수 있다. 기업의 사회적 책임 이행은 사회적 경제와 유사한 사회적 목표를 가진다. 따라서 양자 간 협력은 상호 촉진을 실현한다. 기업은 사회적 경제와 협력함으로써 사회적 가치 창출의 효율성과 안정성을 높일 수 있다. 이와 같은 사실은 기업의 사회책임활동의 새로운 방향을 제시한다(김균목&고동완, 2011). 가령 사회적 경제 조직은 기업의 사회책임활동을 위탁받거나 협력사업을 통해 자본 이용률을 높이고, 보다 효율적으로 사회적 가치를 창출할 수 있다. 기업 입장에서는 기업의 명성을 높이고 사회책임활동에 따르는 위험성을 최소화하며, 새로운 비즈니스 기회를 모색하여 주주 가치를 극대화할 수 있다. 이는 결국 사회적 경제의 생존과 발전을 위한 토양을 제공하며, 장기적으로는 사회 전체의 복리 향상에 도움이 된다(장성희, 2014).

또한, 사회적 경제의 핵심 이념과 기업의 사회책임활동의 융합은 아래와 같은 강점을 가진다. ①기부 등 단순한 자선활동 외에 다양한 방안을 제공하여 기업의 사회적 책임이 기업의 전략적 경영에 융합되도록 돕는다. 사회적 기업 등 사회적 경제 주체가 비즈니스 모델 혁신을 통해 사회문제를 해결했던 경험을 활용하고, 기업의 사회책임활동을 사회적 기업에 위탁 혹은 협력방식으로 진행함으로써 기업의 사회적 책임 실천방식을 다양화할 수 있다(기영화, 2017). ②사회적 경제는 보다 많은 기업에게 사회적 책임에 대한 실천적 사고의 기회를 제공함과 동시에, 사회책임활동의 전문성을 높여 그 영향력을 확대하는 데 기여한다. 과거 한국 기업의 사회적 책임 참여 주체는 주로 대기업이었다. 이들 소수 대기업은 한국 경제에 대한 주도적 위치를 차지해왔으며, 높은 수준의 국제화가 이루어져 있기 때문에 그들이 이행하는 사회책임활동은 규모가 크고, 종합적 성격이 강하다는 특징을 갖는다. 최근에는 중소기업의 사회적 책임에 대한 의식이 강해지고 있으나, 중소기업의 사회책임활동은 그 규모가 작고, 경험 부족으로 인해 그 영향력이 제한적이라는 한계를 갖는다. 사회적 경제는 중소기업에 특화된 전략적인 사회책임활동의 전개를 통해 기존의 한계를 극복할 수 있는 방안을 제공함으로써 기업의 사회적 책임 참여와 그 활동의 효율성을 제고한다(강영기, 2012).

둘째, 실증적 분석 결과를 바탕으로 한국의 글로벌 기업들의 해외 사회책임활동의 수준을 보다 향상시킬 것을 제안하고 있다. 기업의 사회적 책임에 대한 국제사회의 관심이 높아지면서, 글로벌 기업들의 사회적 책임에 대한 인식 수준은 글로벌 경쟁사회에서 기업의 성패를 좌우한다. 최아름과 구지현(2016)은 한국기업이 해외무역의 환경변화 및 국제시장의 요구에 부응하여 이미 기업의 사회책임활동을 통해 기업 이미지와 브랜드 영향력을 제고하는 것이 기업의 지속적인 성장 및 국제 경쟁력 향상의 주요 과제라는 것을 인식하고 있다고 설명하였다. 그들은 또한 기업의 국제화 정도가 높거나 국제화 업무비중이 높을수록, 기업의 적극적인 사회책임활동은 특히 친환경 및 소비자 권익보호 영역에서 더욱 현저하게 나타난다고 지적하였다. 또한, 허인혜(2012)는 한국의 주요 글로벌 기업들은 이미 중국, 인도, 베트남 등의 시장에서 현지의 독특한 문화 및 정치적 특성과 결합하여 현지화된 사회책임활동을 모색함으로써, 효과적인 기업 경쟁력 제고와 지역사회 발전을 도모하고 있다고 밝혔다. 한국 기업의 해외 사회책임활동은 그 글로벌 진전 과정에서 풍부한 이론과 실천적 경험을 축적하여 왔으며, 국제사회의 평가와 함께 다음과 같은 특징을 나타내고 있다. ①기업 본사의 CSR 전략 방침에 따라, 법률, 윤리, 이해관계자 등에 대한 구체적인 사회적 책임을 실행한다. ②현지정부의 관심분야(ex. 친환경 산업 발전)에서 사회책임활동을 전개한다. ③본사의 기업의 사회적 책임 보고서 및 현지의 공식 사이트를 통해 사회책임활동에 관한 정보를 공개한다(김병균&서민교, 2012).

한국 기업들의 글로벌 사회적 책임 이행에 대해 김병균과 서민교(2012)는 현 단계에서 한국 기업들이 자발적으로 사회책임활동을 전개한다는 점에 공감하는 한편, 성장 전략형 CSR과는 여전히 어느 정도 거리를 가지고 있다고 지적하였다. 기업의 글로벌 사회책임활동의 개선 및 발전을 위해 허인혜(2012) 등은 아래와 같이 제안한다. ①현지시장 및 기업내부 임직원의 수요를 적극적으로 파악한다. ②지역주민 대표, 한국 본사, 현재 CSR 활동 참여 임직원 등, 기업의 사회적 책임과 관련된 이해관계자의 의견을 적극 반영한다. ③장기적이고 지속가능한 발전의 원칙에 입각한 기업의 사회책임활동을 전개한다.

셋째, 기업의 사회적 책임 평가지표가 구체화되고, 기업 공유가치창출 관련 연구가 증가하였다. 주로 기업 공유가치창출이 어떻게 지속가능발전에 기여하는지에 대하여 사례와 실증연구를 통하여 연구하였다. CSV에 대한 측정은 기업의 사회책임활동의 가치를 명확하게 함으로써 기업에 대한 긍정적 인식을 형성하고 고객 충성도를 높이는 데 도움이 된다(윤각&류지영, 2014). 또한, 기업의 사회책임활동에 대한 평가결과를 바탕으로, 기업의 사회책임활동의 내용과 방식을 개선하여 더 많은 사회적 가치 창출을 유도하는 데에 기여한다(임종혁&전달영, 2018). 가령 윤각과 류지영(2014)의 연구는 기업의 사회적 가치 평가에서 소비자가 참여하는 사회책임활동이 기업이 주도하는 사회책임활동보다 더 많은 사회적 가치를 창출한다고 밝혔다.

한편, 김수현과 최은정(2014)은 CSV의 측정 항목 대다수가 기존 CSR에 포함된 내용과 현저한 차이가 없으며, CSV에 관한 이론적인 프레임의 독립적 발전을 위해서 보다 구체적이고 명확한 CSV 측정 방법을 개발할 필요가 있음을 지적하였다. 나아가 사회적 책임(SR), 기업의 사회적 책임(CSR), 공유가치창출(CSV), 사회적 가치(SV) 등의 개념을 보다 명확하게 정의하고 이에 따른 명확한 측정과 평가 시스템을 수립할 것을 주장하였다.

## 1.3. 중국 이론연구

중국 국유기업의 사회적 책임의 발전 과정을 살피기 위해서는 계획경제시대 국유기업의 '기업 경영 사회'로 거슬러 올라가야 한다. 당시 국유기업의 사회적 책임 이행 대상과 범위는 현재와는 상이했다. 사회적 책임 이행 대상은 정부와 직원으로 한정되었던 반면, 사회적 책임 이행 범위는 훨씬 광범위했던 것이다. 즉 기업은 정부의 계획지침을 반드시 집행해야 하며 직원을 위해 '요람에서 무덤까지(从摇篮到坟墓)' 무한한 책임을 져야만 했다.

1980년대 이후 개혁개방이 추진되면서 기업의 사회적 책임 이론이 점차 중국에 소개되었다. 시장화 개혁으로 기업은 점차 독립적인 경제 주체로 변모했고, 경제적 책임만을 우선시하며 각종 사회문제와 환경영향들을 홀대하게 되었다. 그 결과, 환경오염, 위조품, 탈세, 임금체불 등의 사회문제가 심화되었다. 이즈음, 기업의 사회적 역할과 책임에 관한 목소리가 커졌고, 정부는 이러한 사상을 반영하여 기업의 사회적 책임 이행을 위한 기본적인 법적 환경을 마련했다. '사회적 책임'이라는 용어가 아직 기업 관련 법률법규에 직접적으로 나타나지는 않았지만 법률법규에서 이미 기업의 사회적 책임을 암묵적으로 요구하고 있다. 예를 들어, 파산법, 품질보호법, 환경자원보호법 등 법률법규상에 기업의 사회적 책임에 대한 요구가 반영되어 있다. 이는 주로 소비자, 근로자, 환경, 국가에 대한 책임을 포함한다.

1990년대 이후 사회주의 시장경제가 도입되면서, 국유기업의 개혁이 심화되고 기타 소유제 기업이 발전하게 되었다. 이러한 시대적 배경 아래서 기업의 사회적 책임은 점차 사람들에게 중요시되었다. 그러나 이 시기의 연구는 국외 기업의 사회적 책임 이념에 대해 소개하는 것이 대부분이었다. 이즈음, 이해관계자 이론이 잇따라 중국 학술계에 소개되었으며 국유기업의 사회적 책임 관련 의제도 한층 주요하게 다루어졌다.

중국이 2001년에 WTO에 가입하고 21세기에 들어선 후 중국기업의 사회적 책임 연구는 다양해졌다. 중국 학술계는 근로 관계, 환경보호, 안전 생산, 소비자 권익, 제품 품질, 국제화 경영, 기업 자체의 경쟁력과 지속가능발전 등 다각도로 기업의 사회적 책임 문제를 연구하기 시작했다. 경제학, 관리학, 사회학, 법학 등 여러 측면에서 기업의 사회적 책임 문제를 연구하고, 이해관계자, 기업가치, 사회자본을 포함한 서방이론뿐만 아니라 SA8000[14], 글로벌 기업의 사회적 책임 운동을 소개하였다. 기업의 사회적 책임 모델 설정 및 측정도 있다. 또한 기업의 사회적 책임의 주체에 국유기업과 발전하고 있는 민영기업을 모두 포함시켜 서

---

14 SA8000은 기업의 사회적 책임 관련 국제 표준으로 그 목적은 공급 업체가 제공하는 제품이 사회적 책임 표준을 충족시키고 인간의 기본 권리와 이익을 보호하고 안전, 직원 교육, 보상 및 노동조합 권리와 같은 특정 문제에 대한 최소 요구 사항을 만족시키는 것이다. (참고: 기업의 사회적 책임, 기업 가치를 높이다, 공유경제[웹사이트]. 2020년 5월 31일. http://m.seconomy.kr/view.php?ud=20200531155617 5172798818e98b_2)

로 다른 산업시각을 가진 기업의 사회적 책임을 논의하였다. 뿐만 아니라 기업이 사회적 책임을 이행하는 데 있어 정부, 기업, 업계협회가 수행해야 할 역할에 대한 논의도 제기하였다.

2006년, 〈중화인민공화국 회사법〉에서 기업의 사회적 책임과 관련된 내용이 수정되었는데, 이는 기업의 사회적 책임에 대한 중국 내 연구의 중요한 분기점이라 할 수 있다. 2006년까지 이루어진 많은 연구에서 국외 기업의 사회적 책임 연구를 소개하고 설명했다면 2006년 이후에는 국외 기업의 사회적 책임을 소개하는 동시에 어떻게 하면 기업의 사회적 책임이 중국에서 유효하게 작동이 가능할지에 대해 중점적으로 연구하기 시작했다. 또한 중국 기업의 사회적 책임에 대하여 평가하고 기업의 사회적 책임과 회사관리의 우열을 실증적으로 평가했다. 나아가 기업의 사회적 책임에 대한 새로운 법률규정은 중국 내 기업의 사회적 책임에 대한 연구를 촉진하였고, 새로운 공감을 얻어내는 데 일조하였다. 각 시기의 대표적 이론연구는 기업의 사회적 책임이 갖는 의미와 작용에 관해 개념을 제시하고 논증하는 데 크게 기여했다. 아울러 기업의 사회적 책임 연구체계와 모델을 구축하고 각 측면에서 중국 내 기업 사회적 책임에 관한 연구를 심화, 발전시켰다. 이러한 연구작업물들은 규범적인 연구와 실증연구로 나뉘는데 〈경제연구〉, 〈중국공업경제〉 등 영향력이 있는 중문 학술지에 잇따라 발표되었다. 1996년에 최지원은 〈경제연구〉에 글을 발표하여 미국 내 기업 사회적 책임의 동향과 변화를 소개하였다. 그의 글에 따르면 1980년대 말에 미국은 이미 29개 주(반수를 초과하는 주)에서 회사법을 수정하였는데 새 회사법은 회사 CEO는 회사의 '이해관계자(Stakeholders)'의 이익을 대변해야 하며, 주주는 이해관계자의 한 구성 부분으로 간주해야 한다고 요구하였다[15]. 이위양, 초홍군(2009)은 '기업의 사회적 책임은 최대 한도로 이윤을 얻는 것'이라 주장한 신고전 경제학의 관점을 단호히 비판했다. 이들은 기업이 사회적 책임을 이행하는 본질은 현실 속의 '사람'을 착안점으로 하여 기업이 책임을 수행하려는 의지를 동력으로 삼고, 이해관계자 협력 메커니즘을 통해 최대한 사회복지를 창출하는 데 있다는 관점을 제기했다[16]. 황군체, 펑화강, 중흥우, 장은(2009)은 'Triple Bottom Line(TBL)'과 투자자 이론(Stakeholders Theory) 등 전형적인

---

15  崔之元:《美国二十九个州公司法变革的理论背景》,《经济研究》1996年第4期。

16  李伟阳, 肖红军:《基于社会资源优化配置视角的企业社会责任研究——兼对新古典经济学企业社会责任观的批判》,《中国工业经济》2009年第4期。

사회적 책임이론을 기반으로 책임 관리, 시장 책임, 사회적 책임, 환경적 책임의 '4위1체' 이론모델을 구성했으며 국제 사회적 책임지수, 국내 사회적 책임 제안 서류, 세계 500강 기업의 사회적 책임 보고서를 벤치마킹하여 업계별 사회적 책임 평가지수체계를 만들어냈다[17].

국유기업의 사회적 책임에 관한 연구도 적지 않다. 계획경제 및 국영기업 시기에는 기업과 사회의 경계가 분명하지 않아, '기업 경영 사회'의 형태를 띠고 있었다. 사회주의 시장경제 시기에 비로소 국유기업의 사회적 책임 문제가 새 관심사로 떠올랐다. 서전심, 애덕주(2010)는 국유기업의 기업사회를 거시적, 미시적, 기업내부 조직 3개 단계로 분류하여 국유기업 사회적 책임 체계의 수립과 보완은 국유기업개혁에 없어서는 안 될 구성부분임을 강조했다[18]. 정효흠, 진호(2015)는 국유기업의 사회적 책임에 대한 실증연구를 바탕으로 제도적 제약이 많은 국유기업이 사회적 책임의 여러 측면에서 민간기업보다 우수하다고 인정하였으며, 특히 협의적인 사회적 책임 측면에서 이러한 특징이 돋보인다고 하였다. 국유기업의 우수한 수준의 사회적 책임은 뉴노멀 시대에 안정적 수요, 최적화 공급, 혁신 구동, 환경보호에 대해 새로운 발전을 이끌어낸다는 점에서 대체불가능한 중요성을 가지고 있다[19].

규범적 연구에 대한 논의와 함께 다양한 차원과 분야에서 기업의 사회적 책임의 효과와 역할을 입증하는 대량의 실증연구가 시작되었다. 예를 들면 상장회사, 첨단기술회사를 상대로 진행된 실증연구는 기업의 사회적 책임 이행이 기업가치, 재무성과, 기술혁신면에서 중요한 역할임을 입증했다. 이정(2006)은 2003년 상해증권거래소 521개 상장회사를 상대로 기업의 사회책임활동과 기업가치의 관련성 문제를 연구했다. 그 결과에 따르면 사회적 책임을 적극적으로 이행하는 기업의 경우 일시적으로 기업가치가 낮을 수 있으나, 장기적으로 볼 때는 사회적 책임이 기업가치를 떨어뜨리지 않는 것으로 나타났다[20]. 온소빈, 방원(2008)은 46개 상장회사의 2003~2007년 데이터를 바탕으로 기업의 사회적 책임과 재무 성과 사이의 장단기적인 관계와 영향을 연구하였다. 그 결과 장기적으로 볼 때 사회적 책임 이행은 기업의 재무 성

---

17　黄群慧, 彭华岗, 钟宏武, 张蒽:《中国100强企业社会责任发展状况评价》,《中国工业经济》2009年第10期。
18　徐传谌, 艾德洲:《中国国有企业社会责任研究》,《吉林大学社会科学学报》2010年第6期。
19　丁晓钦, 陈昊:《国有企业社会责任的理论研究及实证分析》,《马克思主义研究》2015年第12期。
20　李正:《企业社会责任信息披露影响因素实证研究》,《特区经济》2006年第8期。

과에도 긍정적 영향을 미치는 것으로 입증되었다[21]. 이문천, 류익(2007)이 419개 첨단기술업계 상장회사의 2012~2014년 데이터에 대해 진행한 실증연구에 따르면 첨단기술기업의 연구 및 개발 투입은 기업의 기술혁신 생산으로 전환될 수 있다. 나아가 첨단기술기업은 사회적 책임을 적극 수행함으로써 기술혁신 산출이 기업의 경쟁력으로 전환하는 효율을 더욱 향상시킬 수 있다. 첨단기술기업의 광고투입은 기업의 사회적 책임이 기술혁신산출을 기업 경쟁력으로 전환하는 데 촉진역할을 수행한다[22].

여러 가지 이론연구를 통해 중국 학자들은 시험적으로 다양한 기업의 사회적 책임지표체계를 구축하여 기업 사회적 책임 연구를 평가하고 추진하는 데 체계적인 참고사항을 제공했다. 첫째는 기업의 사회적 책임 지표체계의 5차원 모델이다. 이위양, 초홍군(2009)은 기업 사회적 책임 지표체계의 5차원 분석구조를 구축했다. 그 구조는 이해관계자척도, 책임내용척도, 지표기능척도, 조직계층척도, 작용속성척도이다[23].

둘째는 '4위1체' 이론모델이다. 황군혜(2009), 평화강(2010)은 Tripple Bottom Line과 투자자 이론 등 사회적 책임 이론에 따라 '4위1체' 이론모델을 구축했다. 1급지표에는 책임관리, 시장 책임, 사회적 책임, 환경적 책임이 포함된다[24]. 그 외에, 중국사회과학원(2009)은 '4위1체' 모델을 이론적 기반으로 중국 내 기업의 사회적 책임 정보공개 구조 모델을 구축하여 연속 10여 년 국유기업, 민영기업, 외국기업의 사회책임 발전지수에 대해 순위평가를 진행했다[25].

21세기에 들어선 후 이론연구와 여러 분야에서 진행된 업무의 도움으로 중국 대륙에서 기업의 사회적 책임 행보가 가속화되었다. 중국 당과 정부 또한 기업의 사회적 책임을 증진시키는 데 중요한 역할을 했다. 기업의 사회적 책임 이념을 '5년 계획'과 같은 당과 정부의 중요한 문건

---

21　温素彬, 方苑:《企业社会责任与财务绩效关系的实证研究——利益相关者视角的面板数据分析》,《中国工业经济》2008年第10期。

22　李文茜, 刘益:《技术创新,企业社会责任与企业竞争力——基于上市公司数据的实证分析》,《科学学与科学技术管理》2017年第1期。

23　李伟阳, 肖红军: 利益相关方、责任内容、功能、组织层级、作用属性: 企业社会责任指标体系构建的五维模型,《WTO经济导刊》2009年第3期。

24　黄群慧, 彭华岗, 钟宏武, 张蒽:《中国100强企业社会责任发展状况评价》,《中国工业经济》2009年第10期。

25　中国社会科学院经济学部企业社会责任研究中心:《中国企业社会责任报告编写指南CASS-CSR1.0》, 北京: 经济管理出版社, 2009年。

에 계속하여 써넣었으며, 여러 가지 법률 및 규정에서 기업이 사회적 책임을 적극적으로 이행하도록 촉구했다. 2006년에 수정한 〈중화인민공화국 회사법〉에서는 기업의 사회적 책임은 회사가 반드시 이행해야 할 의무라고 규정했다. 2008년에 국무원 국유자산감독관리위원회(국자위)는 〈중앙기업의 사회적 책임 이행에 관한 지도의견〉을 발표하여 다음과 같은 몇 가지 제안을 했다.

(1) 법에 따라 경영하며 성실히 신용을 지켜야 한다.
(2) 지속적인 이윤창출능력을 끊임없이 향상해야 한다.
(3) 제품 품질 및 서비스 수준을 확실하게 향상시켜야 한다.
(4) 자원절약 및 환경보호를 강화해야 한다.
(5) 독립적인 혁신과 기술진보를 추진해야 한다.
(6) 생산안전을 보장해야 한다.
(7) 직원의 합법적 권익을 수호해야 한다.
(8) 사회공익사업에 참여해야 한다.

그 후 상해증권거래소는 〈상장회사의 사회적 책임 담당 업무 강화 및 '상해증권거래소 상장회사 환경정보 공개지침' 선포에 관한 통지〉를 발표하였다. 중국공업경제연합회는 11개 공업업종협회와 공동으로 〈중국 공업기업 및 공업협회의 사회적 책임 지침〉, 〈공업기업 및 공업협회의 사회적 책임 이행 제창 및 추진에 관한 의견〉을 발표하였다. 기업의 사회적 책임 이행은 사회에서 중요하게 인식되었고, 구체적인 실행을 위한 조치들이 뒤따랐다. 이론연구, 기업의 사회적 책임 보고서의 발표, 기업 정보 공개는 기업의 사회적 책임 업무를 추진하고 향상시키는 중요한 부분으로 자리잡았다.

2012년에 국무원 국자위, 중국공업연합회 등 부서는 더욱 자세한 기업의 사회적 책임 이행 지침 문건을 발표하고, 그 책임은 날로 규범화되었다. 2015년 6월에 〈사회적 책임 지침〉(GB/T36000-2015), 〈사회적 책임 보고서 작성 지침〉(GB/T36001-2015), 〈사회적 책임 성과 분류 안내〉(GB/T36002-2015) 3가지 국가 기준을 정식으로 발표하였다.

기업의 사회적 책임은 서방이론으로서 정식으로 중국에 들어온 지 얼마 되지 않았다. 그 역할과 영향력에 관해 다양한 가능성이 열려 있는 만큼 여러 차원에서 강화되고 보완되어야 할 것이다. 또한 기업의 사회적 책임과 이해관계자 이론은 밀접히 연관되어 있으므로 두 가지 이론 모두에 관심을 갖고 동시적으로 연구를 진행하여야 할 것이다.

## 2. 다양한 지역에서의 실천

### 2.1. 국제사회에서의 실천

#### 2.1.1. 기업의 사회적 책임(CSR) 관련 국제 동향

지난 20년간 국제사회에서는 기업의 사회적 책임과 관련한 국제적 협의체를 구성하고, 책임 이행을 위한 가이드라인을 수립하는 등 다양한 이니셔티브를 만들어 왔다.

세계지속가능발전기업협의회(WBCSD, World Business Council for Sustainability Development)는 다국적 기업이 모여 환경, 경제, 사회 세 분야의 지속가능한 발전에 대하여 합의하는 기관이다. 1995년 160여 개의 기업이 모여 설립한 후 스위스 제네바에 본부를 두고, 국제기관과 사회를 대변하여 지속가능발전 이념의 공유와 확산을 이끄는 활동을 하고 있다. DuPont, 3M, Nestlé, BP, Danone 및 Royal Dutch Shell과 같은 대표적인 다국적 기업이 회원으로 속해 있으며, 회원사들은 WBCSD에 가입함으로써 지속가능성 도구 및 가치 사슬을 통한 협업, 정책 개발 참여 등 지속가능한 관리 관행을 지원하고 채택한다.

GRI(Global Reporting Initiative)는 1997년 유엔 환경계획(UNEP, United Nations Environment Programme)의 지원을 받아 설립된 연구 기관으로 기업의 지속가능성 보고를 위한 표준을 제시하였다. 이 표준은 기업의 경제, 환경, 사회 분야의 성과 보고에 대한 프레임워크이다. 기업의 경제, 환경, 사회 분야의 성과를 측정하고 관리함으로써 기업활동이 지구와 사회의 지속가능성에 기여하는 것을 촉진하기 위해 제시되었다. 현재 대기업, 중소기업, 비영리조직, 공공기관, 지방정부 등 지속가능성보고서 작성에 보편적으로 사용되고 있다.

유엔 글로벌콤팩트(UNGC, UN Global Compact)는 2000년 창설되어 지속가능성 제고와 기업시민의식 향상에 동참할 수 있도록 권장하고, 이를 위한 실질적 방안을 제시하는 세계 최대의 자발적 기업시민 이니셔티브이다.[26] 인권, 노동, 환경, 반부패 분야의 10대 원칙을 기업의 운영과 경영전략에 내재화시키는 것을 목표로 하며, 현재 162개국의 14,000개 조직이

---

26 (사회책임)230여개 기업 "투명하고 공정한 비즈니스" 서약, 맛있는 뉴스토마토[웹사이트]. (2018년 3월 12일). http://www.newstomato.com/ReadNews.aspx?no=811017

회원으로 가입되어 있으며 이 중 10,000개가 기업회원이다.

ISO26000은 국제표준화기구(ISO)에서 2010년 발표한 기업의 사회적 책임(CSR)에 대한 국제적 표준으로 인권, 환경, 노동 등에 관한 기업의 사회적 책임을 포괄적으로 규정하고 있다. 구체적으로 산업계, 정부, 소비자, 노동계, 비정부기구(NGO) 등 7개 경제주체를 대상으로 거버넌스, 인권, 노동관행, 환경, 공정거래, 소비자 이슈, 공동체 참여 및 개발 등 7대 의제를 사회책임 이슈로 규정하고, 이에 대한 실행지침과 권고사항 등을 담고 있다(김진태, 2013). 어느 조직이나 ISO26000 지침을 참고하여 미래의 지속가능성을 확보하기 위한 활동을 준비할 수 있으며, 현재 세계적으로 1만 개가 넘는 단체가 ISO26000 지침을 사용하고 있다. 다만 ISO9000(품질경영), ISO14000(환경경영) 시리즈와는 달리 인증 제도는 운영하고 있지 않으며, 권고 및 자발적 이행의 방식으로 그 영향력을 확대하고 있다.

유엔 밀레니엄 정상회의(UN Millennium Summit)에서는 2000년 9월, 2015년까지 빈곤퇴치를 목표로 새천년 선언문을 채택하고 8개의 세부목표가 포함된 새천년개발목표(MDGs, Millennium Development Goals)를 발표했다.[27] MDGs의 당초 시한이 다가옴에 따라 2012년 6월에 열린 유엔 지속가능발전회의(UNCSD)에서 MDGs를 대신하여 2030년까지 적용할 '지속가능발전목표(SDGs, Sustainable Development Goals)'로 전환하였다. MDGs가 8개 목표 아래 21개의 기초적인 세부목표를 설정하고 이에 한정된 자원을 집중시키고자 했다면, SDGs는 17개 사회, 환경 의제와 각 의제별로 세분화된 목표 169개를 포함하고 있다.

이러한 UN SDGs의 흐름에 발맞추어 기업활동의 사회적, 환경적 영향(impact)를 측정하기 위한 국제적인 노력도 활발해지고 있다. 2012년 지속가능한 발전을 위한 기업의 국제연합조직인 세계지속가능발전기업협의회(WBCSD, World Business Council for Sustainability Development) 등이 주도하여 Natural Capital Coalition을 결성한 후, 2016년에 기업활동의 환경영향을 화폐가치로 평가하는 표준 가이드라인인 'Natural Capital Protocol'을 발표하였으며, 2018년에는 Social and Human Capital Coalition을 결성하고

---

27 [SDGs]유엔 MDGs에서 SDGs로, 달라진 것들. 미디어SR[웹사이트]. (2014년 12월 15일). http://www.mediasr.co.kr/news/articleView.html?idxno=8909

관련 프로토콜을 발표하였다. 그 후 두 기구가 통합하여 2019년 Capital Coalition으로 재출범하였다.

한편, 2016년 영국의 Sir Ronald Cohen의 제안으로 Bridges Fund Management, Social Value UK 등 사회영향투자 분야의 전문조직과 활동가들이 주도하여 사회적 영향(impact)을 체계적으로 측정, 관리할 수 있는 기준을 마련하는 Impact Management Project(IMP)를 발족하였다. 이후 OECD, UNDP, UNEP FI, UN PRI, UN Global Compact 등의 국제 프로그램과 GIIN, B Lab, GRI 등의 다양한 관련 조직이 2018년 IMP 국제네트워크를 결성하여 일반 기업 부문과 ESG 자본시장의 사회영향 측정까지 그 활동 영역을 확대하고 있다. 2020년 현재 Capital Coalition에는 300여 개, IMP에는 2,000여 개의 조직이 참여하고 있다.

### 2.1.2. 사회책임투자(SRI) 관련 국제 동향

지속가능경영에 기반한 사회적 책임을 수행하는 기업에 대한 투자와 금융지원을 촉진하는 자본시장의 변화도 생겼다. 1992년 리우정상회담의 지속가능발전(Sustainable Development)에 대한 전세계적 합의를 계기로 도이체방크, UBS와 같은 선진 금융기관의 제안으로 설립된 유엔 환경계획 금융 이니셔티브(UNEP FI, United Nations Environment Programme Finance Initiative)는 세계 45개 국가의 194개 금융기관이 참여하는 국제 이니셔티브이다. 많은 금융기관들이 UNEP FI 가입 이후에 자체 환경방침과 환경 리스크 평가 등을 도입하는 등 금융산업의 지속가능경영 확산에 크게 기여한 것으로 나타나고 있다.

2006년 뉴욕증권거래소에서는 금융기관들이 투자를 할 때는 ESG요소를 고려해야 한다는 내용의 유엔 책임투자원칙(UN PRI, United Nations Principles for Responsible Investment)이 발표되었다. 이는 코피 아난 전 유엔사무총장의 주도하에 UNEP Initiative(UNEP/FI), 선진 금융기관과 다양한 전문가 그룹이 함께 만든 원칙이다. ESG

는 환경(Environment)·사회(Social)·거버넌스(Governance)의 약자로 기업의 환경, 직원, 주주, 고객, 지배구조 등 다양한 비재무적 영역들을 말한다. UN PRI는 책임투자 원칙으로 총 6개 항목을 제시하고 있는데, 투자분석과 투자의사결정 과정 전반에 걸쳐 ESG를 강조하고 있다. 해당 원칙에 서명한 기관들은 매년 1~3월 사이 지난해 원칙 이행상황을 UN PRI에 보고하며, 이에 따라 UN PRI는 책임투자 이행수준을 A+~E까지 6단계로 점수를 매겨 평가한다.

지속가능성을 핵심적인 투자 결정요소로 고려하는 자본의 규모도 커지고 있다. 재무적 성과를 강조하는 전통적 방식과는 달리 ESG투자는 기업의 가치를 평가할 때 장기적 관점에서 비재무적 요소를 충분히 반영한다. 전 세계 ESG 펀드의 운용자산 규모는 2012년 말 6,550억 달러에서 2018년 10월 말 1조 500억 달러로 약 60% 성장한 것으로 나타났다. 기업의 사회적 책임과 지속가능성을 요구하는 국제적인 목소리가 커짐에 따라 ESG 투자는 꾸준히 성장할 것으로 전망한다.[28] 기업의 ESG 성과를 활용한 투자 방식은 투자자들의 장기적 수익을 창출하는 한편, 기업 행동이 사회에 이익이 되도록 영향을 줄 수 있다. 투자자에게 요구되는 사회적 책임이 중요해지면서 ESG평가 정보에 대한 수요도 늘어나고 있다. 이러한 정보 수요에 맞춰 ESG 정보 공시 의무화 제도가 연기금을 중심으로 도입되고 있는데 영국, 스웨덴, 독일, 캐나다 등 나라가 그 예이다.[29]

사회영향투자(impact investing 또는 social impact investment)는 사회적, 환경적 문제의 해결을 우선하면서 재무적 수익성을 동시에 추구하는 기업에 대한 투자방식으로 정의된다. 라준영(2018)은 사회영향투자의 요건으로, 투자 당시부터 투자 목적에 사회 및 환경 영향이 의도되어야 하고, 영향은 측정 가능하며, 재무적 수익을 동반할 뿐만아니라 투자대상이 확장가능성이 높아야 한다고 하였다. 또한, 사회영향투자의 정의, 범주, 추정 범위와 방법에 따라 그 시장규모가 각기 다르지만, 2015년 기준으로 시장규모는 최소 105억 달러에서 최대 2500억 달러에 이르며, 매년 10-30% 수준으로 성장할 것으로 전망하였다.

---

28  글로벌 ESG펀드 현황과 시사점, 자본시장연구원[웹사이트]. (2019년 1월 15일). https://www.kcmi.re.kr/publications/pub_detail_view?syear=2019&zcd=002001016&zno=1437&cno=5115

29  ESG, doopedia 두산백과 [웹사이트]. https://terms.naver.com/entry.nhn?docId=5703698&cid=40942&categoryId=31821

## 2.2. 한국에서의 실천

### 2.2.1. 개요

1970년대 말 한국에 사회적 책임의 개념이 처음 도입된 이래 1990년대에 이르러서야 본격적으로 논의가 확산되기 시작하였다. 초기에는 단순한 사회적 책임인 윤리경영(투명성, 부패방지 등) 또는 사회경영(직원의 고용과 복지, 다양성 존중과 산업재해 보호) 등을 강조하였으나 점차 환경경영 분야를 중심으로 지속가능성을 추구하는 기업의 역할을 강조하기 시작하였다. '좋은 기업이란 무엇인가'에 대한 학계와 경영계, 시민사회의 관심이 높아졌으며, 이에 따라 지속가능한 사회를 위한 기업의 책임이 경영전략에 다양하게 반영되었다. 2000년대에 들어 "인간의 얼굴을 한 세계화"를 호소한 코피아난 전 유엔사무총장은 인권보호, 노동권 보호, 환경보호, 부패방지 등을 강조하는 유엔 글로벌콤팩트(UNGC, UN Global Compact)라는 국제협약을 체결하였는데, 이는 국제적 차원에서 기업의 사회적 책임을 강조하고 확산하는 큰 계기가 되었다. 특히 2010년 ISO26000과 같은 국제적 표준화가 시도됨에 따라서 점차 사회적 책임은 규범화되었다. 이렇듯 사회적 책임에 대한 세계적인 확산 과정 속에서 한국의 기업도 다양한 사회 기여 활동을 전개하기 시작하였고, 정부의 관심도 높아지는 등 기업의 사회적 책임경영을 위한 생태계가 활성화되고 있다. 본 절에서는 한국의 사회적 책임경영 실천과정과 주요 흐름을 정리해본다.

### 2.2.2. 글로벌 이니셔티브 참여

한국의 기업과 금융권은 국제사회에서 제안되는 여러 기업의 사회적 책임과 사회책임투자 관련 아젠다 및 협약에 적극적으로 참여하고 있다.

앞 절에서 설명한 글로벌 이니셔티브 참여 현황을 보면 먼저 유엔 글로벌콤팩트(UNGC) 한국협회를 두고 기업, 시민사회, 학계 등 255개 회원사가 참여하고 있다. 심포지엄, 워크숍, 컨퍼런스 개최 및 UNGC · CSR 관련 연구와 조사, 정책제안, 네트워킹 등 지속가능 발전을 위한 대화의 장을 제공하고 있으며, 기업의 사회적 책임(CSR) 및 지속가능발전목표(SDGs) 관련 프로젝트 수행을 통해, 회원사의 UNGC 10대 원칙 이행 활동을 지원하고 있다.

유엔 환경계획 금융 이니셔티브(UNEP FI)의 Korea Group에는 DGB금융그룹, DB손해보험, 현대해상, 신한금융지주회사, 삼성화재, 하나금융그룹, KB금융그룹 등 7개 그룹이 서명하여 참여하고 있다. 우리 기업들도 UNEP FI 가입 이후에 자체 환경방침과 환경 리스크 평가를 도입하는 등 지속가능한 금융산업 발전을 위하여 노력하고 있다. 그중 신한은행의 경우 세계경제포럼 (WEF, World Economic Forum)에서 발표하는 Global 100 Index[30]에 여러 차례 선정되는 등 두드러진 지속가능경영 성과를 보여주고 있다.

또한 국제적으로 자산운용사들의 ESG 투자를 독려하는 UN PRI에 서스틴베스트(이하 서명연도 2007), 국민연금공단(2009), 후즈굿(2015), 안다자산운용(2016), ESG모네타(2017), 하이자산운용(2018) 등 6개 기관이 서명하였다[31].

### 2.2.3. 지속가능성 보고 및 연구 활성화

지속가능경영보고서는 기업의 사회책임활동에 대한 관심도와 실천현황을 확인할 수 있는 중요한 매개물이다. 2000년 GRI(Global Reporting Initiative)[32]가이드라인이 발표된 후 한국의 기업과 공공기관들은 이를 따라 지속가능경영보고서를 발간하고 있다. 2004년 한국 최대 철강회사인 POSCO와 한국 최대 항공사인 대한항공이 한국에서 처음으로 지속가능경영보고서를 작성하고 발간한 이래 지속가능경영보고서를 발간하는 기업과 기관은 계속 증가하고 있다. 그림[33]과 같이 2017년을 기준으로 총 123개의 지속가능경영보고서가 발간되었으며, 2013년 이후 누적 발간기업은 200개를 넘어섰다.

---

30  2018년 Global 100 Index에는 신한금융그룹(47위) 외에, 한국 기업으로 삼성 SDI(10위), 포스코(93위)가 포함되어 있다.
31  [똑똑!스튜어드십코드] 80조달러가 서명한 그곳...PRI, 비즈니스워치[웹사이트]. (2018년 8월 3일). http://news.bizwatch.co.kr/article/policy/2018/07/24/0037
32  GRI는 기본적으로 경제, 환경, 그리고 노동권, 인권, 제품책임 등을 포함한다.
33  기업에 따라 연단위가 아닌 격년 또는 수년 단위의 지속가능경영보고서를 발간하는 사례가 있으며 제시된 그림은 누적 보고서를 포함한 수치이다.

**그림 1-1 한국의 지속가능경영보고서 발간추이**

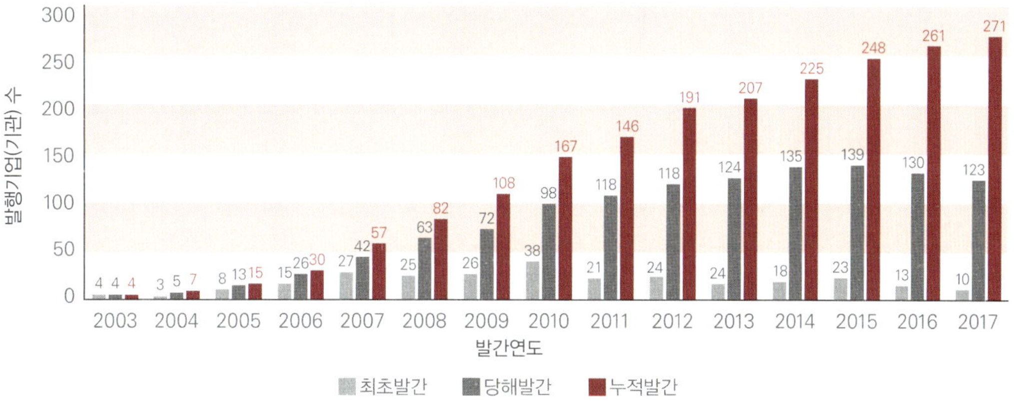

| 발간연도 | 최초발간 | 당해발간 | 누적발간 |
|---|---|---|---|
| 2003 | 4 | 4 | 4 |
| 2004 | 3 | 5 | 7 |
| 2005 | 8 | 13 | 15 |
| 2006 | 15 | 26 | 30 |
| 2007 | 27 | 42 | 57 |
| 2008 | 25 | 63 | 82 |
| 2009 | 26 | 72 | 108 |
| 2010 | 38 | 98 | 167 |
| 2011 | 21 | 118 | 146 |
| 2012 | 24 | 118 | 191 |
| 2013 | 24 | 124 | 207 |
| 2014 | 18 | 135 | 225 |
| 2015 | 23 | 139 | 248 |
| 2016 | 13 | 130 | 261 |
| 2017 | 10 | 123 | 271 |

지속가능경영전략 수립을 위한 전문적인 경영컨설팅 및 자문 서비스도 활발하다. KPMG, PwC 등 대규모 컨설팅 회사에서는 기후변화 및 지속가능경영에 대응하기 위한 대응 전략, 전문 리서치 및 자문 등 컨설팅 영역 서비스를 확대하고 있다. 이들은 지속가능경영보고서를 기획하고, 보고서에 대한 제3자 검증업무 등을 수행하기도 한다.

학계에서도 지속가능경영과 관련된 연구가 활발하다. 한국 주요 경영학회에서는 지속가능경영과 기업의 사회적 책임과 관련된 학술포럼이나 분과토론을 꾸준히 진행하고 있다. 또한 윤리경영학회, 지속경영학회, 환경경영학회, 사회적기업학회 등 지속가능경영과 관련한 연구를 본격적으로 연구하는 학회도 늘어나고 있다. 한국의 대표적인 경제단체인 대한상공회의소에서는 지속가능경영원을 설치하여 지속가능경영 국제표준에 따른 산업계 대응방안을 마련하는 연구를 추진하고 있다.

지속가능경영의 일환으로 사회공헌활동을 적극적으로 전개하는 기업들도 늘어나고 있다. 한국사회복지협의회와 대한상공회의소(2019)가 발간한 〈2018년 사회공헌백서〉에 의하면 조사에 참여한 229개 기업 가운데 사회공헌 전담조직을 가지고 있는 기업은 58.6%에 이른다. 한편 사회공헌활동에 지출한 비용의 경우에 매출대비 0.14%에 이르는 것으로 나타났으며 임직원 봉사활동 참여율은 52.8%인 것으로 나타났다. 조사기업의 54.6%는 전년대비 사회공헌활동 지출 비용을 늘렸다는 응답을 통해 사회적 책임에 대한 기업의 관심과 활동 그리고 참여가 높아지고 있다는 점을 알 수 있다.

기업의 사회적 책임 수준을 평가하는 국제기관들의 노력에 발맞춰 한국에서도 자체적인 평가지표와 지수를 개발하여 한국 내 기업들을 평가하고 있다. 한국표준협회에서는 한국개발연구원과 함께 ISO26000에 기반한 대한민국 지속가능성지수(KSI, Korean Sustainability Index)를 개발하였으며, 2009년부터 분야별 전문가와 기업 이해관계자를 직접 조사하는 방식으로 기업이 지속가능성 트렌드에 따라 경영관리를 실시하고 개선하는지 여부 등을 평가해오고 있다.

한국기업지배구조원에서도 OECD 기업지배구조 원칙, ISO26000 등 국제 기준 부합, 국내 법제 및 경영환경을 반영하여 개발된 독자적 평가모형인 ESG 평가를 개발하여 2011년부터 적용하고 있다. ESG 평가는 상장회사가 현재 지속가능경영 수준을 점검하고 개선에 활용할 수 있도록 지원하는 것을 목적으로 하며, 평가결과를 투자자들에게 제공하고 있다[34].

한국생산성본부는 2008년 전 세계적으로 널리 알려진 다우존스지속가능경영지수(DJSI, Dow Jones Sustainability Index)의 평가도구를 활용하여 세계 최초로 국가단위의 DJSI 지수인 DJSI Korea를 개발하여 매년 평가를 수행해오고 있다. 현재 국제적인 지수인 DJSI World에는 한국 기업 19개 기업이 편입되어 있고, 한국지수인 DJSI Korea에는 40개 한국 기업이 참여하고 있다.

### 2.2.4. 한국기업의 지속가능경영 실천 사례

최근 한국 사회 전 영역에서 공공의 이익에 기여할 수 있는 사회적 가치(Social Value)에 대한 중요성이 매우 높아지고 있다. 이에 따라 기업 및 다양한 경제조직주체가 본업인 경제적 가치(Economic Value)뿐 아니라, 사회적 가치(Social Value)를 동시에 추구할 수 있는 근본적 방안에 대해 관심을 기울이고 그 실현을 위해 다양한 노력을 기울이고 있다.

경제적 가치와 사회적 가치를 동시에 창출하는 것의 중요성은 2011년 하버드 비즈니스 스쿨 마이클 유진 포터 교수에 의해 주창된 공유가치창출(CSV, Creating Shared Value) 개

---

34  ESG평가, 한국기업지배구조원[웹사이트]. http://www.cgs.or.kr/business/esg_tab01.jsp

념에서도 엿볼 수 있다. 공유가치창출(CSV) 개념은 사회적 가치를 기업 고유활동 외의 부가적인 요소가 아닌, 수익창출을 위해 비즈니스에 내재화해야 하는 것으로 제시하고 있다. 이는 사회적 가치에 대한 패러다임을 전면적으로 전환한 것이다. 기업 사회공헌에 충실했던 기업 및 다양한 경제 조직에 대한 고전적인 논의를 넘어 최근에는 경제적 가치(EV)와 사회적 가치(SV)를 동시에 추구하는 개념 전환이 이뤄지고 있다. 이에 따라, 사회적 가치 패러다임을 주도하는 민간기업 및 일부 공기업에서는 사회적 가치와 경제적 가치 동시 추구를 위한 비즈니스 모델(BM) 개발 등이 전방위적으로 이루어지고 있다. 국내의 민간기업 중 그 대표사례로는 SK그룹을 들 수 있다.

SK그룹은 보다 나은 사회를 위한 사회적 가치 창출 및 사회적 기업 육성에 선도적인 역할을 함으로써 한국의 사회적 가치 패러다임을 새로이 주도한다고 평가받고 있다. SK그룹 최태원 회장은 '돈 버는 것만이 기업의 목적이 아니다'라는 화두를 던지며 민간 기업에서의 사회적 가치 추구 필요성을 강조하였다. SK는 대외적으로 SV(Social Value)위원회 및 SCM전문 사회적 기업 행복나래, 재단(행복나눔재단, 한국고등교육재단, SK미소금융재단), 사회적가치연구원(CSES) 등을 통해 사회적 경제 활성화, 사회성과 측정, 사회적 가치에 기반한 인센티브 제공 등 다양한 전문조직과 지원사업을 아우르며 사회적 가치 생태계 활성화를 위해 앞장서고 있다.

기업 내적 차원에서는 사회적 가치를 비즈니스 모델로 발전시키고자 기업 전반의 경영 방식을 획기적으로 개편하려 시도했다. SK그룹은 전사가 공유하는 사회적 가치 체계를 통해 지속가능한 기업가치 창출 및 사회적 가치의 비즈니스 모델 내재화 등을 추구하고 있다. SK그룹이 핵심으로 삼은 과업 중 대표적인 사례로는 SK DBL(Double Bottom Line)에 기반한 경영전반의 사회적 가치 내재화이다. SK DBL에서 재무성과와 함께 추가적으로 측정하고자 하는 사회적 가치는 기업이 생산하는 재화 및 서비스를 통해 창출되는 비즈니스 사회성과, 기업 경제활동에 따른 자원 이전을 통해 창출되는 경제간접 기여성과, 사회공헌 활동을 통해 창출되는 사회공헌 사회성과 등이 있다. 일례로, SK그룹의 주 계열사인 SK 이노베이션에서는 비즈니스 사회성과를 창출하기 위해 기업 자산 및 네트워크 활용·개방을 통한 사회적 가치 추구를 시도하였다. SK 이노베이션 자회사인 SK 에너지는 경쟁사인 GS칼텍스, 물류분야 스타트업 기업과의 협업체계를 구축하고, 주유소 기반 물류허브 공유경제모델을 개발하였다. 이를 통해 공유택

배사업 '홈픽(Homepick)' 및 스마트 보관함 '큐브(CUBE)' 등을 공식적으로 런칭하여 기업주유소 O2O(Online to Offline) 플랫폼을 통한 물류 허브화 및 C2C(Consumer to Consumer) 택배운송 활성화 등 새로운 사회적 경제 비즈니스 영역을 창출하였다. 뿐만 아니라 지역 공유경제 활성화, 일자리 창출, 택배시장 사각지대 해소 등 사회적 가치도 만들어 내고 있다. 이러한 혁신적 시도를 통해 SK는 2017, 2018년 연속 DJSI World 기업으로 선정되기도 하였다.

뿐만 아니라 SK그룹은 사회적 가치를 창출하는 주체가 확대되는 선순환 구조를 만들기 위하여 사회성과인센티브(SPC, Social Progress Credit)라는 사회정책 실험을 진행하고 있다. 해당 제도는 사회적 가치를 창출하는 기업들의 사회성과를 측정하고 그 결괏값의 일정한 %에 따라 인센티브를 지급하는 제도이다. 사회성과는 구체적으로 미션과 사회성과 창출 방법에 따라 사회서비스성과, 고용성과, 사회생태계성과, 환경성과 네 가지 영역으로 구분된 24개 측정지표를 바탕으로 측정한다. 해당 정책 참여 1년 차에는 사회성과 총량의 25%를, 참여 2-3년 차에는 사회성과 총량의 15%와 전년대비 증가분의 25%를 인센티브로 지급하며, 지급된 인센티브의 사용처에 대한 제약을 두지 않는다. 현재 해당 정책 수혜 기업개수는 2015년 44개에서 2019년 기준 222개로 확대되었다. 창출한 사회성과는 2015년 100억 원에서 2018년 456억 원으로 증가하였으며, 지급된 인센티브는 2015년 26억 원에서 2018년 87억 원으로 증가하였다.

현재까지 연구 결과에 따르면, 기업의 사회성과 측정 경험이 사회적 가치를 인지하는 데 긍정적인 영향을 주고 있으며, 인센티브와 창출한 사회성과 간에 긍정적인 관계가 존재하는 것으로 나타났다. 다만, 사회성과 인센티브는 유사실험(quasi-experiment)의 성격을 지닌다는 점에서 효과성 검증이 추가적으로 이뤄져야 할 필요가 있다.

## 2.3. 중국에서의 실천

### 2.3.1. 개요

기업의 지속가능발전은 현재의 발전수요와 미래의 발전수요를 모두 고려할 때 온전히 이루어진다. 기업 경영목표를 실현하고 시장지위의 개선을 도모함은 물론, 각 기업이 자신의 분야와 업계에서 꾸준히 능력을 향상시키고, 지속적으로 이윤을 늘려나가야 한다. 결코 다음 세대의 이윤을 희생시키는 대가로 발전을 도모해서는 안 된다.

국무원 국자위는 2008년, 〈중앙기업의 사회적 책임 이행에 관한 지도의견〉을 발표한 후 중앙기업이 사회적 책임을 이행하고, 지속가능발전을 지향할 수 있도록 하는 다양한 정책들을 적극적으로 추진했다. 2012년에는 〈국유기업 사회적 책임 이행에 관한 지도의견〉을 발표했으며 사회적 책임을 위한 특별 부서를 설립했다. 2019년 5월에는 〈중앙기업의 사회적 책임 보고 발표 관련 사항에 관한 통지〉를 발표하여 중앙기업그룹을 대상으로 매해 사회책임보고서를 발표할 것을 요구했다. 같은 해 11월에는 평화강 비서장이 참여하여 작성한 기업의 사회적 책임관리 '3보10법'을 정식으로 발표하여 기업책임관리의 지침으로 삼았다. 이후 중앙기업의 사회적 책임 업무를 지도하던 '종합국'을 '과학기술혁신 및 사회적 책임국'으로 이름을 변경하고 중앙기업이 사회적 책임을 더 잘 이행하고 국가경제와 민생에 더 나은 서비스를 제공하여 사회적 가치를 충분히 창출할 수 있도록 계속하여 지도, 감독, 심사하였다.

10여 년 동안 국무원 국자위는 중앙기업이 책임관리를 강화하고 사회적 책임을 이행하도록 하기 위한 효과적인 제반 작업을 진행하였다. 〈중앙기업의 제12차 5년 계획 및 조화로운 발전전략 실시 요강'을 발행하는 데 관한 통지〉를 발표했으며, 중앙기업 사회적 책임지두위원회를 설립하고, 〈중앙기업 책임관리 지침〉, 〈중앙기업 제12차 5개년 사회적 책임 전략 계획〉 등 관련 문서의 작성을 시작하여 기업의 사회적 책임 입법 연구를 주도했다. 중앙기업 사회적 책임 사업회의를 개최하고, 중앙기업 우수 사회적 책임 실천 공모 활동을 전개했으며, 중앙기업 사회적 책임사업 양성반을 조직하여 중앙기업 관리개선 활동을 전개했다. 2017년부터 연속 3년 중앙기업의 사회적 책임 및 중앙기업의 해외 사회적 책임 관련 연구를 진행했다. 어느덧 국무원 국자위가 중앙기업의 사회적 책임 이행을 추진한 지 11년이 되었다. 기업의 사회책임 발전지수를 보면 2019년에 발표된 중앙기업 사회적 책임보고서의 실질적 평균 점수는 86.4점, 59부 보고서의 실질적 점수가 80점 이상이며 100대 국유기업의 사회책임 발전지수가 54.6점으로 상승하여 연속 11년 민영기업 및 외자기업을 앞섰다. 중앙기업은 어느새 중국 내 기업의 사회적 책임 이행의 선구자로 자리매김했다[35].

---

35  原诗萌:《央企社会责任履行情况分析报告》,《国资报告》2018年第3期。

### 2.3.2. 글로벌 이니셔티브 참여

기후변화는 각 대륙의 모든 국가에 영향을 주고 국가의 경제발전을 저해하며 심지어 인류의 생존을 위협하고 있다. 이에 국자위의 감독 관리를 받는 중앙기업은 지속가능발전 제안에 적극 호응하여 기후변화에 대응하고 〈파리협정〉을 실시하기 위해 중요한 기여를 했다. 중앙기업은 적극적으로 녹색 저탄소기술 연구를 추진하고, 시장 지향적 녹색기술 혁신 시스템을 구축하였으며 산업구조 조정을 가속화하여 에너지 절약 및 환경보호, 청정생산, 청정에너지 관련 산업을 적극적으로 발전시켰다.

이를테면 중국화전그룹은 발전산업에 초점을 두고 청정 저탄소 개발을 준수하면서 비화석 에너지를 적극 발전시키고, 에너지를 절약하며 소모를 줄이고, 탄소 배출 관리를 강화하여 생물의 다양성을 보호했다. 녹색 개발과 생활방식을 통해 배출 감소 약속을 이행하여 녹색 지구를 만들기 위해 이바지했다. 중국알루미늄그룹은 생산과정에서 실생활과 관련된 부분에 이르기까지 탄소배출을 효과적으로 관리하였다. 과학기술을 통해 탄소자산을 관리하여 이산화탄소 배출량을 더욱 줄이고 에너지 절약 및 배출 감소, 탄소 감소 업무수준을 전면적으로 향상시켰으며 2017년부터 연속 4년 〈탄소 감소 보고〉를 발표하여 기업의 녹색 이미지를 수립하였다.

국자위는 '일대일로(一帶一路)[36]' 제안에도 적극 참여하였다. 국자위 소속의 중앙기업들은 현지 사회건설, 지역사회 문화건설 및 공익사업에 참여하여 현지 인민에게 복지를 제공하고, 소재지의 병원, 학교 건설을 위한 자금을 지원함으로써 의료난, 취학난 해결에 도움을 주었다.

또한 유엔의 지속가능발전목표(SDGs)를 적극 추진하였다. 2015년 9월 유엔 지속가능발전정상회의에서 193개 회원국은 〈2030 지속가능발전 의제(the 2030 Agenda for Sustainable Development)〉을 통과시켰다. 2030년까지 17개의 지속가능발전 목표를 실현하기 위해 각국의 관심과 노력을 호소했다. 이 목표들은 지속가능발전의 3개 측면인 사회, 경제, 환경 분야를 포함하고 있으며, 선진국 및 개발도상국 모두와 연계되고, 누구하나도 배제되

---

36 일대일로는 '실크로드 경제벨트'와 '21세기 해상실크로드' 계획의 약칭이며, 이는 중국과 중국 이외의 유라시아 국가들을 연결하고 협동하도록 하는 것에 그 목표를 두고 있다. 2013년 시진핑 주석의 제안으로 시작되었으며, 2017년 현재 100여 개 국가 및 국제기구가 참여하고 있다. (참고: [중국현대를 읽는 키워드 100] 일대일로, 네이버지식백과[웹사이트]. https://terms.naver.com/entry.nhn?docId=4396048&cid=62067&categoryId=62067 )

지 않음(no one will be left behind)을 강조하고 있다. 시진핑 총서기는 '기업의 규모가 클수록 사회적, 도덕적 책임이 크며 이러한 측면에 대한 대중의 요구가 더 높다. 오직 배려하는 마음이 있는 부만이 진정으로 의미가 있는 부이며, 오직 적극적으로 사회적 책임을 지는 기업만이 경쟁력과 생명력이 있는 기업이다'고 지적했다. 시진핑 시대 사회주의 사상의 인도하에 국자위는 중앙기업의 발전과 확장을 적극 지지하고 인도하여 휘황한 성과를 거두었다. 또한 중앙기업이 사회적 책임을 적극 이행할 수 있도록 격려하였다. 나아가 지속가능발전을 실현하는 효과적인 경로를 적극 탐색하고, 지속가능발전을 기업의 발전전략 및 경영관리에 포함시켰다. 그 결과 중국 내 사회적 책임과 지속가능발전에 대한 인식 수준이 지속적으로 향상되었다.

### 2.3.3. 지속가능성 보고 및 연구 활성화

기업의 사회적 책임 보고서는 사회적 책임 이념, 제도, 조치, 성과에 대해 체계적이고 조직화된 정보를 제공한다. 이는 기업과 이해관계자 간의 전면적인 의사소통 및 교류를 위한 중요한 도구이자 매개체로서 작용하며, 기업의 책임 이행 현황을 종합적으로 반영하고 긍정적인 브랜드 이미지를 수립하는 중요한 창구가 된다. 국자위의 학봉 시기는 중앙기업은 사회적 책임 보고 발표 업무를 더 강화하고, 끊임없이 국제화 수준을 높이며 주제 보고, 국가별 보고 등 다양한 형식을 통해 주동적으로 기업의 해외 발전 및 사회적 책임 이행 상황을 공개해야 한다고 주장했다. 아울러 사회적 책임 보고 제도를 지속적으로 정비하여, 정기적으로 사회적 책임 보고 또는 지속가능발전 보고를 발표할 것을 요구했다. '사회적 책임 이행 상황'을 중앙기업의 '법에 따라 주동적으로 공개하는 내용'의 하나로 규정하고 사회적 책임 일상 정보 공개를 강화하고 적극적으로 이해관계자의 참여를 촉구했다.

중앙기업은 사회적 책임 보고서 작성 시 국제 표준과 국내 지침을 많이 참고했다. 2019년에 89부의 보고서가 작성 참조표준을 명확히 밝혔다. 중국사회과학원의 〈중국 기업의 사회적 책임 보고 지침(CASS-CSR4.0)〉(75부 보고서 참조), 국무원 국자위의 〈중앙기업의 사회적 책임 이행에 관한 지도의견〉, 〈국유기업 사회적 책임 이행에 관한 지도의견〉(69부 보고서 참조), GRI(Global Reporting Initiative)의 〈지속가능발전 보고서 가이드라인〉(68부 보고서 참조)은 중앙기업이 가장 많이 참조하는 작성표준이다. 이 밖에 중앙기업은 사회적 책임 보고서에서 기업의 책임 이행을 국가 전략의 실행 및 인민 복지의 증진과 연결시키고 녹색 발전, 빈곤 구제, 일대일로(一帶一路) 건설 등 중점 과제를 특별히 중시함으로써 중앙기업의 높은 정치적 의식과 책임감을 전면적으로 구현했다.

사회적 책임 보고의 발표는 통상적으로 중앙기업이 공식 웹 사이트에 배포하는 방식으로 진행된다. 일부 기업은 특별 발표회 또는 제3자의 플랫폼을 이용하여 보고하는데, 이렇게 하면 고위 지도자와 중요한 이해관계자의 참여에 유리하며 의사소통의 효율성을 높일 수 있다. 중국화전은 문화요강 및 지속가능발전보고 발표회를 개최하여 2018년도 지속가능발전보고와 '일대일로(一帶一路)' 보고서를 발표하였다. 국가투자그룹은 언론 보도회를 개최하여 정부 지도자, 업계 전문가, 언론인을 초청하여 2018년도 사회책임보고를 발표하였다.

지속가능발전을 추진하는 과정에서 중앙기업은 특수한 위치에서 다양한 책임을 이행하게 되었다. 국민경제의 균형을 잡아주는 밸러스트, 민생사업의 버팀목, 어렵고 위험한 비상 사태의 안정제, 빈곤퇴치의 주력, 지역 조율의 개척자, 아름다운 중국 건설자, 해외 책임 이행의 인솔자로서의 역할을 두루 해낸 것이다. 중앙기업은 국가 제도를 배치하고 전체적인 발전을 도모하는 차원에서 긴급 구조, 응급 보장 등 업무에 참여하여 대중의 수요와 이익을 철저히 지켜내었다. 코로나19와의 싸움에서 중앙기업들은 국무원 국자위의 전체적인 배치에 따라 적극적으로 책임을 다하여 돈과 물자를 기부하였으며, 전염병 예방 및 통제를 위한 전쟁의 승리를 위해 힘을 보탰다. 2020년 1월 31일까지 68개 중앙기업에서 총 29.40억 위안에 달하는 돈과 물자를 기부하였다. 그중 현금이 20.74억 위안, 물자는 돈으로 환산하여 8.66억 위안이다.

### 2.3.4. 중국 기업의 지속가능경영 실천 사례

#### (1) 중앙기업의 사회적 책임 이행 개요

중앙기업은 사회적 책임 이행에서 전체적으로 중국기업의 선두에 섰다. 당과 국가의 전략적 수요 및 경제사회의 발전 대세에 따라 중앙기업은 국가의 중요한 연구, 건설, 생산, 시험 및 국가계획, 민생과 직접적으로 연관되는 서비스와 보장 임무를 대량으로 담당했으며, 해외 책임 이행에서 인솔자, 선두 주자의 역할을 했다.

중앙기업은 사회적 책임에 대한 관리를 강화하여 기업의 사회적 책임관련 제도를 개선하였다. 88%의 중앙기업이 기업의 관련 규정 및 제도를 제정하거나 수정할 때 사회적 책임 관련 요소를 고려했다. 중앙기업은 적극적으로 사회적 책임을 기업 전략에 융합시킴으로써 기업, 사회, 환경의 지속적이고 건전한 발전을 추진했다. 책임지는 기업 이미지를 구축하기 위하여 11%의 기업이 연도 또는 정기 발표를 통해 해외 사회적 책임 보고를 단독 발표했으며, 63%의 기업이 연도 사회적 책임 보고에서 해외 업무 정보를 함께 공개한 것으로 나타났다[37].

중앙기업의 사회책임보고는 여러 차례의 곡절을 거쳤으나 궁극적으로 모든 중앙기업들이 이를 발표하게 되었다. 2001년, 중국석유그룹은 중국 최초의 사회책임보고 〈2001년 건강안전환경보고〉를 발표하여 중국의 다업종 사회적 책임 선구자로 자리잡았다. 2005년 국가전력망공사의 사회책임보고에 대해 당시의 온가보 총리는 '기업은 이처럼 사회에 책임을 져야 하며 자각적으로 사회의 감독을 받아야 한다'며 긍정적인 평가를 했다. 2006년에 중국원양그룹은 국내 최초로 GRI 가이드라인에 따라 작성하고, 제3자의 독립 검증을 거친 사회책임보고를 발표했다. 2010년에 국무원 국자위는 모든 중앙기업에 사회책임보고를 발표할 것을 요구했으며, 2012년에 중앙기업의 보고 발표가 정점에 달하여 전면 보고 발표 목표가 달성되었다. 그러나 2014년 이후 일부 중앙기업의 사회책임보고에 대한 관심이 약화되어 보고서 작성 및 발표의 적극성이 낮아졌다. 2016년 7월 1일에 국자위는 〈국유기업 사회적 책임 이해에 관한 지도의견〉을 발표하여 사회책임보고 발표를 보다 분명히 촉구하였다. 2017년에는 중앙기업이 발표한 보고의 수와 비율이 증가했다. 2018년에는 중앙기업의 전략적 개편으로 인해 중앙기업의 수가 감소했지만 발표된 보고의 수와 비율은 대폭 증가했다(그림 1-2를 참조).

---

37　国务院国资委综合局, 中国社会科学院经济学部企业社会责任研究中心:《中央企业社会责任蓝皮书(2017)》, 北京: 经济管理出版社, 2018年。

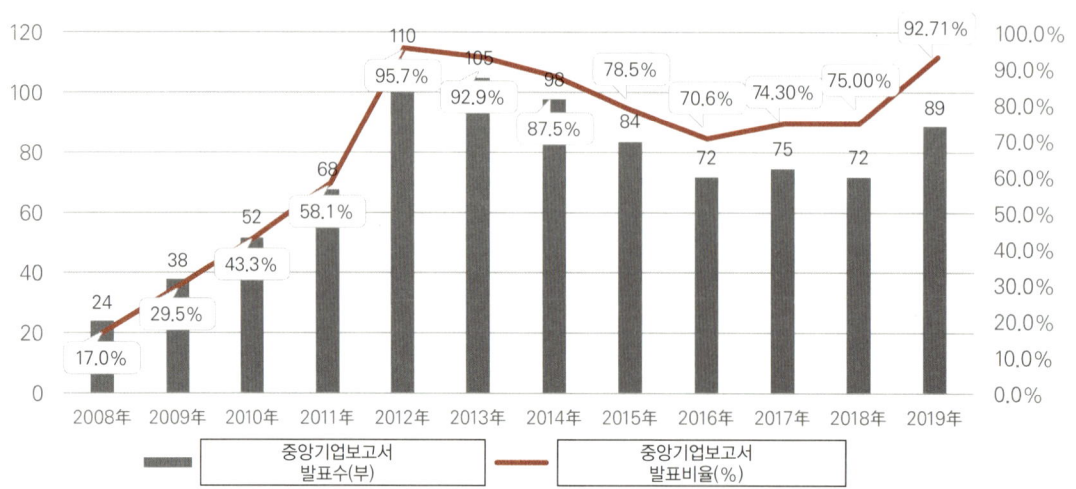

그림 1-2 중앙기업의 사회책임보고 발표수 및 비율(2008~2019년)[38]

2019년 4월 19일에 국무원 국자위는 중앙기업 사회적 책임사업 좌담회를 개최하였다. 회의에서는 일부 기업이 사회책임보고서 발표를 중단한 이유를 자세히 알아보고 보고의 발표 및 이해관계자와의 의사소통 강화의 중요성을 강조했다. 2019년 8월 9일까지 96개 중앙기업 중 89개 기업이 2018년도 사회책임보고서를 발표하여 보고 발표의 전면 보급[39]을 실현했다.

표 1-2 2019년에 사회책임보고를 발표한 중앙기업명단

| 순번 | 기업 | 순번 | 기업 |
|---|---|---|---|
| 1 | 중국핵공업그룹유한회사 | 46 | 초상국그룹유한회사 |
| 2 | 중국항천과기그룹유한회사 | 47 | 화윤(그룹)유한회사 |
| 3 | 중국항천과공그룹유한회사 | 48 | 중국관광그룹유한회사[홍콩중여(그룹)유한회사] |
| 4 | 중국항공공업그룹유한회사 | 49 | 중국상용항공기유한회사 |
| 5 | 중국선박공업그룹유한회사 | 50 | 중국에너지절약친환경그룹유한회사 |
| 6 | 중국선박중공그룹유한회사 | 51 | 중국중매에너지그룹유한회사 |

38  2007-2018년 청서 보고의 수집 마감시간은 그해 12월 말이고 2019년의 마감시간은 8월 9일이다.
39  96개 중앙기업 중 89개 기업이 사회책임보고를 발표했다. 2개 기업(중국화공그룹유한회사, 중국서전그룹유한회사)은 보고서를 작성 중이며 2019년도 내에 발표하게 된다.
4개기업(중국국제공정자문유한회사, 중국성통주식유한회사, 중국보천정보산업그룹유한회사, 중국농업발전그룹유한회사)의 보고발표주기는 2년이며 2019년은 간격 기한이므로 보고를 발표하지 않는다. 중국안능건설그룹유한회사는 2019년에 설립되어 보고 발표가 불가능하다.

| 7 | 중국병기공업그룹유한회사 | 52 | 중국매탄과공그룹유한회사 |
|---|---|---|---|
| 8 | 중국병기장비그룹유한회사 | 53 | 기계과학연구총원그룹유한회사 |
| 9 | 중국전자과기그룹유한회사 | 54 | 중국중강그룹유한회사 |
| 10 | 중국항공발동기그룹유한회사 | 55 | 중국강연과기그룹유한회사 |
| 11 | 중국석유천연가스그룹유한회사 | 56 | 중국화학공정그룹유한회사 |
| 12 | 중국석유화공그룹유한회사 | 57 | 중국염업그룹유한회사 |
| 13 | 중국해양석유그룹유한회사 | 58 | 중국건재그룹유한회사 |
| 14 | 국가전력망유한회사 | 59 | 중국유색광업그룹유한회사 |
| 15 | 중국남방전력망유한책임회사 | 60 | 유연과기그룹유한회사 |
| 16 | 중국화능그룹유한회사 | 61 | 북경광야과기그룹유한회사 |
| 17 | 중국대당그룹유한회사 | 62 | 중국국제기술지력합작유한회사 |
| 18 | 중국화전그룹유한회사 | 63 | 중국건축과학연구원유한회사 |
| 19 | 국가전력투자그룹유한회사 | 64 | 중국중차그룹유한회사 |
| 20 | 중국장강삼협그룹유한회사 | 65 | 중국철도통신신호그룹유한회사 |
| 21 | 국가에너지투자그룹유한책임회사 | 66 | 중국철도공정그룹유한회사 |
| 22 | 중국전신그룹유한회사 | 67 | 중국철도건축그룹유한회사 |
| 23 | 중국연합네트워크통신그룹유한회사 | 68 | 중국교통건설그룹유한회사 |
| 24 | 중국이동통신그룹유한회사 | 69 | 중국정보통신과기그룹유한회사 |
| 25 | 중국전자정보산업그룹유한회사 | 70 | 중국임업그룹유한회사 |
| 26 | 중국제일자동차그룹유한회사 | 71 | 중국의약그룹유한회사 |
| 27 | 동풍자동차그룹유한회사 | 72 | 중국보리그룹유한회사 |
| 28 | 중국일중그룹유한회사 | 73 | 중국건설과기유한회사 |
| 29 | 중국기계공업그룹유한회사 | 74 | 중국야금지질총국 |
| 30 | 할빈전기그룹유한회사 | 75 | 중국석탄지질총국 |
| 31 | 중국동방전기그룹유한회사 | 76 | 신흥계화그룹유한회사 |
| 32 | 안강그룹유한회사 | 77 | 중국민항정보그룹유한회사 |
| 33 | 중국보무강철그룹유한회사 | 78 | 중국항공유료그룹유한회사 |
| 34 | 중국알루미늄업그룹유한회사 | 79 | 중국항공기재그룹유한회사 |
| 35 | 중국원양해운그룹유한회사 | 80 | 중국전력건설그룹유한회사 |
| 36 | 중국항공그룹유한회사 | 81 | 중국에너지원건설그룹유한회사 |
| 37 | 중국동방항공그룹유한회사 | 82 | 중국황금그룹유한회사 |
| 38 | 중국남방항공그룹유한회사 | 83 | 중국광핵그룹유한회사 |
| 39 | 중국중화그룹유한회사 | 84 | 중국화록그룹유한회사 |

| 40 | 중량그룹유한회사 | 85 | 상해노키아벨주식유한회사 |
| 41 | 중국5광그룹유한회사 | 86 | 화교성그룹유한회사 |
| 42 | 중국통용기술(그룹)지주유한책임회사 | 87 | 남광(그룹)유한회사[중국남광그룹유한회사] |
| 43 | 중국건축그룹유한회사 | 88 | 중국철도물자그룹유한회사 |
| 44 | 중국비축식량관리그룹유한회사 | 89 | 중국국신지주유한책임회사 |
| 45 | 국가개발투자그룹유한회사 | | |

현재 발표된 사회책임보고서는 다음과 같은 세 가지 특징을 보인다.

첫째, 핫이슈에 주목하였다. 2019년에 발표된 중앙기업 사회책임보고서 89부 중에서 81부가 정밀 빈곤구제, 농촌진흥 전략에 대한 것이었다. 중국황금그룹은 '빈곤구제 시스템을 혁신하고 모두가 빈곤구제에 힘을 보태자'는 주제를 정하고 집중적으로 그룹의 빈곤퇴치 이념, 과정, 행동, 성과를 보여주었다. 보고서는 각각 74부, 73부, 66부로 나뉘어 혁신구동, 생태문명, 당건설 3개 항목의 책임의제에 대해 다루었다. 남방전력망회사는 '일류의 당건설로 일류의 기업건설을 이끌고 보장하자'는 주제를 정하고, 일류 기업 건설 과정에서 당의 굳은 심지를 드러냈다. 56부의 보고서에서 고품질 발전에 대해, 26부의 보고서에서 지역 조율 전략에 대해 다루었다.

둘째, 해외 책임 이행에 대한 보고를 공개하였는데 내용의 국제화 수준이 갈수록 높아졌다. 중앙기업은 '일대일로(一帶一路)' 건설의 추진과 더불어 해외에서의 사회적 책임 이행에 대해 중시하게 되었다. 이런 경향을 반영하듯 2019년 발간된 중앙기업 사회책임보고서의 80%가 해외 사회적 책임 이행 실천을 주요 의제로 다루고 있다. 그 예로, 중국유색그룹이 내놓은 주제 "아프리카 진출 20주년, 꿈의 '일대일로(一帶一路)'", 중국건축보고가 내놓은 주제 "건설 인증, '일대일로(一帶一路)' 위대한 이니셔티브"는 해외 사회적 책임 이행에 대한 이념과 실천을 보여주었다. 일부 중앙기업은 단독 해외 사회적 책임 이행 보고를 발표했다. 중국석유그룹은 〈중국석유 이라크에서의 기업 사회책임보고서〉를 발표하고, 중국병기공업그룹은 〈중국병기공업 '일대일로(一帶一路)' 사회책임보고서〉를 발표했다[40].

---

40　尹晓燕:《在履责中唱响央企好声音》,《工人日报》2019年9月6日, 第七版

셋째, 형식과 내용이 다양하며 중요한 의제를 충분히 공개했다. 중앙기업은 다년간 연속적으로 사회책임보고를 발표하였음에도 불구하고 끊임없이 혁신하면서 중국기업의 사회책임보고의 추세를 이끌고 있다. 예를 들어 특별 주제를 설정하여 연간 사회적 책임이행 과정에서 빼어난 부분을 집중적으로 드러내었다. 중국관광그룹은 "90년 영광의 분발 전진"이라는 주제를 정하여 기업 설립 후 90년 동안 이뤄진 중요한 사회적 책임 이행을 체계적으로 정리함과 동시에 제3자 개입을 통해 책임 이행의 성과를 증명함으로써 기업의 책임이행에 대한 의의를 두드러지게 하였다. 차이나텔레콤 2018년도 보고는 '고품질 발전에 매진하자'를 주제로 하여 고품질 발전의 기반(네트워크 기반), 운동 에너지(디지털 경제), (아름다운 생활) 추구에 초점을 맞추어 디지털 경제, 민생 발전, 고객서비스, 직원성장, 녹색발전, 사회공익, 해외책임이행 등 중요한 의제에서 기업의 연간 사회적 책임 이행이념, 실천과 효과를 상세하게 논술하였는데, 틀 구조가 명확하고 중점 의제가 두드러졌다. 또한 기업의 업계 특징을 살려 보고서 형식을 수정하였다. 중국교통건설그룹은 보고서의 표지에 시리즈 제작방식을 차용하여 눈길을 끌었다. 2016-2020년 5년간 한 폭의 연관된 긴 교량 추상 이미지를 보고서의 표지로 사용한 것이다. 이렇듯 5권의 보고서에 통일된 하나의 작품을 구축함으로써 기업의 주요 경영업무특색을 강조하는 동시에 "제13차 5개년" 시기에 일관된 중국교통건설그룹의 직책 이행 약속을 구현하였다.

### (2) 중국화능그룹유한회사

중국화능그룹유한회사(China Huaneng Group Co., Ltd, 이하 '중국화능' 또는 '화능그룹'으로 약칭)은 '3색문화'를 기업의 사회적 책임 건설의 전체 과정에 융합시키고, GRI의 〈지속가능발전 보고서 통일 표준〉을 참조하여 회사의 지속가능발전을 추동할 수 있는 '4가지 책임(안전 책임, 환경적 책임, 경제책임, 사회적 책임)'을 제기하였다. 또한 회사의 지속가능발전 선언을 명확히 하여 혁신, 조율, 녹색, 개방, 공유의 '5가지 발전'을 통해 '5가시 보범'으로 거듭나려는 의지를 나타냈으며, 지속가능발전을 위한 관리 체계를 구성하고 화능만의 특색이 있는 지속가능발전 모델을 구축하였다.

### 그림 1-3 중국화능그룹의 지속가능발전 이념

환경보호를 위해 화능그룹은 전력업계에서 제일 먼저 〈오염 방지 및 통제를 위한 시행방안(2018-2020년)〉을 발표하고, 5대 과제(석탄 연소 유닛의 최저 배출을 위한 개혁, 석탄 공장과 저탄장의 관리, 폐수 관리, 건설 프로젝트 환경보호 3동시(三同时)[41] 관리 제도, 탄광 환경보호 관리)를 발표하였으며, 53.2억 RMP를 투입하여 프로젝트를 추진하였다. 프로젝트를 통

---

41  중국정부에서 제기한 환경보호관련 법률제도로 "3동시(三同时)" 환경관리제도가 있다. 이는, 건설프로젝트 중에 필요한 오염방지 설비는 해당 프로젝트 주요공정과 동시에 설계하고, 동시에 시공하며, 동시에 투입생산 및 사용하여야 한다는 것이다.

해 설치된 석탄 연소 유닛 기계 281대에서 누적 1.12억 KW의 석탄 배출 저감을 달성했으며, 설치 비율(점유율)은 94%에 달한다.

화능그룹이 "일대일로(一帶一路)" 건설을 위해 해외에 설치한 발전 설비 용량은 9000만 KW에 달한다. 해외 개발 프로젝트는 경제, 환경, 인민의 행복, 조화와 융합을 선도하였으며, "공동 사업, 공동 건축, 공동 공유, 공동 영리"를 추구하였다. 파키스탄 몽고메리 발전소 건설 프로젝트 당시 최대 2000명의 직원을 고용하였으며, 164명의 파키스탄 국적 직원을 중국으로 파견하여 반년 동안 전력기술 및 기업 경영 지식을 배우게 하여 발전소 운영 관리 전문 인재로 육성하였다. 세산강 2급 수력발전소 건설에서 약 3,000만 위안을 투입하여 6개 지역, 3,845명의 마을주민을 위해 이민촌을 건설하고 일련의 인프라를 건설하여 현지 주민들의 민생개선에 효과적으로 도움을 주었다.

그 외에도 화능그룹은 2013-2018년 사이에 빈곤 구제에 19.35억 위안을 투입하였으며 섬서성 유림시 횡산구, 신강자치구 아합기현, 청해성 첨찰현의 지정 빈곤구제와 1:1 지원을 확실하게 추진했다.

### (3) 중국이동통신그룹유한회사

중국이동통신그룹유한회사(China Mobile Communications Group Co.,Ltd, 이하 '차이나모바일'로 약칭)은 2006년부터 업계 통용 표준과 모범 사례를 참조하여 전략적인 기업 사회적 책임 관리 모델을 혁신적으로 실시하였다. 또한 규범화된 관리체계로 책임 이행 요구와 이해관계자의 기대를 회사 전략과 운영에 융합시켜 상대적으로 선도적인 지속가능발전 성과를 유지했다. 2020년을 맞이하여 차이나모바일은 혁신적으로 '139' 책임이행전략(그림 1-3)을 제시했으며, 이 전략의 큰 주제로 세계 일류의 '파워 빌딩'을 창조하기 위해 5G발전을 내세웠다. 또한 '책임지는 경영, 고품질 발전'을 입각점으로, 경제, 사회, 환경 3중책임에 초점을 두었다. "지혜로운 사회의 가속 엔진 구축하기", "누구나 혜택받는 포용적인 행복한 삶 만들기", "생태적이고 조화롭고 아름다운 정원 만들기"를 위해 지속가능발전의 9가지 조치를 전면적으로 추진하고 유엔의 지속가능발전 목표 실현에 힘을 보탰다.

그림 1-4 차이나모바일의 '139' 책임이행전략 구조[42]

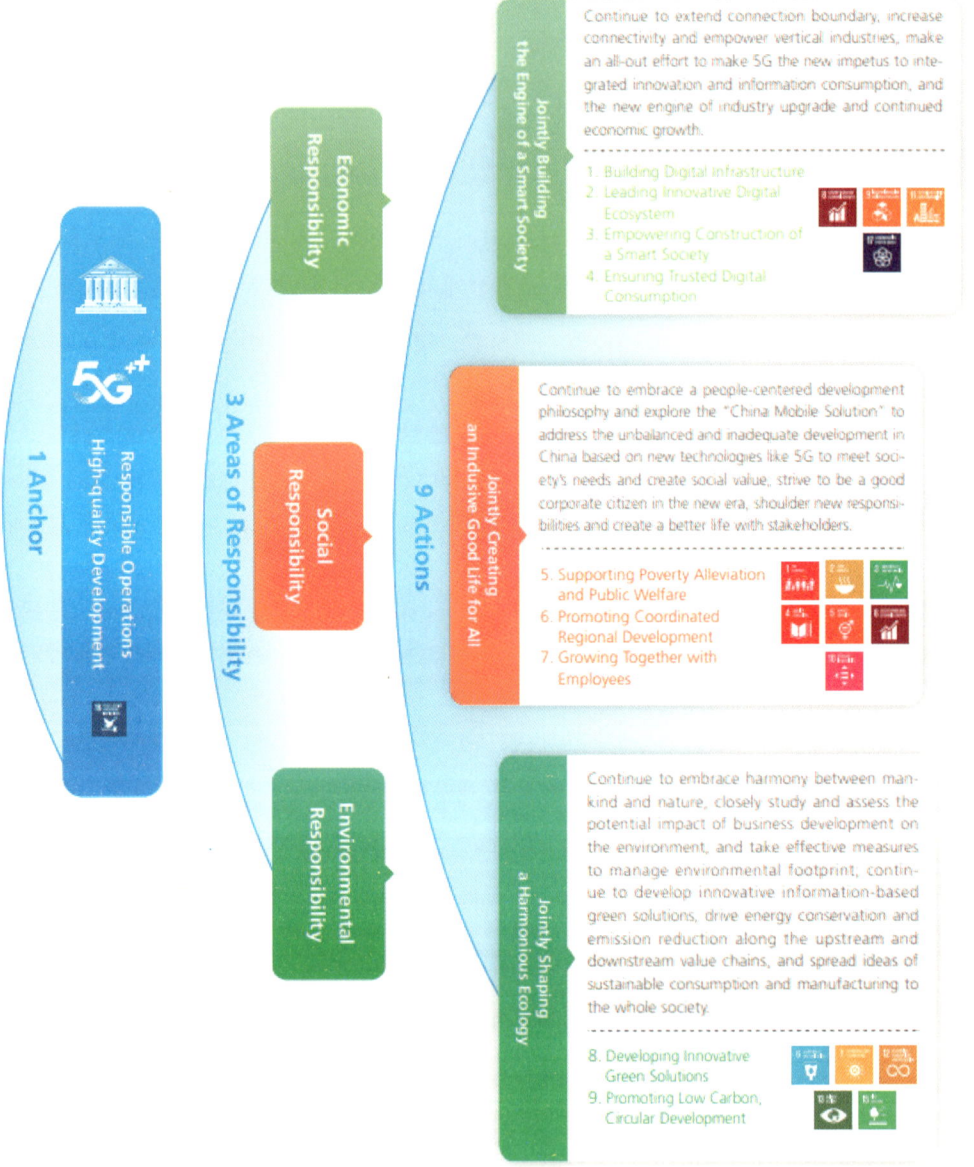

[42] China Mobile 2019년 지속가능발전보고서(영문버전), 9page

특히, 차이나모바일은 적극적으로 통신업종의 특성과 자체 장점을 결합시켜 사회에 공유가치를 창출할 수 있는 기회를 찾기 위해 노력해왔다. 10여 년 동안 요금 인하, 정보 보안, 응급 보장, 정보 공유, 빈곤 구제, 공익 자선, 생태 보호 등 중점 분야에서 끊임없이 책임이행 실천을 혁신하여 국가와 사회 발전 전반을 위해 봉사하고, 불균형적인 발전문제를 해결하는 데 도움을 주기 위해 노력했다. 또한 공유가치의 실천적 탐구에 착안하여 이해관계자에게 새로운 디지털화 생활 체험을 제공함과 동시에 자신의 전략적 전환과 혁신 발전에 새로운 동력을 얻었으며 지속가능한 가치 창출 및 공유를 실현했다.

차이나모바일은 지속가능발전보고를 통해 기업의 사회적 책임과 가치 창출의 진전을 전면적으로 공개했다. 회사는 GRI, 홍콩거래소의 〈환경, 사회 및 관리 보고서 지침〉 등 국내외 최신 기준에 따라 기업과 업계의 특색을 중점적으로 강조하여 14년 연속 지속가능발전보고서를 발표했다. 회사는 체계적이고 완벽한 보고서 작성방법을 구축하였으며 통용표준 벤치마킹, 지속가능발전 핫이슈 분석, 기업전략 해석, 여론 분석 등 방법을 이용해 연구를 진행했다. 실증적 분석을 통해 이해관계자가 개입된 책임의제를 식별하고 최종적으로 보고의 주제, 구조, 관건적 의제, 작성방식과 전파형식을 확정함과 동시에 7년 연속 제3자 회계사사무소를 도입하여 중요한 데이터를 독립적으로 검증하여 보고의 신뢰성을 높였다.

### (4) 중국알루미늄그룹

중국알루미늄그룹은 "혁신, 조율, 녹색, 개방, 공유"를 새로운 발전 이념으로 삼아, 사회적 책임 국제표준 ISO26000을 경영 관행에 적용하는 방법을 지속적으로 탐색하고 그룹 특유의 사회적 책임 관리시스템을 갖추었으며, 산업 내 선도적 역할을 담당하고 있다.

중국알루미늄그룹은 최초로 사회적 책임 국제표준의 중국화를 실현했다. 2011년 사회적 책임 국제표준 ISO26000을 선도적으로 사용하여 기업의 사회적 책임 실천을 지도하고 사회적 책임 보고를 작성하였다. 2012년에 중국알루미늄그룹은 국무원 국자위의 관련 요구에 따라 기업 경영 관행에 ISO26000을 적용하는 방법을 모색하여 거버넌스, 직원 권익, 환경보호, 공평 운영, 지역사회 지원 등 5대 분야를 정리하고 통합하여 사회적 책임 관리 모듈의 329개 지표를 명확히 했다.

'5보법(五步法)'은 모듈 관리의 영향력을 증가시켰다. 그러나, 기층기업은 사회적 책임관리체계에 대한 이해가 깊지 못하고, 모듈을 적용하여 실천하는 방법 또한 명확하지 못하다는 문제점이 있었다. 이에 중국알루미늄그룹은 모듈의 영향력을 강화하고 확대시키기 위해 복제가능한 '5보법(五步法)' 조작 지침을 표준화하여 사회적 책임 관리 모듈이 기업에 체계적으로 적용되도록 지도하였다.

> ⟨5보법(五步法)⟩
>
> 1보, 업무 특색에 비추어 사회적 책임 핵심 이념을 형성한다.
> 2보, 책임 실천 분야를 중심으로 사회적 책임 지표체계를 구축한다.
> 3보, 책임 주체를 확정하고 책임 관리 절차를 정리한다.
> 4보, 제도 체계를 보완하고 장기적인 효과 메커니즘을 구축한다.
> 5보, 모듈화 및 네거티브 리스트 관리를 실시한다.

중국알루미늄그룹은 '5보법(五步法)'에 따라 17개 주요 실체기업과 진행 중에 있는 프로젝트의 사회적 책임 관리모듈을 구축하였으며, 5가지 책임실천 분야에서 각자 특색있는 주제 실천 활동을 전개하였다. 2018년까지 알루미늄, 구리, 희소 희토류, 공정 기술 등 주요 업무분야에서 모듈 구축 작업을 완성했고, 그룹 전체 수준에서 전체 모듈 범위가 50%를 넘었다.

중국알루미늄그룹은 '3융합, 3동시(三融合,三同时)'의 지속적인 개선을 통해 '3융합, 3동시' 평가 및 개선 메커니즘을 형성하였다. '3융합, 3동시(三融合,三同时)' 메커니즘은 아래와 같은 특징을 보인다. 첫째, 사회적 책임을 관리직책에 융합시켜 동시에 실행하도록 하였다. 각 계층 전문부서의 기능 및 직책을 재구분하여 기능 및 직책별 책임 이행의 범위와 요구를 명확히 하며 총체적으로 기업운영 관리체계에 융합시킨다. 둘째, 프로세스 지표와 융합하고 동시에 점검항목에도 포함시킨다. 절차운행과 지표완성 상황을 각 전문부서와 사회적 책임 시행 기업의 총괄적 점검내용으로 삼는다. 셋째, 실적관리에 융합시켜 이를 동시에 평가한다. 각 단위는 매년 연초에 책임 이행 내용을 확정하고 연중에 진행현황을 검토하며 연말에 자체 평가를 실시한다. 평가결과를 연간 평가보고서로 발간하고, 그룹의 성과평가에 포함시키며 다음해 관리모듈을 갱신할 때 책임지표를 보완하였다.

## 3. 사회적 책임과 사회적 가치의 측정과 평가체계

### 3.1. 국제사회에서의 지속가능경영 및 사회적 가치의 평가

#### 3.1.1. ESG INDEX

국제 투자은행 등 금융기관들은 기업의 투자가치와 관련한 정보를 제공할 때에 경제적 수익 뿐 아니라 ESG 정보까지 통합하여 제공하고자 한다. 세계 유수의 기관들은 1990년대부터 ESG와 관련된 기업을 평가하여 지수 형태로 발표하고 있다. 대표적인 사례를 소개한다.

#### (1) DJSI

DJSI(Dow Jones Sustainability Indices)는 미국 S&P 다우존스와 스위스 로베코샘(RobecoSAM)사가 공동 개발하여 1999년부터 사용되고 있다. 전 세계에서 가장 오래되고 권위있는 글로벌 지속가능성 벤치 마크이며, 기업의 환경적, 사회적, 경제적 임팩트가 기업의 재무 성과에 영향을 미친다는 관점에서 개발되었다. 현재 투자자와 회사 모두에게 지속가능성 투자의 핵심 기준으로 활용되고 있다.

DJSI는 경제, 환경, 사회 영역별 세부 기준에 60개 산업별로 각기 다른 가중치를 적용하며 동종 산업에서 기업간 지수 비교 및 벤치마킹이 가능하도록 설계되었다. 시가총액 기준 글로벌 상위 2500여 개 기업을 대상으로 평가하고 있다. 이 중 평가결과 상위 10% 기업이 DJSI World로 편입된다. 2019년 19개[43] 한국기업이 여기에 포함되었다.

글로벌 지수인 DJSI World 외에도 유럽, 북미, 아시아 태평양 및 신흥시장(Emerging Markets)과 같은 지역을 기반으로 하는 다양한 지수를 포함하여 지수를 발표하고 있기 때문에 다양한 지역 간 비교 분석이 가능하다는 장점이 있다. 2019년 중국 기업 China Everbright International과 Ping An Insurance Group 2개 사가 DJSI 신흥시장 지수에 편입되었다. 한편, DJSI에는 "블루칩 지수"라고하는 산업별 지수도 포함되어 있다.

---

43  LG전자㈜, ㈜LG생활건강, 현대건설㈜, 미래에셋대우㈜, 삼성증권㈜, 코웨이㈜, SK텔레콤㈜, SK㈜, ㈜두산, SK이노베이션㈜, S-Oil㈜, DB손해보험㈜, 삼성화재해상보험㈜, ㈜KB금융지주, ㈜신한금융지주회사, 한국타이어㈜, 삼성SDI㈜, 삼성전기㈜, 현대제철㈜ 등 19개 사이다.

### (2) MSCI KLD 400 Social Index

MSCI KLD 400 Social Index는 Morgan Stanley Capital International이 미국 주식에 사회적 가치를 가중 평가하는 지수이다. 1990년 Domini 400 Social Index로 시작된 최초의 SRI 지수 중 하나이다. ESG 평가 등급이 우수한 기업을 공개하고, 제품이 사회 또는 환경에 부정적인 영향을 미치는 경우 대상에서 제외한다. 모(母)지수는 MSCI USA IMI로, 대, 중, 소규모 상한기업에 대한 지분 지수이다. 이 지수는 기본적인 가치 기준에 부합하지 못하는 기업들을 배제하고, 지속가능성의 지향이 강한 기업들로 구성된 다각적인 벤치마크를 추구하는 투자자들을 위해 고안되었다. 현재 선택은 MSCI ESG Research의 데이터를 기반으로 한다.

MSCI KLD 400 Social Index는 2단계로 구성된다. 먼저, 원자력, 담배, 알코올, 도박, 군사 무기, 민간 화기, GMO, 성인 엔터테인먼트 관련 기업의 증권은 제외된다. 그런 다음 ESG 성과, 부문 및 규모를 고려해 적격 기업 목록에 추가한다. 이 지수는 MSCI USA 지수와 유사한 부문 가중치를 유지하도록 설계되었으며, 최소 200개의 대형 및 중간 자본을 대상으로 한다. 기업들은 이 지수를 통해 변동, 조정된 시가총액 가중치를 갖는다.

### (3) Global 100 Index (announced in DAVOS)

세계경제포럼(WEF, World Economic Forum)에서는 전 세계 시가 총액 상위 기업을 대상으로 글로벌 지속가능경영 100대 기업을 선정, 발표하고 있다. 2005년부터 토론토에 기반을 둔 미디어, 리서치, 투자 자문 회사인 Corporate Knights가 조사하여 매년 발표한다. 환경, 사회, 재무, 혁신역량 등 17개 성과지표를 기준으로 사회, 경제, 생태적 비용 및 편익을 가격과 통합하는 것이 특징이다. 시장 참여자가 자신의 행동의 결과를 명확하게 인식할 수 있는 깨끗한 자본주의(clean capitalism) 관점에서 시가총액이 20억 달러를 초과하는 기업을 평가한다.

Global 100 Index는 오직 정량적인 방법을 사용하여 순위를 결정한다. 기업은 GICS 참여기업 대비 종합적인 지속가능성 공개율, 재무적 안정성을 보장하기 위한 재정 기반 피오트로스키 F-점수, 지속가능성과 관련하여 회사에 의해 지불된 벌금, 벌칙 또는 합의금 등 주요 정보를 기반으로 여러 단계의 선별과정[44]을 거친다.

---

44  담배 및 방위산업과 그 하위산업은 제외된다.

### (4) FTSD 4 Good Index

영국 파이낸셜타임스(FT)와 런던증권거래소(LSE)가 공동으로 설립한 FTSE 인터내셔널에서 ESG 투자를 위해 2001년에 출시한 지수이다. FTSE 4 Good Index Series는 선진국과 개발도상국 46개국의 3,000개 이상 증권에 대한 리서치를 바탕으로 15개 이상의 벤치마크를 발표하여 개발되었다.

FTSD 4 Good Index에서 ESG 평가는 기초 ESG 공개 척도와 성과 점수로 세분화된 종합 평가로 구성되며, 300개 이상의 개별 지표 평가를 토대로 한다. 기업의 독특한 산업적, 지리적 상황에 따라 서로 다른 부분 집합의 지표가 적용된다. FTSE 4 Good Index Series에 편입되기 위해서는 기업이 우수한 ESG 위험관리와 관행을 통해 ESG 종합 평가 시 5점 만점에 3.1점 이상을 받아야 한다[45].

### 3.1.2. ESG Analytics

ESG를 등급화 또는 수치화하여 구체적인 비교평가를 통해 투자의사결정에 활용하려는 노력도 활발하다. 특히 전문 컨설팅 기관들은 자체적인 평가모형(analytics)을 개발, 국제 유수 기업의 ESG 실천수준 및 개선정도를 분석하여 투자정보로 제공하고 있다. 대표적인 몇 가지 사례를 소개한다.

### (1) Thomson Reuters ESG Score

Thomson Reuters는 미국의 정보 제공 기관으로, 금융 산업에서 ESG 데이터 중요성을 인지하여 고객의 ESG 프로세스에 대한 정확한 데이터와 솔루션을 제공하고자 회사 데이터를 기반으로 10가지 주요 주제(배출, 환경 제품 혁신, 인권, 주주 등)에 대한 회사의 상대적 ESG 성과, 몰입도 및 효과를 측정하는 분석 서비스를 제공한다. Thomson Reuters ESG Scores는 스위스의 데이터 업체인 ASSET4를 인수합병하며 기존의 ASSET4 Equal Weighted Ratings를 향상시켜(ESG 프레임워크 반영, 데이터 기반의 평가, 수용성 등을 고려함) 서비스

---

[45] 탈락율을 줄이고 관행과 공시를 개선하기 위해 평가가 하락하는 기업에는 지수에서 탈락하기 전에 12개월의 유예 기간을 부여한다. 무기, 담배, 탄광업종은 평가대상에서 제외된다.

를 개발하였다.

이 분석서비스는 10개의 주요 ESG 주제에 대해 회사의 상대적인 ESG 성과를 투명하고 객관적으로 측정하도록 설계되었다. 10개의 ESG 범주는 전체 ESG 점수를 구성하며, 총 ESGC(ESG Controversy) 점수에는 ESG와 관련된 부정적 평가를 반영한다. 기초 항목의 일부 이슈를 높은 수준에서 보고하지만 실제 구현과 실행의 증거가 부족한 기업이나 각각의 산업이나 지역에서 선두주자로 부상하는 기업 간에 효과적으로 차별화할 수 있을 만큼 세밀한 평가분석을 하고자 한다.

Thomson Reuters ESG Scoring은 한 회계연도당 매년 2가지로 평가결과를 나타낸다. 하나는 Thomson Reuters ESG Score로 공개적으로 보고된 데이터를 기반으로 측정되는 결과이며, 다른 하나는 Thomson Reuters ESG Revision (ESGC) Score로 기존 ESG Score에 부정적 평가를 반영한 종합적인 평가점수이다. 이 두 가지 평가결과를 통해 사용자들이 자신의 프로세스, 평가 또는 투자 기준에 부합하는 점수를 채택하고 적용할 수 있도록 한다.

### (2) EcoVadis CSR Ratings

EcoVadis는 2007년에 설립되어 450여 개의 다국적 기업과 관련한 지속가능성을 평가하는 컨설팅 기업이다. 글로벌 공급 업체의 환경 및 사회적 성과를 평가할 수 있도록 하는 최초의 지속가능성(CSR) 평가 협업 플랫폼을 운영하고 있다. 전세계 155개국 5,500여 개의 기업들이 EcoVadis社의 CSR 평가 플랫폼을 활용하고 있다. EcoVadis의 CSR Rating은 기업의 CSR 관리 시스템의 퀄리티를 정책, 액션, 결과 측면에서 측정한다.

본 평가방식은 5가지 주제(일반, 환경, 노동관행, 공정운영, 지속가능 조달), 39개 CSR질문으로 구성되어 있다. 각각 5개의 주제에 대한 점수를 평균화하여 회사의 전체 점수를 계산한다. 이를 통해 회사의 장점 및 개선 영역이 확인된다.

### 3.1.3. 사회적 가치 측정 주요 이니셔티브

앞서 소개한 ESG와 관련한 평가는 최근에 이를 표준화된 정량적 수치로 측정하려는 움직임으로 이어지고 있다. 특히 사회적 가치를 화폐 단위로 환산하여 경제적 가치에 통합하려는 사회적 회계 방법론이 대표적이다. 본 절에서는 사회적 가치 측정과 관련된 가장 최근의 주요 이니셔티브를 소개한다.

### (1) Natural Capital Coalition

Natural Capital Coalition은 ICAEW[46]주도로 2012년 11월 자연자본의 보호와 개선을 위하여 결성된 글로벌 연합체이다. 시민사회, 과학 및 학계, 경영, 회원기관, 표준 및 협약, 금융, 정부 및 정책 등 7개 영역의 이해관계자가 포함된 300여 개 조직이 참여하고 있다. Natural Capital의 가치 평가(valuation) 표준 가이드라인인 Natural Capital Protocol(NCP)을 2016년 7월에 발표하였다. 세계지속가능발전기업협의회(WBCSD)를 중심으로 38개 조직이 방법론 개발에 참여하고 IUCN Consortium의 주도로 식료품과 섬유 사업 분야에서 50여 개 기업이 시범 적용에 참여하였다. 2018년 4월, 유엔 환경계획 금융이니셔티브(UNEP) FI는 Natural Capital Finance Alliance를 결성하여 finance sector supplement를 개발하는 등 Coalition을 후원하고 있다. 2019년 7월에는 Social & Human Capital과 통합하여 Capitals Coalition을 결성하는 등 사회적 가치 측정에 대한 광범위한 합의 구조를 이끌어 내고 있다.

### (2) Value Balancing Alliance(VBA)

2015년 세계지속가능발전기업협의회(WBCSD) 회원사 중 15개 기업[47]이 참여하여 Impact Valuation Roundtable을 결성하였다. 기존에 개발된 사회적 가치 평가방법론을 실행에 옮기기 위한 비공식 모임으로, 사회적 영향(Impact)의 화폐가치화를 전제로 하였다. 기술적으로는 PwC가 TIMM 방법론[48]을 기반으로 지원하였다. 이후 2018년에는 Roundtable과 별도로 BASF가 4개의 국제 규모의 회계법인과 함께 Global 표준 SV측정 체계 수립 및

---

46  Institute of Chartered Accountants in England and Wale. 1880년 왕립헌장에 의해 설립되어 15만 명 이상의 회계사가 가입되어 있는 협회이다.

47  Adidas AG, Allianz Global Corporate & Specialty, BASF, DSM, Dutch Development Bank, Kering, LafargeHolcim, Nestlé, Novartis, Olam International, Philip Morris International, SAP Syngenta.

48  TIMM(Total Impact Measurement Management): 국제 컨설팅 그룹인 PwC가 개발한 측정 방법으로 조직/프로젝트/제품/서비스가 사회, 환경, 조세, 경제 영역에서 발생시키는 임팩트를 화폐가치로 도식화한다. 가치 사슬 내 이해관계자 그룹(공급자, 소비자, 커뮤니티, 주주, 직원, 정부)과 각 5개의 세부 영역을 포함한 4개의 영역을 매치하여 발생할 임팩트의 Trade-off 관계 정보를 제공한다.

확산을 목표로 Value-to-Society를 결성하였고, 이후 2019년 SK 등이 참여하면서 Value Balancing Alliance(VBA)로 명칭을 변경하고 조직을 새로 구축하였다. VBA는 화폐화에 기반한 Global 표준 측정 체계를 도출하고, 사회적 가치가 반영된 회계 기준 및 기업 공시 체계를 마련하여 이를 외부에 공개하고 확산하고자 하고 있다. 현재 15개 기업이 참여[49] 중이며 측정 체계 Global 표준화를 위해 참여 기업과 참여지역을 확대할 예정이다. 한국 SK그룹이 부의장 자격으로 참여하고 있다.

### (3) Impact Management Project(IMP)

IMP는 2016년 만들어진 비영리 기구이다. 이는 임팩트 생태계 관계자들을 주축으로 임팩트를 이루는 요소에 대한 사회적 합의와 기준이 필요하다는 공동의 인식하에서 조직되었다[50].

IMP는 기존의 가치 평가 방법론들을 대체하는 것이 아닌, 이미 존재하는 방법론들을 아우르는 틀(framework)로서의 역할을 추구한다. IMP에서는 임팩트를 5가지 측면(what, who, how much, contribution, risk)에서 구분하여 정의할 수 있도록 제공하고 있다[51].

## 3.2. SK Double Bottom Line

### 3.2.1. SK그룹과 사회적 가치(Social Value)

디지털 기술의 발전에 따라 공간, 사물, 사람 간에 더 빠르고 긴밀하게 연결될 수 있는 초연결 사회(Hyper-connected Society)로 진입하게 되었고, 따라서 기업과 사회의 관계에 새로운 패러다임이 요구되고 있다. 이러한 환경의 변화가 기업의 경영활동에 가져올 가장 큰 도전이 바로 이해관계자의 확장이다. 전통적으로 기업의 이해관계자는 회사의 구성원, 주주와 고객에 그쳤지만, 점차 비즈니스 파트너, 잠재고객을 포함한 일반 대중까지 그 범위가 확장되고 있다.

---

49  19년 말 기준, BASF, NOVARTIS, BOSCH, SAP, 도이체방크, 라파지홀심, 필립모리스, SK, Mitsubishi Chemical, Porsche/Volkswagen 등 11개 기업, PwC, KPMG, E&Y, 딜로이트 등 4개 컨설팅사가 참여하고 있다.

50  사회가치 평가, 전 세계 아우르는 문법이 있을까, 이로운넷[웹사이트]. (2019년 7월 16일, 수정). http://www.eroun.net/news/articleView.html?idxno=6594

51  What: 임팩트 행위를 통해 발생시킨 결과, Who: 결과를 경험하고 체감하는 이해관계자, How much: 이해관계자가 결과를 경험하고 체감하는 양·기간, Contribution: 임팩트 행위를 하지 않았을 경우 기존 시장이 만들어냈을 결과, Risk: 임팩트 행위를 하지 않았을 경우 사회가 겪었을 위험을 의미한다.

한국의 SK그룹은 이러한 시대적 변화와 SK의 경영 철학에 따라 투자자 입장에서의 경제적 가치뿐 아니라 다양한 이해관계자 관점에서의 사회적 가치를 창출하기 위하여 여러가지 접근을 하고 있다.

첫째, 사회적 가치 추구 목표를 명문화하고 있다. SK그룹의 경영 방법론인 SKMS에 '이해관계자 행복을 위해 회사가 창출하는 모든 가치가 곧 사회적 가치이다. SK는 사회적 가치 창출을 통해 경제적 가치를 키워 나가며, 이해관계자와 신뢰 관계를 발전시켜 나간다.'라는 내용을 명시하고 있으며, 특히 고객, 비즈니스파트너, 주주에 대한 가치 제고 외에도 '사회에서 필요로 하는 환경보호, 고용창출, 삶의 질 제고, 지역사회 기여 등 다양한 역할을 수행하여 사회와 더불어 성장한다.'[52]라고 구체적으로 기술하였다. 또한, 2017년부터 각 관계사 정관에 '회사는 이해관계자 간 행복이 조화와 균형을 이루도록 노력하고, 장기적으로 지속 가능하도록 현재와 미래의 행복을 동시에 고려해야 한다.'는 조항을 신설하여 사회적 가치 추구가 경영 활동의 목적임을 명시적으로 선언하였다.

둘째, 지속적인 사회적 가치 창출을 위하여 비즈니스 모델을 혁신하고 있다. 기존의 기업사회공헌활동은 주요사업과 연관성이 적은 기부활동이나 봉사활동이었다면, 현재 SK그룹은 기업의 주요사업을 통한 사회적 가치를 창출하기 위하여 비즈니스 모델을 혁신하고 있다. 예를 들면, SK 에너지는 주유소가 가진 잠재력을 최대한 활용하기 위해 물류 스타트업 기업과 함께 주유소를 물류거점으로 활용하는 사업 '홈픽' 서비스를 출시하였다. 이를 통해 택배회사는 집하 부담 및 배송시간을 단축하여 물류 효율성을 높이게 되고, 고객들은 기다리는 시간과 비용을 아끼고 이동의 수고를 덜 수 있다.

---

52  2020년 2월 제 14차 SKMS 개정사항임.

그림 1-5 사회적 가치를 창출하기 위한 SK 에너지 비즈니스 모델 혁신 사례

셋째, 사회적 가치 창출 경영관리를 위한 tool을 개발하고 있다. SK는 사회적 가치와 경제적 가치를 더불어 추구하는 DBL 경영의 출발점이 사회적 가치 측정이라고 제시하고, 2017년부터 꾸준히 사회적 가치 측정 방법론(분류체계, 지표, 측정식 등)을 연구개발하였다. 이 과정에서 경제학, 회계학, 사회학 교수 및 사회적 경제 관련 전문가들의 의견을 수렴하였고, 파일럿 측정을 통하여 측정원칙과 기준을 수정 보완하였다. 2018년에는 14개 관계사가 사회적 가치를 측정하고 그 결과를 대외적으로 공표하였다.

뿐만 아니라, 사회적 가치 측정 체계의 객관성과 외부 수용도를 높이기 위하여 국내외 기업, 정책 기관과 사회적 가치 측정 방법에 관하여 논의와 연구를 진행하고 있고, 이러한 과정을 통해 기존의 방법론을 지속적으로 보완해 나가고 있다. 그 외에도 사회적 기업 생태계 활성화, CEO KPI(핵심성과지표)에 사회적 가치를 50% 반영하는 등 적극적이고 과감한 시도를 계속하고 있다.

### 3.2.2. DBL

SK는 기존 경제적 가치·이윤만 추구하는 Single Bottom Line에서 벗어나 경제적 가치(EV, Economic Value)와 사회적 가치(SV, Social Value)를 동시에 추구하고 관리하는 Double Bottom Line(DBL)을 기업의 경영철학으로 반영하여, 이를 통한 기업의 지속가능

한 안정과 성장을 실현하고자 한다[53]. 즉, 기업의 경제적 가치 평가에 주로 사용되는 재무성과, 특히 손익계산서상의 순이익(Single Bottom Line)에서 벗어나, 기업이 창출하는 사회적 이익과 발생시키는 사회적 비용을 합산한 사회적 성과(또 다른 Bottom Line)도 함께 고려한다고 하여 Double Bottom Line이라고 하였다.

그림 1-6 Double Bottom Line

사회적 성과는 재무적인 성과와는 달리 표준화된 측정 도구나, 공시제도가 마련되어 있지 않다. 그러나, 지속적이고 안정적인 사회적 가치 창출을 위해서는 사업연도별 목표설정과 성과 관리가 반드시 필요하다. 이에 사회적 가치를 객관적이고 정량화된 방법으로 측정하는 기준이 필요하다는 인식이 생겨났다.

---

53 SK Double Bottom Line(SK DBL), SK종합화학[웹사이트]. http://www.skglobalchemical.com/together/happiness.asp
DBL이라는 용어는 John Elkington(1994)의 Triple Bottom Line에서 비롯된 것으로, 기업활동은 3가지 이해관계자 관점(경제, 환경, 사회)에서 회계적으로 측정되고 보고되어야 한다는 내용을 기업의 재무회계와 사회적 가치 회계 두 가지로 구분하는 것으로 변경한 것이다.

### (1) DBL 측정원칙

DBL 측정원칙은 DBL 사회성과 측정의 객관성과 신뢰성을 보장하기 위한 것이다. 측정식을 설계하고 기준값(Proxy)을 정하는 전 과정에서 아래 원칙을 따른다.

**모든 경영 활동을 측정한다.**

경영활동의 의도와 상관없이 모든 SV를 측정한다. 즉, SV 창출 목적이 아니더라도, EV 창출하는 과정에 발생한 SV를 측정하는데, 이는 향후 BM 혁신 과정에 SV와 EV의 상호 연결 가능성을 감안하기 위함이다.

**기준점(Baseline)을 적용하여 성과를 측정한다.**

대외적인 수용성과 신뢰성을 제공하기 위하여 타당성 있는 기준점을 설정하여 측정한다. 예를 들어 제품 및 서비스 지표의 경우 해당 제품군(자사 제품 포함)의 시장평균과 자사 제품 간의 차이를 사회성과로 측정하며, 그 외에도 0 기준, 법적 기준 등 측정 취지에 따라 기준점을 달리 설정하고 있다.

**Outcome(결과) 측정을 지향한다.**

기업이 경영활동 과정에서 사회 및 환경 전반에 들인 투입(물력, 인력, 재력 등) 또는 산출(변화량, 인수 등)이 아니라, 결과적으로 기업경영활동으로 인하여 이해관계자에게 발생한 변화량의 화폐가치를 측정하고자 한다.

### (2) 측정체계

SK DBL 사회 성과는 크게 세 가지로 구분한다. 첫째, 주요영업활동에 기반한 '비즈니스 사회성과', 둘째, 주요영업활동 외에 기업이 적극적으로 사회적 책임을 실천하기 위해 지역사회에 공헌한 '사회공헌 사회성과', 셋째, 국민경제에 기여한 '경제간접 기여성과'이다.

비즈니스 사회성과와 사회공헌 사회성과는 가치가 창출되는 위치에 따라 성과유형과 측정방식이 달라진다. 사회성과의 세부구성 차원은 세계적으로 통용되는 GRI(Global Reporting Initiative) 가이드라인에 따라 환경(Environmental), 사회(Social), 거버넌스(Governance)

로 구분한다. 또한, 기업활동에서 가치가 창출되는 위치에 따라 제품·서비스, 프로세스(조직 및 내부 가치사슬), Value Chain(네트워크), Community로 구분한다. 경제간접 기여성과는 국가와 지역사회의 지속번영을 위해 기업이 기여한 성과로서 구체적으로 고용(직원들에게 배분된 임금), 배당(주주들에게 배분된 이익배당금), 납세(정부에 전달한 세금)가 포함되어 있다. 자세한 구성은 다음 체계도와 같다.

그림 1-7 SK DBL 2018년 체계[54]

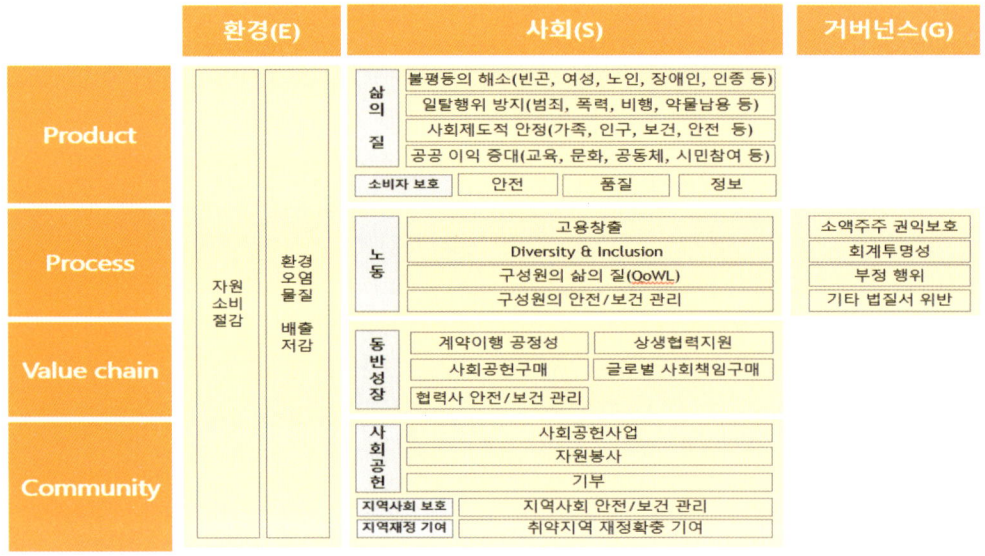

그림 1-8 SK DBL 2019년 체계

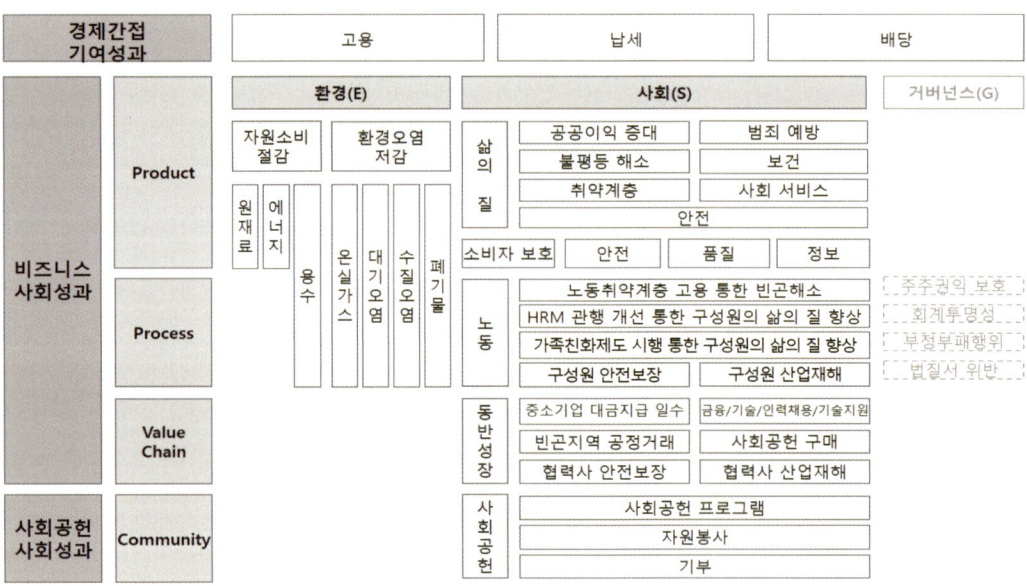

---

54 본 공동연구 과정에서는 SK DBL 2018년 체계를 참고하였으나, SK는 2020년 2월 「2019년 SV성과 측정 체계 및 기준」을 변경하여, 현재는 2019년 지표체계도를 사용하고 있다(2019년 지표체계도 참고).

### (3) 측정방식

#### 1) 기준점(Baseline)와 기준값(Proxy)의 설정

SK DBL에서는 성과측정을 위해 기준점(Baseline)을 설정한다. 기준점은 시장평균일 수도 있고 법규정이나 제도가 될 수도 있다. SK DBL에서는 '시장평균'을 가장 우선 적용하는 기준점(Baseline)으로 제시한다. 예를 들어 전기자동차의 환경적 가치를 시장에 판매되고 있는 디젤, 경유, 가스 등의 다른 원료를 사용하는 자동차의 평균적인 자원소비나 오염물질 배출수준과 비교하는 것이다. 그리고 노동이나 동반성장 영역 등 일부 지표에 대해서는 기업 책임을 규정해놓은 법 또는 제도적 기준을 기준점(Baseline)으로 활용하기도 한다. 예를 들어, 법에서 정하는 수준 이상으로 직장 내 어린이집을 확대 운영하거나 난임휴직 지원 서비스[55] 등과 같이 일-가정 양립을 위해 기업이 근로자들에게 의무적으로 제공해야 하는 법적인 기준을 초과하여 가족친화제도를 운영하는 경우, 그 차이만큼 사회적 편익으로 측정하고, 반대로 법적 기준에 미치지 못할 경우에는 사회적 비용으로 측정한다.

또한 사회성과의 화폐화를 위하여 신뢰할 만한 연구자료 또는 시장가격 조사자료에 근거하여 성과단위를 화폐가치로 환산하는 계수인 기준값(Proxy)을 설정한다. 예를 들어 '신규 채용성과'라는 성과지표의 '신규 채용자 수'라는 성과단위 값을 화폐가치로 환산하는 기준값(Proxy)으로는 '해당 근로자의 임금'을 사용하거나, 온실가스 1톤 배출에 대한 기준값(Proxy)은 '온실가스로 인한 사회적 피해비용'을 사용한다.

#### 2) 총량법과 원단위법

SK DBL에서는 기본적으로 아무 행위가 일어나지 않은 상태' 즉 환경 영향이 0인 상태를 기준으로 기업행위로 발생한 환경오염을 모두 비용으로 반영하는 '총량법'을 기본으로 사용하고 있다. 다만, 환경성과 측정 시 총량법과, 원단위법을 병행하여 측정, 관리하는 것을 기본 원칙으로 한다. 환경성과는 ①'기준점(Baseline)'을 설정하고, ②기준점 대비 발생한 환경영향을 화폐가치로 '환산'하는 방식으로 산정한다. 이때 환경영향의 측정단위에 따라 측정방식이 달라질 수 있는데 크게 총량법과 원단위법으로 구분할 수 있다.

---

[55] 난임의 경우 '남녀고용평등과 일가정양립지원에 관한 법률 상' 3일 이내 범위로 휴가가 부여되며, V측정에서는 어린이집 case와 마찬가지로 법정 기준 초과분(3일 초과)에 대해서 측정에 반영된다.

**총량법**

총량법이란 측정년도에 발생한 환경영향(자원소비, 환경오염)의 총량 값을 그대로 산출하는 방식이다. 환경의 절대적 영향도를 산출하여 기업활동 본연의 상태를 온전히 표현하고, 기업활동의 절대적 환경부하를 원시상태인 '0'에 가깝게 줄이는 것이 사회가 궁극적으로 지향해야 할 방향이라는 점에서 총량 방식은 의의를 갖는다.

그러나 총량법을 적용할 경우, 생산량 증가에 따라 환경영향도 불가피하게 비례하여 증가한다. 따라서 이 총량법은 기업의 환경영향 효율개선 노력의 성과가 파악되지 않는 한계가 있다.

**원단위법**

생산량 1단위당 환경영향을 측정하는 방식을 원단위법이라고 한다. 원단위 방식은 기업 환경성과 개선을 위해 기업의 생산활동을 위축시키지 않으며, 제품서비스/프로세스/가치사슬 영역에 동일한 원칙을 일관성 있게 적용할 수 있다는 이점이 있다.

> ※ 원단위 = 발생한 환경영향/생산량(or 판매량)

DBL에서는 환경성과 측정 시 총량법과, 원단위법을 병행하여 측정, 관리하는 것을 기본 원칙으로 한다.

## 3.3. CASS-CSR4.0 중국 기업 사회책임 발전지수 지표체계

### 3.3.1. 이론 모형

기업의 사회책임 발전지수는 기업의 사회적 책임 관리체계 구축 현황 및 사회/환경 정보공개 수준에 대하여 평가한 종합 지수이다. 서로 다른 평가대상에 따라 지표를 분류하였고, 이를 바탕으로 중국 기업의 사회책임 발전지수 체계를 형성하게 되었다.

기업의 연구 경로는 다음과 같다. 우선 책임관리, 시장책임, 사회 책임, 환경책임을 포함한 '4위1체' 이론모형에 따른다. ISO26000 등 국제 사회적 책임 기준, 중국 내 사회적 책임 관련 기준 및 세계 500대 기업의 사회적 책임 보고서의 지표를 참조하여 각 산업별로 사회적 책임 지표 체계를 최적화하였다. 각 지표체계는 기업의 사회적 책임 보고, 기업 연례보고서, 기업 단일 항목 보고서[56], 기업 공식 홈페이지 등에서 수집한 기업의 연간 사회적 책임 정보에 현재 이슈가 되는 사회 문제와 관련한 사항을 신규로 추가하여 구축한다. 또한 외부의 권위있는 미디어를 참고하여 기업의 사회적 책임에 관한 부정적인 정보를 보충 수집한다. 기업의 사회적 책임 정보에 대한 내용 분석 및 정량 분석을 통해 기업의 사회책임 발전지수를 도출한다(그림 1-9 참조).

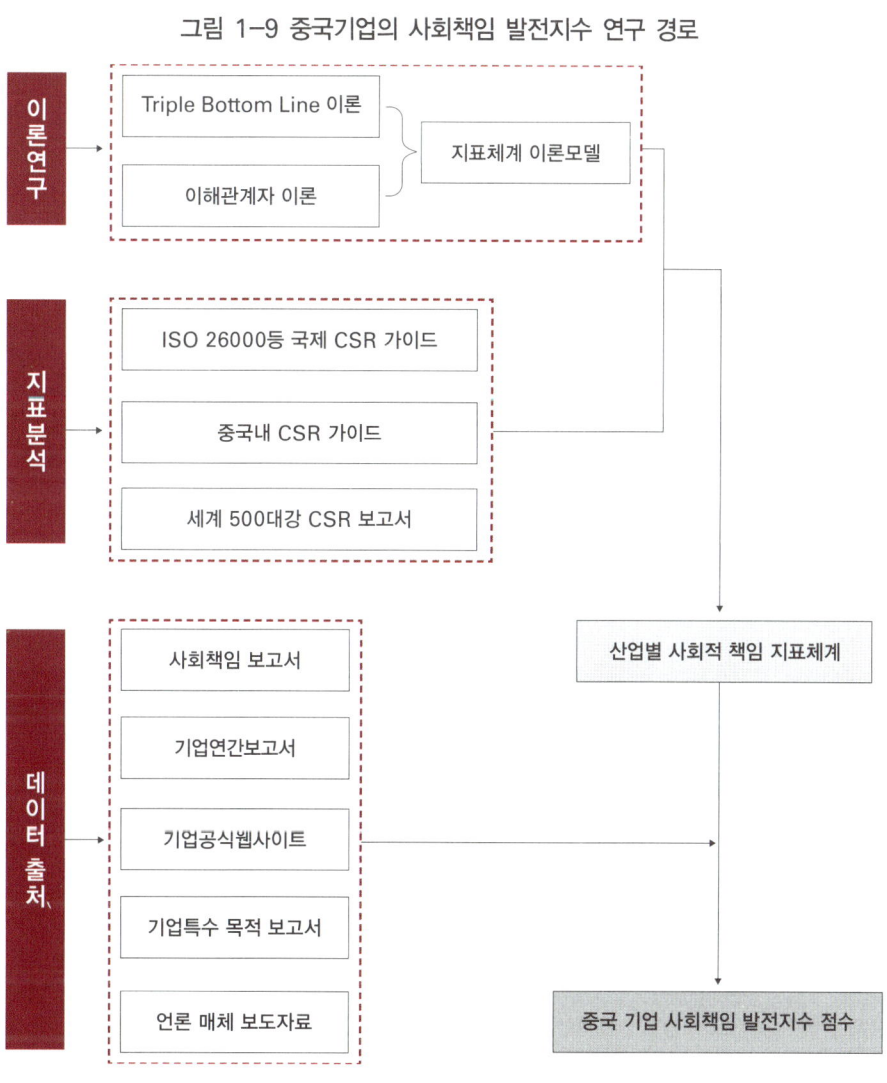

그림 1-9 중국기업의 사회책임 발전지수 연구 경로

---

56 기업의 단일 항목 보고서는 기업공익 보고서, 환경 보고서, 구성원 보고서, 고객 보고서 등 특정 이해관계자에 대한 대외적 보고를 말한다.

이 지표체계는 Triple Bottom Line(TBL)과 이해관계자 이론 등 전형적인 사회적 책임 이론을 근거로 책임관리, 시장책임, 사회적 책임, 환경책임을 포함한 "4위1체" 이론 모형을 구축하였다(그림 1-10 참조). 책임관리는 이 모형의 핵심이며 각 기업의 사회적 책임 실천의 원점이기도 하다. 책임관리는 전망, 전략, 조직, 제도, 문화 및 참여를 포함한다. 시장책임은 이 모형의 하단에 위치한다. 기업은 경제성을 추구하는 조직이기에, 시장에서 고효율, 저비용의 가치가 있는 제품 혹은 서비스를 제공하며 좋은 재무성과를 얻는 것이 기업의 지속발전을 가능케 하는 데 기초가 된다. 시장책임은 주주책임, 고객책임 및 파트너책임 등 기업 경영활동과 밀접히 연관되어 있는 책임이다. 사회적 책임은 모형의 좌측에 있는 부분이다. 정부책임, 직원책임, 안전생산, 지역사회책임 및 적극적인 빈곤구제 등의 내용을 포함한다. 환경 책임은 모형의 우측 부분이며, 녹색관리, 녹색생산 및 녹색운영 등을 포함한다. 전체적으로 이 모형은 책임관리를 중심으로 하고 시장책임을 기초로 사회적 책임과 환경책임을 양측 날개로 하는 안정적인 폐쇄식 삼각 구조를 형성한다.

**그림 1-10 "4위1체" 이론 모형**

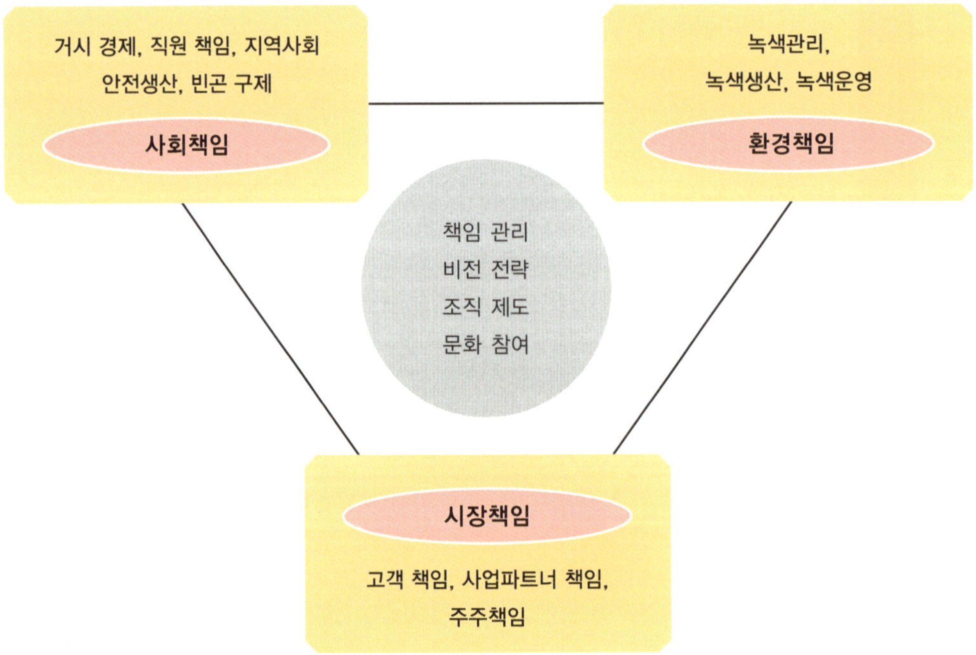

### 3.3.2. 지표체계

#### (1) 벤치마킹 분석

중국기업의 사회책임 발전지수 지표체계는 국제규범을 준수하는 동시에 중국의 현실에 부합하는 것을 목표로 하였다. 이를 위해 연구진은 국제표준화기구의 사회적 책임 매뉴얼(ISO26000) 등 국제사회 책임표준과 지표체계, 〈중국 기업의 사회적 책임 보고 매뉴얼의 기초 프레임(CASS-CSR4.0)〉 등 중국 내 사회적 책임 관련 기준 및 지표체계 그리고 세계 500대 기업의 사회적 책임 보고와 지표체계를 참고하였다.

〈중국 기업의 사회적 책임 연구 보고(2018)〉를 예로 들면, 지표체계의 주요한 변화는 다음과 같다. 첫째, 〈중국기업 사회적 책임 보고매뉴얼 4.0〉을 근거로 하여 지표체계를 업데이트(하는 것이)했다. 둘째, 산업별 특징과 결합하여 각 산업의 지표체계를 업데이트하며 산업의 특색을 갖춘 지표를 늘리는 것이다. 셋째, 상해와 심천 거래소의 〈상장 회사의 빈곤 구제 업무에 대한 추가 공개 통보〉 및 〈중국공산당중앙위원회의 국무원의 농촌진흥전략 의견〉을 참조하여 7가지의 전략적 빈곤 구제 지표(연간 빈곤 구제 자금 및 물자 투입, 정밀 빈곤 구제 기획, 산업 빈곤 구제 항목 유형, 주요 빈곤 구제 실천 및 효과, 빈곤 구제 조직 체계 수립, 빈곤 구제 인구 수량과 빈곤 구제 전문 보고서 배포)를 형성하였다.

#### (2) 산업별 지표체계

사회적 책임 의제의 중요성은 산업별로 비교적 큰 차이가 존재한다. 중국 기업의 사회책임 발전지수는 이처럼 서로 다른 산업의 사회적 책임 특성에 근거하여 각 산업의 사회책임 지표 체계를 수립하였다. 산업 분류는 국가 통계국의 "국민 경제산업 분류"를 기초로 하며, 중국 증권감독위원회의 13개 분류 방식을 참고했다. 각 산업의 사회적 책임 관련 의제의 유사성에 따라 병합하거나 분리하여 최종적으로 중국 기업 사회책임 발전지수 47개 산업의 구분 표준을 확정지었다.

#### (3) 의제형 지표체계

서로 다른 산업 간의 사회적 책임 의제의 차이를 고려하였다. 기업의 사회적 책임 일반 의제로부터 기업의 사회적 책임의 공통 의제 평가 지표를 구축하였다. 그리고 산업별 특징을 사회적 책임 의제와 결합하여 각 산업별로 특정적인 사회적 책임 의제평가 지표를 구축하였다. 최종적으로 중국 기업 사회책임 발전 지표는 '공통의제+산업별 특정의제'의 평가 지표체계로 만들어졌다(표 7 참조).

표 1-3 중국 기업의 사회책임 발전지수의 지표체계

| 책임 분야 | 책임의제 |
| --- | --- |
| 책임 관리 | 책임관리 |
| 시장 책임 | 주주책임 |
| | 고객책임 |
| | 파트너책임 |
| | 산업별 특정의제 |
| 사회적 책임 | 정부책임 |
| | 직원책임 |
| | 안전생산 |
| | 지역사회책임 |
| | 빈곤구제 |
| | 산업별 특정의제 |
| 환경책임 | 녹색관리 |
| | 녹색생산 |
| | 녹색운영 |
| | 산업별 특정의제 |

### 3.3.3. 가중치 부여 및 평점

중국 기업 사회책임 발전지수의 가치 평가와 평점은 총 6개의 단계를 통해 도출된다.

(1) 각 산업별 지표체계 중 각 기업의 사회적 책임에 대한 상대적 중요성을 바탕으로 단계 분석 방법을 사용하여 책임관리, 시장책임, 사회적 책임, 환경책임 등 4개의 책임 분야에 가중치를 부여한다.

(2) 서로 다른 산업의 실제성 및 중요성을 근거로 각 책임의제 및 구체적인 지표에 가중치를 부여한다.

(3) 기업의 사회적 책임 관리 현황 및 정보 공개 수준에 따라 각 책임 분야의 지표에 점수[57]를 매긴다.

(4) 가중치 및 각 책임 분야의 득점에 따라 업계에서의 사회책임 발전지수의 초기 점수를 계산한다. 기업의 사회책임 지수 초기 점수를 $\sum_{j=1,2,3,4} A_j * W_j$ 의 공식에 대입해 계산한다. $A_j$는 기업의 사회책임 지수 점수, $W_j$는 해당 책임 영역의 가중치이다.

(5) 초기 점수에 조정 항목 점수를 더하면 해당 산업에서의 기업 사회책임 발전지수 점수가 나온다. 조정 항목 점수는 기업의 사회적 책임 장려에 대한 보상 점수, 기업의 사회적 책임 관리의 혁신 실천 가산점 및 해당 연도의 중대한 사회적 책임 결손에 따른 감점을 포함한다.

(6) 기업의 경영 범위가 단일 산업이면, 해당 산업에서의 사회책임 발전지수 점수는 해당 기업의 사회책임 발전지수의 최종 점수와 같다. 만약 기업의 경영범위가 둘 이상의 산업에 걸쳐있는 경우, 해당 기업의 사회적 책임 지수 최종 점수는 $\sum_{i=1}^{n} B_i * I_i$ 이다. $B_i$는 해당 산업에서의 기업의 사회책임 발전지수 점수이며, $I_i$는 해당 산업의 가중치이다. 각 산업별 가중치는 산업의 사회적 책임 민감도에 따라 설정하며, 두 개의 산업에 걸친 경영범위를 가진 기업은 6:4 원칙에 따라 가중치를 부여한다. 사회적 책임 민감도가 높은 산업에 대한 가중치를 60%로 하고 민감도가 낮은 기업의 가중치를 40%로 하는 것이다. 세 개의 산업에 걸친 경영범위를 가진 기업은 5:3:2 원칙으로 가중치를 부여한다. 사회적 책임 민감도가 가장 높은 산업에 대한 가중치를 50%로 하고, 그 다음 산업을 30%, 마지막 산업을 20%로 한다.[58]

---

57 평점표준: 관리류 지표, 성과류 지표에 관계없이 기업의 공개 정보에서 기업이 이미 관련 체계를 구축했거나 관련 성과 데이터를 공개하였음을 설명할 수 있는 경우 점수가 부여되며, 그렇지 않으면 해당 지표는 점수를 얻지 못한다. 지표 득점의 합이 해당 항목 책임 분야의 득점이다.

58 사회적 책임 민감도는 환경적 민감도, 고객 민감도를 주요하게 조사한다. 에너지 소모 과다, 오염 과다 업계는 환경적 민감도가 크다. 소비자와 직접 소통하는 업계의 민감도도 비교적 높은 편이다.

### 3.3.4. 데이터 출처

중국기업의 사회책임 발전지수의 평가 정보는 기업이 자체적으로 공개한 사회/환경 정보에서 도출된다. 이러한 정보는 다음과 같은 기본 원칙을 만족해야 한다. ①자발성, 기업의 사회 및 환경 정보에 대한 공개는 기업의 중요한 책임이므로 이러한 정보는 당연히 자발적으로 공개된 것이어야 한다. ②공개성, 이해관계자가 공개적인 경로를 통해 편리하게 획득할 수 있는 정보이어야 한다. ③실제성, 이러한 정보는 기업이 사회적 책임을 이행한 수준을 현실적으로 반영할 수 있어야 한다. ④시의성, 이러한 정보는 기업의 최근의 책임실천을 반영해야 한다.

동시에 본 평가지수는 기업의 사회적 책임 이행의 상황에 대해 평가할 때, 기업의 행위 결함 및 부정적 정보에 대해서도 고려하고 있다. 중국 기업이 자발적으로 부정적인 정보를 공개하는 경우는 매우 드물기 때문에 기업의 사회적 책임에 관한 부정적인 정보의 출처는 사회적 책임 보고서, 연례 보고서 및 공식 홈페이지에 국한되지 않고 신화통신, 인민일보 등 권위 있는 매체 및 정부 인터넷 관련 보고서 및 보도를 포함한다.

상기 원칙에 따라 본 평가지수는 5개의 정보 출처를 확정하고 있다. 기업의 사회적 책임 보고서[59], 기업 연례 보고서, 기업 단일 항목 보고서, 기업 공식 홈페이지 그리고 외부의 권위있는 매체의 뉴스 보도이다.

### 3.3.5. 등급 구분

기업의 사회적 책임 관리 현황 정보 공개 수준을 직관적으로 반영하기 위해 기업의 사회적 책임 발전의 단계에 따라 사회책임 발전지수를 등급화하였다. 이는 기업의 사회적 책임 발전 수준을 다섯 개의 등급(5성급~1성급)으로 나눈 것으로, 각 등급은 다시 탁월, 선도, 추종, 태동, 방관 등 5개의 발전 단계와 대응된다. 각 기업에 대응되는 등급 수준과 발전수준별 특징은 표 8을 참조한다.

---

59  기업의 사회적 책임 보고서는 기업의 비재무보고의 통칭으로서 환경보고서, 지속가능발전보고서, 기업공민보고서, 기업의 사회적 책임 보고서 등이 포함된다.

표 1-4 기업의 사회적 책임 발전 유형

| 번호 | 등급 수준 | 득점 | 발전단계 | 기업 특징 |
|---|---|---|---|---|
| 1 | 5성급 (★★★★★) | 80점 이상 | 탁월 | 기업이 완전한 사회적 책임 관리 체계를 수립하였고 사회적 책임 정보를 완전히 공개한다. 중국 내에서 기업의 사회적 책임을 탁월하게 이행하고 있는 기업이다. |
| 2 | 4성급 (★★★★) | 60-80分 60-80점 | 선도 | 기업이 사회적 책임 관리 체계를 점차 수립하고 사회적 책임의 정보를 비교적 완전하게 공개한다. 중국 내에서 기업의 사회적 책임을 선도해 나가는 기업이다. |
| 3 | 3성급 (★★★) | 40-60分 40-60점 | 추종 | 기업이 사회적 책임 관리 업무를 추진하기 시작하며 사회적 책임 정보 공개 시스템을 구축하고 있다. 사회적 책임 선도 기업을 좇아 가는 기업이다. |
| 4 | 2성급 (★★) | 20-40점 | 태동 | 기업의 사회적 책임 업무가 "걸음마" 단계이며 시스템적인 사회적 책임 관리 체계를 수립하지 않고 사회적 책임 정보 공개가 비교적 분산적이고 일방적이다. 선도 및 추종 단계와는 비교적 큰 차이가 있다. |
| 5 | 1성급 (★) | 20점 이하 | 방관 | 기업의 사회적 책임 정보 공개가 심각하게 부족하다. |

### 3.4. 중국 내 기타 조직 혹은 기구의 기업 사회적 책임 지표

현재 중국에서 기업의 사회적 책임 지표를 연구한 논문은 비교적 많은 편이다. 정부, 산업계, 연구기관, 학자 등 여러 차원에서 발간된 문헌을 분류하며 중국의 각 기관의 기업의 사회적 책임을 평가한 지표를 정리하였다. 분류는 표 6을 참조한다.

표 1-5 기업의 사회적 책임 지표 분류 종합 서술

| 업계 협회, 공중 기업 | 정부 문서, 업계 자율성 조직 | 제3자 연구 기관, 학자 |
|---|---|---|
| 증권 회사, 투자 등 금융 투자 기관 | 재정 부서 〈기업 경제 효과 평가 지표체계(시험 실시)〉 (1995) | 중국 사회 과학원 (2009-2018) |
| 상장 회사 | 국유 자산 감독 관리 위원회 〈중앙기업의 사회적 책임 이행의 지도 의견〉 | 북경대학 민영 경제 연구원(2009) |
| 중앙기업 | 증권 투자 기금 협회, 증권 업계 협회 등 〈사회 책임 보고서〉 | 중국 기업 평가 협회, 칭화대학(2014) |
| 민영 기업 | 심천 거래소 〈사회적 책임 매뉴얼〉 상해 거래소 〈정보 노출 매뉴얼〉 홍콩 연합 거래소 〈환경, 사회 및 관리 보고 매뉴얼〉 | 소홍군(2009), 황군혜(2009) |
| 구체적인 산업별 지표 (석유, 에너지, 환경보호 등) | 전국 상공업 연합회 〈중국 민영기업 사회적 책임 보고〉 | 펑화강(2010), 염준무(2011) |

### 3.4.1. 정부 공문서 및 민간 조직에서 개발한 평가 지표

### (1) 재정부의 경제 심사 지표

기업의 경제적 효익 상황을 종합적으로 평가하고 반영하기 위해 재정부에서는 여러 연구를 통해 기업의 경제적 효익 평가 지표체계를 제정하였다. 해당 지표체계는 10개 항목의 지표를 포함하고 있다. 그중 2가지(사회 기여율, 사회 누적율) 지표를 통해 일정 수준으로 기업의 사회적 책임을 반영할 수 있으며, 기업 결산 중 추적 조사가 가능하다.

그림 1-11 재정부 사회책임 지표 의의

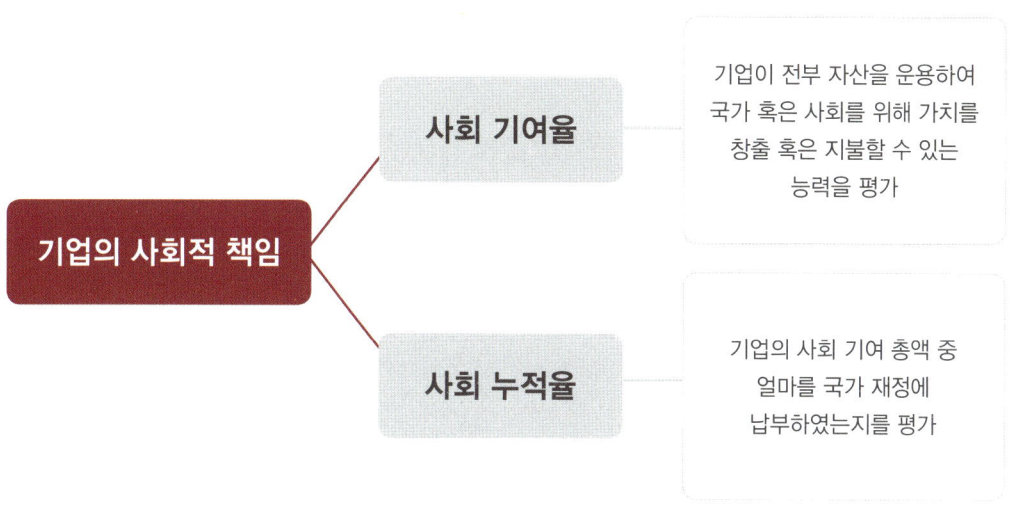

사회 기여율(사회 기여율=기업 사회 기여 총액/기업 평균 투자 총액×100%) 지표는 기업의 총 자산을 운용하여 국가 및 사회를 위해 가치를 창출하거나 이를 위해 지불할 수 있는 능력을 평가하는 데 사용하며, 회사의 사회적 책임 이행정도를 드러낼 수 있다.

사회 누적율(사회 누적율=국가 재정에 기업이 납부한 총액 및 공익 기부 지출의 합 ÷ 기업 사회 기여 총액×100%) 지표는 기업의 사회 기여 총액 중 국가 재정에 납부하거나, 사회 공익 사업을 지원한 규모를 평가하는 데 사용한다. 이는 간접적으로 기업의 사회적 책임을 반영할 수 있다.

### (2) 중국증권투자펀드산업협회의 조사 데이터

2017년 발표된 중국증권투자펀드산업협회의 조사 데이터는 업계의 4대 사회 책임(경제 환경 선도 책임, 자본 시장 영향 책임, 이해관계자 책임, 책임 관리) 등 핵심 주제의 내용을 이론적 기초로 한다. 상세 내용을 살펴보면 산업 책임 투자, 기업 가치 증가 서비스, 투자자 책임, 직원 책임, 정부 책임, 자선 공익 발전, 책임 문화, 책임 관리, 책임 보급, 책임 발표 등 52개의 지표를 통해 산업별 사회적 책임 발전 현황에 대해 조사, 분석하였다.

### (3) 홍콩 연합 거래소의 사회적 책임 보고서

2015년 홍콩연합거래소는 〈환경, 사회 및 관리 보고 매뉴얼〉을 신규 제정하였다. 홍콩에서 상장된 모든 회사는 2016년부터 〈사회〉 관련 중요 지표 항목 중 고용 및 노동, 운영 관례, 지역 사회 지표를 '일반적인 공개'에서 '준수하지 않을 시 해명'하는 단계로 업그레이드하였다. 2017년 1월 1일부터 〈환경〉 관련 중요 지표 항목 중 배출량, 자원 사용, 환경 및 천연 자원 지표에 대해서도 '준수하지 않을 시 해명하도록 규정하였다.

### (4) 전국상공업연합회의 민영기업 사회적 책임 보고

2018년 전국상공업연합회는 〈중국 민영 기업의 사회적 책임 보고서 2018〉를 처음으로 발간하였다. 경제적 책임, 법률적 책임, 환경책임, 공익 자선 사업 및 빈곤 구제 지원 등 5개 방면에서 민영기업의 사회적 책임 이행의 기본 현황에 대해 요약 정리하였다.

표 1-6 민영 기업의 사회적 책임 지표 개요

| 대분류 | 지표 |
| --- | --- |
| 경제적 책임 | 개인기업 수량; 기술 혁신, 특허 발명, 신제품; "일대일로(一带一路)" 국가의 수출입 총액; 군민 융합 기술 성과 |
| 법률적 책임 | 민영 기업 세금 총액, 세금 증가율 |
| 환경보호 책임 | 에너지 소모가 높고 오염이 많은 제품 및 낙후된 생산 능력; 제품 환경보호 기술의 개조; 자원 사용 및 에너지 소모가 국가에서 규정한 환경보호 표준에 부합; 자원 순환 재이용 |
| 빈곤 구제 | 공익 자선 기부; 민영 기업 재단 |
| 빈곤 구제 지원 | "만 개의 기업이 만 개의 농촌을 돕는다" 활동에 참여, 빈곤층 빈곤 구제, 산업 투자, 공익 기부, 취업연계 |

### (5) 중국기업평가협회의 기업의 사회적 책임 평가 준칙

2014년 중국기업평가협회는 칭화대학 사회과학대학원과 연합해 2년의 시간을 들여 〈중국 기업의 사회적 책임 평가 준칙〉을 발표했다. 이 평가 준칙은 '법률도덕', '품질 안전', '과학 기술

혁신', '성실 및 신용', '소비자 권익', '주주 권익', '직원 권익', '에너지 환경', '조화지역' 및 '책임 관리' 등 10개의 1차 평가 지표와 63개의 2차, 3차 평가지표를 제정했다. 중국기업평가 협회는 기업의 사회적 책임 이행에 따라 각 지표마다 점수를 부여하고 있다. 기업의 점수를 합산한 후 사회적 책임과 관련해 미흡에서 우수한 순서로 C, B, BB, BBB, A, AA, AAA 등급으로 나누고 평가한다.

### (6) 기타 공적 문서상 사회적 책임 관련 사항

2008년 국유자산감독관리위원회는 〈중앙기업의 사회적 책임 이행 지도 의견〉을 배포하고 중앙기업은 다음과 같은 8개 부분에서 사회적 책임을 이행해야 한다고 주장했다. 1)법에 따라 경영하며 성실하게 신용을 준수할 것, 2)이익을 창출할 수 있는 능력을 지속적으로 향상시킬 것, 3)제품 품질과 서비스 수준을 실질적으로 향상시킬 것, 4)자원 및 환경보호를 강화할 것, 5)자주 혁신 및 기술의 발전을 지속할 것, 6)안전 생산을 보장할 것, 7)직원의 합법적인 권익을 보호할 것, 8)사회 공익 사업에 참여할 것이 그 내용이다. 위원회의 요구에 따라 차이나 모바일 통신 그룹, 중국 원양 그룹 등 중앙기업은 사회적 책임 지표체계를 수립하였고 기업 내부의 경제, 사회, 환경적 리스크를 전면 감독하고 있다.

2009년 상해증권거래소는 〈기업의 사회적 책임 이행 보고 매뉴얼〉을 발간하였으며 회사가 사회적 책임 보고서를 작성할 때, 사회의 지속가능한 발전 촉진, 환경 및 생태의 지속가능한 발전 촉진, 경제의 지속가능한 발전 촉진 등의 업무를 고려해야 한다고 주장했다. 해당 연도부터 거래소는 기업의 사회책임 지수를 발표하여, 투자자에게 추가적인 참고정보를 제공했다.

기업의 녹색 발전 내용을 평가하는 기준으로 2005년 중국 국가 환경보호 총국은 〈기업의 환경 활동 평가 업무 적극 추진에 대한 의견〉을 발표하였고, 동시에 〈기업 환경 활동 평가 매뉴얼〉을 배포하여 오염 배출 지표, 환경 관리 지표, 사회 영향 지표 등 3개 방면에서 기업의 친환경 활동 지표체계를 수립하였다. 2015년 환경보호부서와 발전 개혁 위원회에서는 〈기업 환경 신용 체계 수립 강화에 대한 지도 의견〉을 배포하였고 오염 예방, 생태 보호, 환경 관리, 사회 감독 등 4개 방면에서 총 21개의 지표를 제정 후 각 지표에 가중치를 설정하였다.

### 3.4.2. 연구 기관 및 학계에서 개발한 평가지표

#### (1) 기업의 사회적 책임 지표체계 5차원 모형

소홍군, 이위양(2009)는 기업의 사회적 책임 지표체계 5차원 모형을 구축하였다. 1차원은 이해관계자의 차원에서 지표를 투자자 책임, 고객 책임, 직원 책임, 비즈니스 파트너 책임으로 구분했다. 2차원은 책임의 정도에 따라 경제적, 사회적, 환경적, 법률적, 자선적 책임으로 구분했다. 3차원은 기능에 따라 사회적 책임 관리 지표, 사회적 책임 커뮤니케이션 지표, 그리고 사회적 책임 평가 지표로 구별했다. 4차원은 조직을 기준으로 기업 전체의 사회적 책임 지표, 부서의 사회적 책임 지표와 직무의 사회적 책임 지표로 구분했다. 5차원은 작업 속성에 따라 기업의 사회적 책임 성과 측정은 결과성과, 프로세스 성과, 제도 구성으로 나누어지며, 종합적인 측정이 요구된다.

#### (2) "4위1체" 이론 모형

황군혜(2009), 펑화강(2010)은 Triple Bottom Line과 이해관계자 이론 등 전형적인 사회 이론을 근거로 책임 관리, 시장 책임, 사회적 책임, 환경책임을 포함한 '4위1체' 이론 모형을 구축했다. 1차 지표는 책임 관리, 시장 책임, 사회적 책임 및 환경책임을 포함하고 있다. 그중, 책임 관리는 각각 3개의 2차 지표(책임 거버넌스, 책임 추진, 책임 커뮤니케이션)를 포함하고 있다. 시장 책임은 3개의 2차 지표(주주 책임, 고객 책임, 비즈니스 파트너 책임)를 포함하고 있다. 사회적 책임은 3개의 2차 지표(정부 책임, 직원 책임, 지역 사회 책임)를 포함하고 있다. 환경책임은 환경 관리, 자원 에너지 절약, 오염 감소 배출 감소로 구성된다.

이후 염준무(2011)는 국유 기업의 사회적 책임 평가지표를 연구하며 4위1체 이론모형에 대해 추가적으로 보완했다. 먼저 기업의 사회적 책임의 종류를 일반적인 사회적 책임과 특수한 사회적 책임으로 세분화하고, 이를 다음과 같은 3개의 평가 체계로 구별하였다. 첫째는 국유 기업의 사회적 책임 관리 평가 지표체계로서 관리 내용, 관리 구조, 관리 조치로 나뉜다. 둘째는 국유 기업의 일반적인 사회적 책임 평가 지표체계로서 주주 및 투자자 책임, 협력 파트너 책임, 소비자 책임, 정부 책임, 직원 책임, 지역 사회 책임, 관리 체계, 자원 절약, 환경보호로 나뉜다. 셋째는 국유 기업의 특수한 사회적 책임 평가 지표체계로서 국유 자산 책임, 거시적 경제 책임, 사회 안정 수호, 자선적 책임, 관리 체계, 에너지 절약 및 배출 감소로 나뉜다.

## 4. 소결

기업의 사회적 책임과 사회적 가치에 대한 국내외 연구의 발전과 변화는 우리에게 다음과 같은 시사점을 준다.

첫째, 이해관계자 이념은 발달한 시장경제 국가에서 회사관리와 기업의 사회적 책임 이행을 추진하는 데 주류적인 지도이념이다. 유엔, 경제협력기구와 '사회시장경제'를 주장하는 독일에 이르기까지 구미의 발달한 나라에서는 갈수록 이해관계자 이념을 중시하며, 글로벌 기업의 사회적 책임으로의 전환과 업그레이드를 추진하고 있다.

둘째, 기업의 사회적 책임과 사회적 가치 이념은 꾸준히 변화하고 있다. 현재 기업의 발전과 사회의 진보는 동시에 이루어져야 할 주요한 목표이다. 1세대 기부자(기부를 통해 사회에 보상하려 한다)와 2세대 회피자(기업 활동의 부정적 영향을 줄이려 한다)를 거쳐 기업의 사회적 책임 이념은 창조자 시대에 들어섰다. 이제 기업의 사회적 책임은 지출이 아닌 투자로 간주된다. 회사(기업)와 사회와의 관계는 제로섬 관계가 아니라 포지티브섬 관계이기 때문이다.

셋째, 중국 기업의 사회적 책임과 사회적 가치 이념은 시대와 함께 발전하고 있다. 사회주의 시장경제인 중국의 경우 기업들은 자체적으로 발전을 추구하는 동시에, 사회의 요구를 통합하여 발전을 거듭하고 있다. 이렇듯 사회적 책임 이행과 실천을 통해, 중국 국유기업들이 사회의 발전에 기여한 바는 적지 않다. 그들은 앞으로도 다양한 분야에서 다양한 방법으로 국가 현대화와 국민 공동이익 보장에 유의미하게 기여할 수 있을 것이다. 한편, 기존 연구에서도 지적했듯이 이해관계자 관리는 사회뿐 아니라 회사의 재무상황 개선에도 도움이 될 것이다.

제 2장

# 한-중 기업
# 사회적 가치 지표체계

제2장

# 한-중 기업
# 사회적 가치 지표체계

## 1. 한국 SK DBL 지표체계[60]

### 1.1. 한국 SK DBL 지표체계의 특징

한국의 SK는 2018년 DBL(Double Bottom Line) 경영을 본격화하였다. DBL 경영이란 기업 본연의 비즈니스 활동에 사회적 가치 창출을 포함하는 것으로, 일반적인 사회공헌과 기업의 사회적 책임 실천에서 한 발 더 나아간 개념이다. DBL 경영을 통해 비즈니스와 관련된 사회문제를 파악하고 해결함으로써 더 많은 사회적 가치를 창출할 수 있으며, 이를 비즈니스 모델 혁신의 기회로 활용할 수 있다.

이에 따라 SK는 사회적 가치 측정체계를 수립하여 실제 사회적 가치를 측정하고 관리하는 것을 우선적인 실천과제로 제시하였다. 기업의 경제적 성과를 관리하고 외부 이해관계자에게 보고하는 재무회계처럼 기업이 창출하는 사회적 가치 역시 화폐단위 측정을 통해 사회적 가치를 관리하거나 창출의 효율을 높일 수 있기 때문이다.

SK는 2017년부터 그룹 내 사회적 가치 측정을 위한 연구사업에 착수하여 파일럿 측정을 시도하였다. 2018년에는 DBL 지표체계를 수립하고 전사적인 측정을 추진하였으며, 2019년

---

60  본 파트에서는 한국 SK DBL의 2018년 버전 측정지표를 소개하고 있고, 2019년에 개정된 부분은 각주로 설명하고 있다.

에 이르러서는 측정된 사회적 가치를 외부에 공표하였다.[61]

SK DBL의 지표체계의 첫 번째 특징은 매트릭스형 구조라는 점이다. 우선 사회적 가치의 성격에 따라 환경, 사회, 거버넌스의 세 가지 영역으로 구분하고, 기업의 경영 및 생산활동의 범주에 따라 제품·서비스(product), 내부 생산과정(process), 외부 가치사슬(value chain), 지역사회(community)의 네 가지로 사회적 가치가 발생하는 위치를 구분한다.

두 번째 특징은 이해관계자 관점에서 발생하는 사회적 편익과 비용을 모두 측정한다는 것이다. 기업의 사회적 가치란 기업활동이 각 이해관계자에게 발생시키는 편익과 비용을 의미한다. 즉, 기업의 사회적 가치는 투입한 비용과 회수된 수익이 아닌 이해관계자 입장에서 기업으로 인해 얻게 된 편익과 비용을 측정한다. 따라서, SK DBL 지표체계의 모든 세부지표는 측정하고자 하는 이해관계자의 범주와 편익 및 비용의 개념을 정의하고, 이에 따라 이해관계자에게 발생한 변화, 즉 결과(outcome)를 측정한다.

세 번째 특징은 환경 및 사회적 측면에서의 제품·서비스 성과를 적극적으로 측정하고 있다는 것이다. 이는 앞서 언급한 대로, 기업의 사회적 가치 추구 활동을 단순히 기업의 선의를 표현하는 소극적 활동이 아닌 기업의 지속가능한 발전을 위한 경영전략에 따른 것이다. 기업은 친환경적인 제품·서비스를 개발하고 사회문제를 적극적으로 해결함으로써 사회적 가치를 창출하는 동시에 경제적 가치를 얻을 수 있다. 기존에 활용되던 기업의 사회적 가치 평가도구는 기업경영상의 사회적 가치만을 평가하거나 상대적으로 정량화 및 데이터 확보가 쉬운 환경성과를 측정하였으나[62], DBL은 제품·서비스가 창출하는 사회적, 환경적 성과를 측정할 수 있도록 지표체계가 개발되었다.

---

61  SK는 사회적 가치 측정 연구조직인 사회적가치연구원(CSES, Center for Social value Enhancement Studies)을 설립하고 관계사들이 수시로 사회적 가치를 측정할 수 있도록 사회적 가치 측정 시스템(SVMS; Social Value Measurement System)을 구축함으로써 지속인 사회적 가치 측정관리 환경을 조성하였다.

62  제품·서비스에 대한 평가는 비교기준 설정 및 데이터 확보 등의 어려움을 이유로 측정 평가의 대상이 되지 않는 경우가 많았다. 화폐화 측정 방식에서도 비슷한 이유로 측정에서 제외되는 경우가 많다. 최근 연구에 따르면, 화폐화 방식에 기반한 사회성과를 측정하는 기업 가운데 환경성과를 측정하는 비율이 86%, 노동 등 사회적 성과를 측정하는 기업이 50%에 이르는 데 반해, 제품의 성과를 측정하는 기업은 20%에 그치는 것으로 나타났다(Serafeim et al. 2019).

## 1.2. 거버넌스(G)

기업은 다양한 이해관계자를 위해 투명하고 공정하며 책임 있는 의사결정을 하고자 최선을 다하여야 하고, 특히 대내외적으로 건전한 거버넌스 제도를 구축함으로써 기업의 안정성과 사회적 책임성을 높여야 한다.

그러나, 아직 제도나 과정상의 성과에 대하여 합의된 화폐단위 측정이 없어 실제 측정은 이루어지지 않고 있는 실정이다. 다만, 거버넌스 영역에서 측정되어야 할 성과를 소액주주 권익보호, 회계 투명성 제고, 부정부패행위 및 기타 법질서 위반 등으로 구분하고 있으며, 2018년 이를 화폐적으로 측정하기 위해 제시되었던 지표 내용은 다음과 같다.

### GV1. 소액주주 권익보호

| 지표명 | 소액주주 권익보호를 위한 기업의 적극적인 제도 마련 |
|---|---|
| 정의 | 주주는 기업의 주인으로서 권리를 보장받아야 하며, 특히 소액주주의 경우 이와 같은 권익 보호에 상대적으로 취약한 실정이므로 기업은 제도적 장치를 마련하여 소액주주의 권익을 위해 노력하여야 함 |
| 측정식 | 전자투표제 도입, 수액주주 IR 등과 같이 소액주주의 권익보호를 위하여 의사결정 참여보장, 적극적 정보제공 등의 제도를 도입하고 운영한 비용 |
| 데이터 출처 | 전자투표제도 도입 시 운영비용(input)을 성과로서 측정(한국예탁결제원 전자투표 웹사이트 소수주주 의결권 행사 현황 활용 방안 마련) |

### GV2. 회계투명성

| 지표명 | 회계투명성 관련 위법사항으로 인한 사회적 비용 |
|---|---|
| 정의 | 기업은 이해관계자를 대상으로 적정 회계기준에 따라 재무제표 작성 및 결과보고 등을 수행하고, 정확한 재무정보를 제공하여야 함 |
| 측정식 | 회계투명성 관련 위법사항에 대한 처벌 내역의 총액 |
| 데이터 출처 | • 금융감독원 회계감리 결과 제재: 금융감독원 회계 포탈<br>• 한국거래소 시장조치: 한국거래소 전자공시 시스템-시장조치<br>• 위반행위에 대한 처분 내역 등 |

### GV3. 부정행위

| 지표명 | 기업활동과 관련한 임직원의 위법행위로 인한 사회적 비용 |
|---|---|
| 정의 | 기업 내부 임직원의 횡령, 배임, 위계에 의한 성범죄 등과 같은 행위는 대내외적으로 사회·경제적인 피해비용을 발생시키므로 기업은 이를 관리·감독할 책임이 있음 |
| 측정식 | 임직원 위법행위에 대한 처벌 내역의 총액 |
| 데이터 출처 | 위반내용에 대한 처분내역 |

### GV4. 기타 법질서 위반

| 지표명 | 각종 법률 위반으로 인한 사회적 비용 |
|---|---|
| 정의 | 기업은 기업 시민으로서 각종 법률을 준수하여야 할 의무가 있으며, 법령 위반에 의한 경제적 손실은 사회적 비용으로써 인식됨 |
| 측정식 | 각종 법률 위반 사항<br>= 법률위반으로 인한 벌금 총액 − (GV3.1 벌금액) |
| 데이터 출처 | 위반내용에 대한 처분내역 |

## 1.3. 사회(S)

### 1.3.1. 제품·서비스 성과

제품·서비스 성과는 제품과 서비스를 통해 구매자 및 이용자가 얻게 되는 사회적인 편익 또는 피해비용을 측정한다. 제품·서비스에 따른 환경성과는 환경영역에서 별도로 측정한다.

**SO1 삶의 질**

기업이 생산하는 제품·서비스를 통해 구매자 또는 이용자의 삶의 질이 개선된 효과를 의미한다. 빈곤 등으로 인한 '불평등의 해소', 범죄 등 '일탈행위로부터의 보호 및 예방', 안전이나 보건 등 '사회 제도적 안정', 문화다양성 확보와 같은 '공공이익증대'처럼 사회문제를 해결하거나 공익적, 공공적 가치를 창출함으로써 개인의 삶의 질을 높인 성과가 포함된다. 단, 고객 개인 차원의 편익 증진과 같은 소비자 후생은 제외한다.

| 지표명 | 불평등의 해소 |
|---|---|
| 정의 | 빈곤, 성별, 연령 장애, 인종 등에 따른 차별이나 불평등을 완화 또는 해소한 성과 |

| 지표명 | 일탈행위로부터의 보호 |
|---|---|
| 정의 | 범죄, 폭력, 비행, 약물 남용 등의 위험으로부터 보호하거나, 사회적 일탈행위를 방지한 성과 |

| 지표명 | 사회제도적 안정 |
|---|---|
| 정의 | 인구, 안전, 보건 등 원활한 사회질서와 안녕을 확보하고 유지한 성과 |

| 지표명 | 공공 이익 증대 |
|---|---|
| 정의 | 교육, 문화, 공동체, 시민참여 등 시민사회의 공적 자산을 증대시키고 문화적 다양성을 강화한 성과 |

 삶의 질 성과는 기업이 제공하는 제품과 서비스의 내용이나 해결하는 사회문제에 따라 각각 다른 측정방식을 사용한다. 표준적인 측정식은 다음과 같다.

| | |
|---|---|
| 측정식 | (해당 기업의 제품서비스의 성과단위 − 기준점의 성과단위) × 기준값 × 활동량 × 기여율 |
| 참고 | • **성과단위**<br>측정하고자 하는 가치를 대표할 수 있고, 정량화하여 나타낼 수 있는 단위를 의미한다. 예를 들어, '신규 일자리 창출성과'라는 가치가 특정되면, 이 가치를 대표하는 성과단위는 '일자리 규모'가 될 것이다. 측정단위가 설정되면, 자사의 성과 및 기준점이 되는 기준점(Baseline) 간의 차이를 계산한다. 측정단위는 자사의 값뿐만 아니라 기준점의 값을 확보할 수 있는 것으로 설정해야 한다. 예를 들어 '직무만족도'라는 지표는 정량적인 값으로 도출할 수 있는 측정단위이지만, 동일 항목에 대해 같은 조건에서 조사된 타 기업 또는 시장 평균의 직무만족도 값을 비교할 수 없다면 적절하고 타당한 측정이 이루어지지 않는다.<br><br>• **기준값(Proxy)**<br>성과단위를 화폐가치로 환산하는 계수를 의미한다. 예를 들어 '신규 채용자 수'라는 성과단위 값을 화폐가치로 환산하는 proxy로는 '해당 근로자의 임금'을 사용할 수 있다. 다른 예로, 온실가스 1톤 배출에 대한 proxy는 '온실가스로 인한 사회적 피해비용'을 산출하여 사용할 수 있다. 기준값은 신뢰할 만한 연구자료 또는 시장가격 조사자료에 근거하여 설정해야 측정값의 타당성을 높일 수 있다. 따라서 신뢰할 만한 연구조사 기관의 정기적인 조사가 이루어지는 통계치를 활용할수록 측정결과의 신뢰성을 높일 수 있다.<br><br>• **활동량**<br>측정기간 동안 기업이 기업시민가치 활동을 수행한 양(Output)을 의미한다. 예를 들어 '신규 일자리 창출'은 '새로운 일자리 수', '온실가스 저감성과'는 '온실가스 연간 총 감축량'이 활동량이 된다.<br><br>• **기여도**<br>해당 성과를 다른 주체와 함께 협력하여 창출한 경우, 우리 기업이 성과 창출에 기여한 정도이다. |

### SO2 소비자 보호 성과

기업은 제품·서비스에 대하여 소비자의 권리(안전할 권리, 알 권리, 선택의 권리, 의견을 말할 권리 등)를 보장할 책임이 있다. 기업은 소비자 보호 관련 안전, 품질, 정보에 대한 일정한 기준을 준수해야 한다. 소비자 책임에 대한 법적 기준을 초과한 성과는 일부 사회적 가치 (환경성과 또는 삶의 질 성과)로 반영된다. 제품 및 서비스에 대하여 소비자 보호의 3가지 차원인 안전, 품질, 정보와 관련한 책임의 이행여부를 판단한다. 법 또는 계약상 정한 내용이 충분히 이행되지 않아서 발생한 부분에 대하여 사회적 비용을 측정한다.

| 지표명 | 안전 |
|---|---|
| 정의 | 제품·서비스의 사용과정에서 사고 및 결함으로 인해 소비자에게 해를 끼침으로써 발생시킨 비용 |

| 지표명 | 품질 |
|---|---|
| 정의 | 거래 통념상 또는 당사자의 특약상 보증한 제품·서비스의 품질·성능·형태 등에 결함이 있어 사용 가치나 교환 가치가 감소함으로써 소비자에게 끼친 피해비용 |

| 지표명 | 정보 |
|---|---|
| 정의 | 소비자의 제품·서비스 구매의사결정이나 사용 관련 판단에 중대한 역할을 하는 정보를 과장, 허위, 축소, 은폐하여 왜곡되고 불충분한 정보를 전달함으로써 소비자에게 끼친 재정적, 심리적 불확실성 및 위험으로 인한 피해비용 |

| 측정식 | 제품 및 서비스의 안전/품질/정보제공 기준 미준수로 발생한 사회적 비용 |
|---|---|

### 1.3.2. 노동성과

기업은 사회적 책무이자 고유 역할인 고용 창출을 위해 노력하여야 하며, 나아가 고용 유지 및 종업원의 질적인 성장과 삶의 질 향상을 위해 다양한 제도를 갖추어야 한다. 이러한 제도는 근로자의 기본권을 보장하는 동시에 근로환경을 개선하여 노동 전반에 걸친 사회적 가치 창출을 유도하는 효과가 있다. 노동 분야의 성과는 크게 고용창출, 공정성과 다양성, 근로생활의 질, 안전보건 관리 성과로 구분할 수 있다.[63]

---

63 최근 SK는 노동분야 지표체계를 '노동취약계층 고용창출', '구성원의 삶의 질 향상' 및 '구성원 안전보건관리 성과'로 재분류하였다.

## LB1 고용창출

### LB1.1 일자리 증대[64]

| 지표명 | **LB1.1 일자리 증대** |
|---|---|
| 정의 | 고용이 수반되지 않은 기업의 성장은 일자리 부족, 장기 실업률 증가와 같은 사회문제와 밀접한 관계가 있으므로 경제적 성장과 사회적 가치의 균형을 고려한 중장기적 고용 창출을 지속적으로 확대할 필요가 있음 |
| 측정식 | 신규일자리 창출 성과 = (측정년도 구성원−전년도 구성원) × 평균임금 |
| 데이터 출처 | • 최근 2년 연말 기준 구성원 수(측정 측정년도 및 전년도)<br>• 측정년도 전체 평균임금 금액(각 사별 평균임금) |

### LB1.2 노동취약계층 고용을 통한 빈곤해소

| 지표명 | **LB1.2 노동취약계층 고용을 통한 빈곤해소** |
|---|---|
| 정의 | 「사회적기업 육성법」에 따른 기초생활수급자, 차상위계층, 고령자(55세 이상), 장애인, 경력단절여성 등 '노동취약계층'은 일반 노동시장에 진입하기 어려워 이로 인한 사회경제적 양극화 현상이 심화되고 있음. 기업은 이들을 직접 고용함으로써 소득 수준 및 생활여건 개선에 기여할 수 있음 |
| 측정식 | 노동취약계층의 근로소득 증가액 = (고용된 노동취약계층의 근로소득−노동취약계층의 취업 이전 소득) × 인원수 |
| 데이터 출처 | • 노동취약 인력의 근로소득: 평균임금 (12개월 미만 근무 시 월 단위 계산)<br>• 노동취약 인력의 고용 이전 소득: 취약계층의 유형별 기대 근로소득 수준 통계 수치<br>• 노동취약계층의 고용성과 인정기간: 채용시점으로부터 3년 |

---

64 2019년 측정체계 개정 시 본 성과지표는 〈경제간접 기여성과〉에 흡수되어, 개별적인 지표항목은 삭제되었다.

## LB2. 공정성 · 다양성[65]

| 지표명 | 채용 · 승진의 불평등 해소를 통한 HRM 개선 |
|---|---|
| 정의 | 기업의 채용 및 승진 과정은 성과 중심으로 공정하게 진행되어야 하나 학벌, 출신지역, 성별 등의 편견에 의한 불공정 관행이 만연하여 기업이 이를 정책적으로 해소하기 위해 노력하여야 함 |
| 측정식 | ① 여성 직책자 승진 = 재직 중인 여성 직책자 수 × 승진 전후 소득 및 직책수당 차이<br>② 해외 법인의 현지인 직책자 승진 = 재직 중인 현지인 직책자 수 × 승진 전후 소득 및 직책수당 차이<br>③ 공정 채용 제도 = 공정채용을 위한 TF 인력 투입시간 × 평균시급 |
| 데이터 출처 | • 재직 중인 여성(또는 현지인) 임원 및 직책자 수<br>• 해당자의 승진 전후 임금 및 수당 차이<br>• 공정채용을 위해 추가적으로 투입된 인원 |

## LB3 구성원의 삶의 질

| 지표명 | **LB3.1 노동시간 단축을 통한 구성원 삶의 질 향상**[66] |
|---|---|
| 정의 | 한국 사회의 과도한 근로시간은 근로자의 건강 및 삶의 질을 떨어뜨리는 사회적 문제로서 기업은 제도적으로 근로시간을 적정 수준으로 단축시켜 이와 같은 문제를 해소할 수 있음 |
| 측정식 | 근로시간의 증감에 따른 시간가치 = (법정 기준 주당 근로시간 − 기업 근로시간) × 평균임금 × 52주 × 인원 |
| 데이터 출처 | • 법정 기준 근로시간: 2018년 근로기준법 기준 52시간<br>• 각 기업별 평균 근로시간<br>• 각 기업별 평균임금<br>• 측정년도 전체 구성원 수 |

---

[65] 2019년 측정체계 개정 시 본 지표는 측정하지 않았으며, 별도의 추가연구를 진행 중이다.
[66] 2019년 측정체계 개정 시 본 지표는 측정하지 않았으며, 별도의 추가연구를 진행 중이다.

| 지표명 | LB3.2 기타 HRM 관행 개선을 통한 구성원의 삶의 질 향상 |
|---|---|
| 정의 | 관련 법규에서 구성원의 근로환경 보장을 위하여 기준을 제시하나, 근로환경의 질적인 개선을 위해서는 기업이 추가적인 노력을 기울여야 함 |
| 측정식 | • 휴가 성과[67] = (구성원 평균 휴가 사용일수 − 국내 근로자 평균 휴가 사용일수) x 평균임금 x 인원<br>• 사회적 가치 관련 교육 및 캠페인 성과 = 관련 비용 총액 적용 |

| 지표명 | LB3.3 가족친화제도 시행을 통한 구성원 삶의 질 향상 |
|---|---|
| 정의 | 구성원의 일과 가정 양립이 어려운 경우, 기업이 제도적 지원을 통해 구성원의 삶의 질을 향상시키고 그 밖의 사회문제 해결에 기여할 수 있음 |
| 측정식 | ① 육아휴직 = 육아휴직 개월 수 × 육아휴직자 평균임금<br>② 단축근로<br>    a. 유급 단축근로 = 단축근로 시간 × 평균임금(시급)<br>    b. 무급 단축근로 = 단축근로 시간 × 최저임금(시급)<br>③ 기타 일/가정 양립 제도 시행 비용 = 해당 제도의 대체 서비스 가격 또는 투입 비용 총액 적용 |
| 데이터 출처 | • 육아휴직 사용자 개인별 육아휴직 기간(개월 수) 및 평균임금(월 급여)<br>• 육아휴가(단축근로) 사용자 개인별 육아휴가 시간 및 평균임금(시급)<br>• 기타 법 기준 초과분의 모성보호 관련 제도 시행 비용 |

## LB4 구성원의 안전 · 보건

| 지표명 | LB4.1 질병 · 질환 예방 및 보건관리로 인한 구성원 안전보장 |
|---|---|
| 정의 | 기업은 구성원의 삶의 질을 향상시키기 위해 안전한 노동환경을 제공하고 법적 기준을 상회하는 다양한 건강 및 보건 관련 지원을 제공해야 함 |
| 측정식 | 질병, 질환 예방 관련 지원 활동 비용 = 관련 비용 총액 적용 |
| 데이터 출처 | 프로그램의 총 투입 비용 예시<br>− 질병 질환 예방을 위한 지원: 건강검진, 독감예방접종 등<br>− 건강 증진을 위한 활동 지원: 심신수련, 사내 피트니스, 상담실, 수면실, 리프레쉬룸, 금연처방 등)<br>− 질병, 질환, 사고에 대한 산재보험금 이외의 추가적인 지원<br>− 단체 상해보험 납입액 |

---

[67] 2019년 측정체계 개정 시 본 측정산식은 삭제되었음.

| 지표명 | LB4.2 산업재해발생으로 인한 구성원 안전 사고 피해 |
|---|---|
| 정의 | 기업은 안전한 노동환경을 제공할 필요가 있으며, 산업재해로 인한 구성원의 건강 악화는 구성원의 삶의 질을 악화시키므로 산업재해율을 낮추기 위한 기업의 꾸준한 노력이 필요함 |
| 측정식 | 산업재해 보험금 수령액 = 관련 비용 총액 적용 |
| 데이터 출처 | 산업재해 보험금<br>- 산업재해로 인해 측정년도에 근로자가 수령한 총 보험금<br>- 기타 발생 시점과 무관하게 측정년도에 수령한 보험금 전액 |

### 1.3.3. 동반성장

동반성장 성과는 크게 1) 계약이행 공정성, 불공정 거래 방지 등의 공정거래 성과, 2) 상생협력지원, 동반성장활동 등 중소기업에 대한 상생 성과, 3)사회, 환경 성과가 우수한 중소기업 또는 사회적 기업과의 거래 등 사회적 가치 구매 성과로 구분할 수 있다. 크게 보면 저개발국이나 빈곤 지역에서 발생하는 외부가치사슬 성과도 동반성장 성과에 포함된다.

#### CP1 공정거래

| 지표명 | CP1.1 대금 지급 일수 단축을 통한 계약 공정 이행 성과 |
|---|---|
| 정의 | 원사업자(이하 '대기업')와 수급사업자(이하 '협력사')의 거래관계에서 대금 지급 일수 지연은 협력사의 현금 유동성 및 재무 건전성을 악화시키므로 대기업의 계약 대금 지급 일정을 앞당김으로써 협력사의 경영 안정에 기여함 |
| 측정식 | 지급 일수 단축을 통한 협력사의 편익(자금 대출 이자 감소) = 하도급대금 지급 연 총액 × (법정 기준 지급 기한 일수 − 평균 지급 일수)/365일 × 시중 은행 평균 금리<br>※ 규정상 지급 일수를 단축하지 않아 대출 이자가 발생하는 기간은 연중 최대 60일로 간주하여 365일 대비 단축일수를 적용 |
| 데이터 출처 | • 하도급법 기준 지급 기한 일수: 목적물 등의 수령일로부터 60일 이내 (공정거래위원회, 하도급법)<br>• 시중 평균 금리: 시중 은행 중소기업 대상 평균 대출 금리 (한국은행, 예금은행 가중평균금리, 중소기업 대출금리, 신규 취급액 기준) |

| 지표명 | CP1.2 불공정거래에 의한 협력사 피해 |
|---|---|
| 정의 | 대기업이 상품 및 용역의 가격·수량·품질, 기타의 거래조건을 결정·유지 또는 변경하는 등의 거래관계에 있어서 시장지배적 지위남용 행위가 발생하는 경우 시장 건전성을 저해하는 등의 부작용이 발생할 가능성이 있어 주의하여야 함 |
| 측정식 | • (1순위) 불공정거래로 인한 협력사의 피해비용<br>• (2순위) 1순위 측정이 어려운 경우, 불공정거래로 발생한 공정거래위원회 처분 비용(과징금, 과태료, 벌금 등) |
| 데이터 출처 | 적용 대상의 범위는 협력사(Biz 파트너)부터 중소기업, 모든 개인 및 사업체까지 각 유형(프로그램)이 지정한 대상을 모두 포함하나 자회사는 제외함 |

### CP2 상생협력

| 지표명 | CP2.1 금융 지원을 통한 동반성장 및 상생협력 기여 성과 |
|---|---|
| 정의 | 대기업의 경제력 집중 현상 및 불균형을 해소하기 위해 상생의 토대를 마련하는 것이 상생 발전의 기본이며, 기업은 협력사를 대상으로 금융자금(생산 및 운영자금) 지원을 통해 이익 편중 현상을 경계함으로써 협력사의 자생력 강화 및 동반성장에 기여하여야 함 |
| 측정식 | 금융 자금 지원을 통한 협력사의 편익(협력사 지원 금융자금 내역): 기여 시 전액, 무상·저리 대여 시 시중 평균 대출금리 대비 편익<br>① (무상 기여 시) = 기여 금액 전액<br>② (무상 저리 대여 시) = 대여 금액 × (시중은행 평균 금리 − 제공 금리)<br>※ 제공 금리는 각 유형(프로그램)별 이자율을 확인하여 적용 |
| 데이터 출처 | • 시중은행 평균금리: 한국은행, 예금은행 가중평균금리 * 신규 취급액 기준<br>• 중소기업 대출금리: 전국은행연합회, 신용한도대출(마이너스대출)금리 * 신규 취급액 기준<br>※ 네트워크론은 신용등급이 낮아 대출이 어려운 협력사 및 중소기업을 대상으로 대출을 지원하는 마이너스 대출 성격의 프로그램으로 시중 은행 금리 중 마이너스 대출 평균 금리를 적용 |

| 지표명 | CP2.2 기술 지원 및 보호를 통한 동반성장 및 상생협력 기여 성과 |
|---|---|
| 정의 | 대기업의 경제력 집중 현상 및 불균형을 해소하기 위해 상생 토대를 마련하는 것이 상생 발전의 기본이므로 기술 지원 및 보호를 통해 대기업의 자원과 이익을 다양한 형태로 나눔으로써 협력사의 기술개발 역량을 강화하고 성장을 지원하는 데에 기여해야 함 |
| 측정식 | 기술 지원 및 보호를 통한 협력사의 편익(기술 지원 및 보호를 위한 투입)<br>① 현금 무상 기여 시 = 지원 금액(투입 금액) 전액<br>② 현물 무상 기여 시 = 시장 추정 가격<br>③ 현금 무상·저리 대여 시 = 대여 금액 × (시중은행 평균 금리 − 제공 금리)<br>④ 현물 무상·저리 대여 시 = 시장 추정 대여 가격<br>⑥ 기술개발 지원 제품의 구매연계금액 × 해당 업종 부가가치율(협력사)<br>※ 제공 금리는 각 유형(프로그램)별 이자율을 확인하여 적용 |
| 데이터 출처 | • 적용 대상의 범위는 협력사(Biz 파트너)부터 중소기업, 모든 개인 및 사업체까지 각 유형(프로그램)이 지정한 대상을 모두 포함하나 자회사는 제외함<br>• 시중은행 평균금리: 한국은행, 예금은행 가중평균금리 * 신규 취급액 기준<br>• 부가가치율: 통계청(해당 협력사 업종의 부가가치율 적용) |

| 지표명 | CP2.3 인력 채용 지원을 통한 동반성장 및 상생협력 기여 성과 |
|---|---|
| 정의 | 우수 인력의 대기업 집중으로 인한 중소기업과의 인력 채용 불균형을 해소하기 위해 대기업의 훈련된 인력을 협력사에 파견하거나 채용 박람회 참여를 지원하는 등의 노력이 필요함 |
| 측정식 | (대리지표 측정식) 인력 채용 지원 비용 = 투입 비용 또는 시장 추정 가격 |
| 데이터 출처 | 인력 채용 지원 유형: 공정거래위원회, 대중소기업간 공정거래 협약 이행평가 등에 관한 기준 시행령 |

| 지표명 | CP2.4 경영 관련 지원을 통한 동반성장 및 상생협력 기여 성과 |
|---|---|
| 정의 | 협력사의 경우 인력 및 인프라 부족 등 기업 규모의 한계에 따라 운영에 어려움을 겪을 수 있으므로 원사업자의 경영관을 공유하는 동시에 경영 면에서 다양한 지원을 제공해 협력사와의 동반성장을 도모함 |
| 측정식 | 경영 관련 지원 비용 = 투입 비용 또는 시장 추정 가격 |
| 데이터 출처 | 경영 지원 유형: 동반성장위원회 − 동반성장 우수사례 |

## CP3 사회공헌구매

| 지표명 | CP3.1 빈곤지역 공정거래를 통한 취약생산자 소득 증진 기여 성과 |
|---|---|
| 정의 | 국제사회는 기업 활동이 글로벌 공급 생태계에 미치는 사회적, 경제적 파장을 고려하여 책임 있는 거래를 요구하므로 기업은 공정 거래 및 공급망 관리를 위해 노력하고 시장의 선순환을 위해 노력하여야 함 |
| 측정식 | 빈곤지역과의 거래 = 빈곤지역과의 공정 거래 금액 × 해당 업종 부가가치율 |
| 데이터 출처 | 빈곤지역(국가)의 기준: GNI기준 중하위권 및 하위권 국가(World Bank, Gross national income per capita) |

| 지표명 | CP3.2 사회공헌구매를 통한 취약생산자 조직 소득 증진 기여 성과 |
|---|---|
| 정의 | 사회적 기업, 장애인 기업 등은 사회 문제 해결 및 사회 가치 창출을 위한 과업을 영위하지만 현실적으로 경제적 자립이 어렵고 지속가능성이 떨어지므로 우선구매제도 등 기업의 사회공헌 구매를 통한 자립지원이 필요함 |
| 측정식 | 사회공헌구매를 통한 부가가치 창출액 = 사회공헌구매 총 거래액 × 해당 업종 부가가치율 |
| 데이터 출처 | • 사회적 기업, 장애인 기업 등 거래 내역<br>• 사회적 기업 우선구매 플랫폼 거래 내역<br>• 부가가치율: 통계청 업종별 부가가치율 |

## CP4 글로벌 사회 책임구매

| 지표명 | CP4.1 글로벌 사회 책임구매 준수 |
|---|---|
| 정의 | 국제사회에서 분쟁광물, 전략물자, Dumping 거래 등 공정거래 질서를 위협하는 거래는 글로벌 공급 사슬 생태계를 저해하므로 기업은 글로벌 시장의 국제 법령 및 규제 준수와 함께 공정 거래 질서 확립을 위한 국제적 책임이 요구됨 |
| 측정식 | • (1순위) 글로벌 사회책임구매 위반으로 인한 사회적 피해 비용<br>• (2순위) 글로벌 사회 책임구매에 위배되는 거래 비용 = 거래 비용 전액 (수입규제 항목 위반 거래 내역 등 확인) |
| 데이터 출처 | 위반거래 관련 제재 등 |

| 지표명 | CP4.2 글로벌 공급사슬 건전성 강화 기여 성과 |
|---|---|
| 정의 | 기업에게는 글로벌 시장의 국제 법령 및 규제를 준수하고, 공정거래 질서를 확립할 국제적 책임이 있음 |
| 측정식 | 글로벌 공급사슬 건전성 강화 활동 = 관련 제도 및 시스템 도입 및 운영을 위한 투입 비용 |
| 데이터 출처 | 관련 시스템 개발 및 유지를 위한 프로젝트 비용 |

### CP5 협력사 안전·보건 관리

| 지표명 | CP5.1 협력사 안전·보건 관리를 통한 안전한 노동여건 제공 |
|---|---|
| 정의 | 기업은 근로자의 안전보건 관리뿐만 아니라 협력사의 안전보건 관리를 지원하여 협력사 근로자의 안전한 근로환경 구축에 기여해야 함 |
| 측정식 | 협력사 안전보건 관리 지원 비용 = 관련 비용 총액 적용 |
| 데이터 출처 | • 공정경쟁연합회 공정거래 자율준수포털, 공정거래자율준수 프로그램(Compliance Program, CP)<br>• 동반성장위원회, 동반성장지수: 중소기업 체감도 조사와 공정위의 대기업 이행실적 평가를 합산하여 산정 공표하는 지수 |

| 지표명 | CP5.2 산업재해발생으로 인한 협력사의 물적/인적 피해 발생 |
|---|---|
| 정의 | 원청업체는 자사 협력사의 기업활동에서 물적/인적 피해가 발생하지 않도록 노력을 다하여야 할 책임이 있음 |
| 측정식 | • 물적피해: 관련 피해 비용 전액<br>• 인적피해: 협력사 근로자의 산업재해 보험금 수령액<br>※ 원청업체의 위탁/발주 업무로 인해 발생한 피해 비용 |
| 데이터 출처 | • 물적피해: 설비, 시설 등의 회계상 자산 측정액 혹은 관련 손해보험금 내역<br>• 인적피해: 산업재해 보험금 수령 내역 |

### 1.3.4. 사회공헌 사회성과

기업은 소재하거나 경영활동을 수행하는 지역에서 주요 영업활동 외 기타 활동을 통해 그 지역사회의 발전에 이바지할 수 있는 반면에, 지역의 안전이나 보건에 큰 영향을 끼칠 수 있다. 사회공헌 사회성과 기업의 사회공헌활동, 안전관련 지역사회 보호와 피해 및 조세 납부를 통한 지역재정 기여를 측정한다.

| 지표명 | CSR1. 사회공헌 활동 성과 |
|---|---|
| 정의 | 이윤 창출을 위한 기업의 본업 활동과 별개로 수행하는 자선적 활동 |
| 측정식 | • 수혜자가 얻는 사회적 편익의 시장가격 추정(제품·서비스를 통한 삶의 질 개선 성과와 동일함)<br>• 편익의 측정이 어려울 경우, 사회공헌 프로그램에 대한 기업의 투입비용 측정 |
| 데이터 출처 | 해당 사회공헌 사업의 기획서, 결과보고서에 기술된 투입비용 등 |

| 지표명 | CSR2. 구성원의 자원봉사 성과 |
|---|---|
| 정의 | 지역사회, 복지시설 등 사회 전반의 필요를 바탕으로 대가 없이 자발적인 시간과 노력을 제공하여 사회문제를 개선시키는 활동 |
| 측정식 | 자원봉사 시간에 대한 성과 = 분류별 총 자원봉사 시간 × 분류별 시급 |
| 데이터 출처 | 부서별 자원봉사 공적서의 봉사활동 설명 및 종류별 시간 |

| 지표명 | CSR3. 금전, 현물 기부 성과 |
|---|---|
| 정의 | 취약계층, 비영리단체, 공공기관 등 사회적 필요성이 인정되는 대상에 현금, 현물을 기부하여 사회문제 해결에 기여하는 활동 |
| 측정식 | 기부금액 = 법적으로 인정되는 당해 연도 기부금액 총액 |
| 데이터 출처 | 측정대상 관계사의 당해 연도 기부금액 총액 |

기업의 모든 활동은 지역사회의 안전, 보건에 위해를 끼쳐서는 안된다. 기업활동이 영향을 미치는 지역사회에 안전, 보건과 관련한 위해를 끼친 영향을 비용으로 측정한다.

| 지표명 | CS1. 지역사회 안전, 보건 위해 사건으로 인한 사회적 비용[68] |
|---|---|
| 정의 | 기업의 모든 활동은 지역사회의 안전, 보건을 해치지 않아야 할 의무가 있음 |
| 측정식 | • (1순위) 기업 활동 중 발생한 지역사회 위해의 실질적 피해비용<br>• (2순위) 기업 활동 중 발생한 지역사회 위해에 대한 손해배상 총액<br>   (※손해배상액을 산정하기 어려울 경우, 벌금액으로 측정) |
| 데이터 출처 | 측정방식에 따라 적절한 근거 제시 |

### FI1. 지방세 납부를 통한 안정적인 지자체 재정 확보 지원 성과[69]

기업이 납부한 지방세는 지방자치단체 재원의 상당 부분을 차지하며, 지방자치단체는 이를 기반으로 지역주민을 위한 다양한 공공사업을 수행한다. 기업이 지방세 납부를 통해 지방자치단체의 안정적인 재정 기반 마련에 기여한 성과를 측정한다.

| 지표명 | FI1. 지방세 납부를 통한 안정적인 지자체 재정 확보 지원 성과 |
|---|---|
| 정의 | 기업시민으로서 기업이 위치한 지방자치단체에 대한 재정 기여를 기업의 사회적 책임으로 인식할 수 있음 |
| 측정식 | 재정자립도 전국 평균 미만 지역인 시/군, 구에 납부한 지방법인세전액 |
| 데이터 출처 | 지방세 납입 내역 |

## 1.4. 환경(E)

기업은 경영활동을 통해 직간접적으로 생태계에 영향을 미친다. 환경성과 영역에서는 기업이 지구환경에 미치는 긍정적 영향과 부정적 영향을 측정한다. 환경성과는 제품·서비스 및 가치사슬 전체 영역에 걸쳐 발생하는데 SK DBL에서는 1) 고갈될 수 있는 자원을 보호대상으로 보는 자원소비 관련 성과와 2) 인간 및 생태계의 피해를 유발하는 환경오염 관련 성과로

---

68  2019년 측정체계 개정 시 본 지표는 측정하지 않았으며, 별도의 추가연구를 진행 중이다.
69  2019년 측정체계 개정 시 본 지표는 측정하지 않았으며, 별도의 추가연구를 진행 중이다.

나눈다. 환경성과는 상시적인 생산과정과 사고로 인하여 일시적이지만 중대한 환경적 피해가 발생한 경우를 구분하고, 실제 발생한 산출량 데이터를 활용하여 측정한다.

환경 영역의 경우 측정방법, 환경영향, 측정범주에 따라 측정지표가 각각 다르므로, 이러한 개념을 먼저 설명하고 상세 지표를 소개하도록 한다.

### 1.4.1. 측정방식

환경성과는 1) 기준점(Baseline)을 설정하고, 2) 기준점 대비 발생한 환경영향을 화폐가치로 '환산'하는 방식으로 산정한다. 이때 환경영향의 측정단위에 따라 측정방식이 달라질 수 있는데 크게 총량법과 원단위법으로 구분할 수 있다.

#### (1) 총량법

총량법이란 측정년도에 발생한 환경영향(자원소비, 환경오염)의 총량을 그대로 산출하는 방식이다. 기업활동이 환경에 미치는 영향을 절대적인 수치로 산출한다. 총량법은 기업활동의 환경부하를 원시상태인 '0'에 가깝게 줄이는 것을 지향한다는 점에서 의의가 있다.

#### (2) 원단위법[70]

총량법을 적용할 경우, 생산량 증가에 따라 환경영향도 불가피하게 비례하여 증가한다. 따라서 총량법은 기업이 환경영향을 개선하기 위한 노력의 성과가 파악되지 않는 한계가 있다. 이러한 한계를 보완하기 위해서 사용기능 또는 생산의 1단위당 환경영향을 측정하는 방식을 사용할 수 있다. 이를 원단위법이라고 한다. 원단위 방식은 기업 환경성과 개선을 위해 기업의 생산활동을 위축시키지 않으며, 제품서비스/프로세스/가치사슬 영역에 동일한 원칙을 일관성 있게 적용할 수 있다는 이점이 있다.

SK DBL에서는 환경성과 측정 시 총량법과 원단위법을 병행하여 측정, 관리하는 것을 기본 원칙으로 한다. 총량법의 경우 사용된 자원 및 배출된 오염물질의 총량에 화폐환산을 위한 기준값을 적용하면 되므로 이후 지표측정식은 원단위법 측정방식을 중심으로 설명한다.

---

70  원단위(=발생한 환경영향/생산(or 판매)량): 환경영향을 생산(or 판매) 단위로 표현한 것으로 생산 한 단위당 환경영향을 의미함. 각 산업의 창출 가치에 따라 원단위를 산출하는 생산량은 중량(kg), 부피($m^3$), 면적($m^2$) 등으로 표현될 수 있다.

## 1.4.2. 환경 영향[71]

### (1) 자원성과

자원성과는 유한자원의 소비를 줄임으로써 자원의 고갈을 줄인 성과를 의미한다. 본 성과는 개별 자원의 소비를 줄인 양에 해당 자원에 대한 환경가치를 곱하여 산출한다. 유한자원은 원재료, 에너지 그리고 용수를 지칭한다.

개별 자원에 대한 환경가치(고갈에 대한 환경비용)는 지속가능성 측면에서 해당 자원에 대한 미래의 기회비용을 의미한다. 하지만 해당 자원의 미래적 가치에 대하여 객관화된 값을 파악하기 어렵고, 무수한 자원의 개별 가치를 추정하기도 어렵다. 따라서 환경가치의 대리지표로서 해당 자원의 현재 시장가격을 사용한다.

### (2) 오염성과

환경오염은 지구온난화를 유발하는 온실가스의 배출, 대기오염(NOx, SOx, PM 등), 수질오염(COD, 중금속 등) 등 오염물질의 배출, 또는 소음, 악취 등으로 유발되는 자연계 영향을 의미한다. 오염성과는 대기, 수질, 토양 등에 영향을 미치는 환경오염물질의 배출을 줄임으로써 환경적 측면에서의 지속가능성을 높인 성과이다. 본 성과는 오염물질별로 감소된 배출량에 오염물질로 인한 환경비용을 적용하여 산출한다.

각 오염물질에 대한 환경비용은 해당 오염물질이 실제 야기한 환경영향으로 발생한 피해비용을 기초로 산정해야 한다. 그러나 모든 오염물질에 대하여 각각의 피해비용을 산정하는 것은 현실적으로 어렵다. 따라서 SK DBL에서는 예방비용 성격의 Eco-cost를 오염물질의 환경비용으로 활용한다. 해당 환경비용은 오염물질(온실가스, 대기/수질오염물질 등)별로 나뉜다.

### (3) 사건, 사고로 인한 중대한 환경피해[72]

중대한 환경피해는 제품불량, 공정 및 사업운영 중 사고 등 부주의로 인해 환경에 중대한 피해를 끼친 경우 발생하는 환경비용이며, 실제 발생했거나 발생한 것으로 추정되는 피해비용을

---

71 2019년 측정체계 개정에 따라 현재는 자원성과, 오염성과 외에 환경재생성과(예: SK 임업의 산림조성)까지 측정한다.
72 2019년 측정체계 개정에 따라 현재는 측정하고 있지 않음.

측정한다. 해당 피해는 사건, 사고에 의해 일시적으로 발생하며 위에서 언급한 자원측면, 오염측면에서 모두 영향을 미칠 수 있다. 해당 지표는 타 지표와 중복되지 않도록 측정한다.

### 1.4.3. 측정범주(성과발생위치)

환경성과는 성과의 평가대상에 따라 제품·서비스, 프로세스, 가치사슬, 커뮤니티 성과로 구분된다.

### (1) 제품·서비스 환경성과

제품·서비스 성과는 기업이 생산한 제품이나 서비스를 소비자가 이용(ex. 저전력 전자제품) 또는 폐기하는 과정(ex. 바이오 플라스틱 등)에서 발생한다.

| 측정식 | ∑ {(기준점 제품·서비스(군) 기능단위 자원 소비량 or 오염물질 발생량 − 측정제품·서비스(군) 기능단위 자원 소비량 or 오염물질 발생량) × 측정년도 판매량(또는 판매가능량)} × 환경영향 단위비용 × 기여도 |
|---|---|
| 참고 | • 성과지속 발생 기간: 제품 사용기한(또는 내구연한)<br>• 기준점(Baseline) 제품: 시장에서 일반화된(기존) 제품·서비스(군), 동일 기능에서의 환경영향 차이를 비교할 제품·서비스(군) |

### (2) 프로세스 환경성과

프로세스 성과는 제품생산 공정이나 서비스 제공을 위한 조직의 운영 과정 등 기업 내부에서 발생한 개선 또는 대체성과를 의미한다. 개선성과는 기존 프로세스의 일부 개보수 또는 최적화를 통해 이전 상태와 대비해 개선한 환경효율을 의미한다(ex. 불량제품 검수 강화를 통한 자원 사용과 폐기물 배출 개선). 대체성과는 친환경 솔루션을 도입하거나 프로세스의 전면적인 변화를 통해 시장의 상황/기준 대비 환경효율을 높인 성과를 의미한다(ex. 신재생발전). 대체성과로 측정되기 위해서는 전 프로세스에 걸쳐 친환경 측면의 우수성이 입증되어야 한다.

| | |
|---|---|
| 개선성과 측정식 | (기준점 원단위 – 측정년도 원단위) × 측정년도 생산량 × 환경영향 단위비용) = (측정년도 직전 3년간 평균 원단위[73] – 측정년도 원단위) × 측정년도 생산량 × 환경영향 단위비용 |
| 대체성과 측정식[74] | (기준점 원단위 – 측정대상 원단위) × 측정년도 생산량 × 환경영향 단위비용 = (기준점(Baseline) 프로세스 원단위 – 도입 솔루션(프로세스)의 원단위) × 측정년도 생산량 × 환경영향 단위비용 |

표 2-1 기준점(Baseline) 프로세스 설정 시 적용 우선순위

| 기준점(Baseline) 프로세스 설정방법 | 효율성(원단위)값 산출방식 |
|---|---|
| • 1순위: 동일 제품군, 산업에서 시장점유율이 가장 높은 솔루션(프로세스)<br>• 2순위: 대표성이 있는 특정 기업의 솔루션 | • 1순위: 각 솔루션의 이론적/기술적 수치<br>• 2순위: 측정 시점의 시장 평균값(통계)<br>• 3순위: 도입시점의 실측값(시운전값 등) |

### (3) 가치사슬 환경성과

가치사슬 환경성과[75]는 해당 기업의 가치사슬 혁신 또는 가치사슬상에 있는 타 기업에서 발생하는 성과로, 해당 기업의 기여도가 명확한 경우, 측정한다. 가치사슬 환경성과는 다음과 같이 유형화할 수 있다.

#### 유형1. 가치사슬(VC: Value Chain)혁신형

해당 기업 운영범위 내에서 가치사슬 혁신이 일어난 경우이다. 기업의 운영범위 내에서 발생하므로 프로세스 성과의 성격을 일부 가지고 있지만, 해당 성과는 가치사슬에서 야기되므로 가치사슬성과로 분류한다.

#### 유형2. 업스트림형(Upstream)

해당 기업을 기준으로 업스트림(공급사)에서 발생하는 성과이다. 해당기업이 친환경 공정제품을 공급받거나 유통하는 경우가 대표적인 사례이다. 단, 업스트림형 VC성과는 공급사가 '저

---

73  2019년 측정체계 개정에 따라 현재는 직전 연도 원단위를 기준으로 한다.
74  2019년 측정체계 개정에 따라 현재는 측정하고 있지 않음.
75  현재 가치사슬 환경성과 지표는 연구개발 중에 있으며, 아직 측정하지 않고 있다.

'탄소발자국' 등 친환경인증을 획득한 경우와 같이 그 제품이나 생산과정에 대한 친환경성을 명백히 증명할 수 있을 경우에 한정하여 측정한다.

### 유형3. 다운스트림형(Downstream)

해당 기업을 기준으로 다운스트림(발주사, 고객사)에서 발생하는 성과로, 해당 기업이 프로젝트 및 맞춤형 제품으로 특정된 고객사(다운스트림 기업)에게 납품하는 경우에 대하여 적용한다.

### 유형4. 폐기물 재활용형

해당 기업의 폐기물을 재활용하는 업체의 재활용 프로세스에서 발생하는 성과이다. 폐기물 재활용형 VC성과는 해당 기업의 기여로 성과가 발생한 것이라 간주하므로, 폐기물을 발생시킨 기업의 특수한 노력이나 기술로 인하여 해당 폐기물이 순환 자원화되었을 경우에 한하여 측정한다.

### 유형5. 공동기여형(Joint Venture)

해당 기업이 간접투자를 통해 다른 주체의 환경성과 창출에 기여한 성과이다. 공동으로 개발한 기술에서 성과가 발생하는 경우에 이 성과로 분류된다.

가치사슬 성과 중 타 주체와의 협력을 통해 만들어지는 간접 성과는 기여도 결정이 필요하며, 이를 위해 부가가치, 투입비용 등의 경제적 가치를 활용한 산정 방식을 고려할 수 있다. 하지만 경제적 가치를 통한 결정에 앞서 성과 발생에 대한 기여자 간 직접 기여도 결정이 가능하다면 이를 우선하여 적용한다.

### (4) 커뮤니티 환경성과

커뮤니티 환경성과[76]는 영업활동 외의 환경과 관련한 사회적 책임 공헌활동(ex. 녹지공원 기부)을 통한 환경개선 성과, 또는 사업장에서 발생한 사건이나 사고로 인해 지역사회에 미친 환경오염 피해를 의미한다.

---

[76] 현재 커뮤니티 환경성과는 최신 측정체계 기준 '사회공헌 사회성과'에서 측정하고 있다.

### 1.4.4. 환경성과의 지표구성

앞서 살펴본 환경성과의 환경영향 유형과 측정범주를 반영한 지표는 다음과 같이 구성된다.

표 2-2 2018년 SK DBL 환경성과 지표구성

| 범주 | Code | 지표명 |
|---|---|---|
| 제품·서비스 | EN1.1 | 제품 및 서비스의 소비자원 감소 성과 |
| | EN1.2 | 제품 및 서비스의 오염물질 배출감소 성과 |
| | EN1.3 | 제품 및 서비스로 인한 중대한 환경적 피해(불균형) 발생 |
| 프로세스 | EN2.1 | 프로세스 중 소비자원 감소 성과 |
| | EN2.2 | 프로세스 중 오염물질 배출감소 성과 |
| | EN2.3 | 프로세스 중 중대한 환경적 피해(불균형) 발생 |
| 가치사슬 | EN3.1 | 가치사슬상의 소비자원 감소 성과 |
| | EN3.2 | 가치사슬상의 오염물질 배출감소 성과 |
| | EN3.3 | 가치사슬상의 중대한 환경적 피해(불균형) 발생 |
| 커뮤니티 | EN4.1 | 커뮤니티의 소비자원 감소 성과 |
| | EN4.2 | 커뮤니티의 오염물질 배출감소 성과 |
| | EN4.3 | 커뮤니티의 중대한 환경적 피해(불균형) 발생 |

## 2. 중국기업의 사회적 가치 지표체계

앞에서 서술한 바와 같이 기존 기업의 사회적 책임 및 사회적 가치 지표체계는 투입지표와 산출지표로 세분되지 않았다. 그래서 공시 지침으로만 이용되었으며 기업의 사회적 가치 측정에는 사용할 수 없었다. 기업의 사회적 책임 의식 향상에 도움이 되는 사회적 가치 측정이 진행되어야, 기업이 스스로 사회적 책임을 이행하고 사회적 가치를 창출할 수 있도록 유도할 수 있다. 그러므로 본 절은 이해관계자 이론을 바탕으로 ESG 지표체계 구조를 총 7개의 2단계 지표, 17개의 3단계 지표로 구성하고 이를 바탕으로 투입, 산출 지표로 세분하여 기업의 사회적 가치 전반을 객관적으로 측정해 볼 것이다.

### 2.1. 중국기업의 사회적 가치 지표체계 구축 구상

#### 2.1.1. 중국기업의 사회적 가치 지표체계의 이론적 기초

중국기업의 사회적 가치 지표체계는 Triple Bottom Line, 즉 경제적 가치, 사회적 가치, 환경적 가치의 개념 위에 구축되었다. 그래서 사회적 가치 지표체계를 검토할 때, 위 세 가지 측면에서 살펴볼 필요가 있다. 기업은 경제의 주체이며, 경제적 가치를 추구하는 것은 기업의 가장 근본적인 목표이다. 사회측면에서 기업은 사회적 책임을 통해 폭넓은 집단을 위해 가치를 창출하고 공동 발전을 실현할 수 있다. 환경은 전인류의 지속가능발전에 영향을 주는 요소로서 그 영향은 더 광범위하다고 볼 수 있다. 구체적으로 경제적 측면은 기업의 내부 효과로서 기업의 내부에서 원동력을 향상시키는 역할을 한다. 또한 기업은 경영 과정에서 외부적 주체들과 끊임없이 상호작용하고 연계를 맺게 된다. 소재지의 지역사회, 정부, 고객 등이 그 예로 이들은 기업의 발전에 영향을 주는 중요한 요소이다. 마지막으로 환경은 기업의 외부의 거시적환경에 영향을 주는 중요한 요인으로, 기업의 지속가능발전에 광범위한 영향을 미친다. 연구팀은 이러한 이해에 따라 안에서 밖으로, 영향력의 범위를 확장하여 중국 기업의 사회적 가치 지표체계의 1단계 지표를 구축하고 거버넌스, 사회, 환경 3개 영역에서 기업이 창출하는 사회적 가치를 구현하였다(그림 2-1).

그림 2-1 중국기업의 사회적 가치 지표체계 이론 설명도

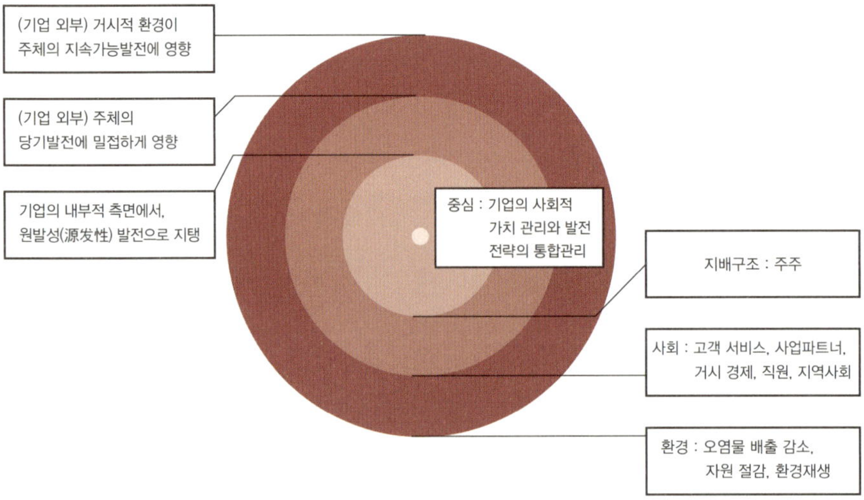

- (기업 외부) 거시적 환경이 주체의 지속가능발전에 영향
- (기업 외부) 주체의 당기발전에 밀접하게 영향
- 기업의 내부적 측면에서, 원발성(源发性) 발전으로 지탱
- 중심 : 기업의 사회적 가치 관리와 발전 전략의 통합관리
- 지배구조 : 주주
- 사회 : 고객 서비스, 사업파트너, 거시 경제, 직원, 지역사회
- 환경 : 오염물 배출 감소, 자원 절감, 환경재생

　　2단계 지표를 구축하는 과정에서 이해관계자 이론을 기반으로 하였다. 이해관계자 이론은 국제적으로 인정받는 기업의 사회적 책임, 사회적 가치 이론의 기초이다. 연구팀은 기업이 사회적 가치를 창출하는 출발점은 경제 가치를 추구하는 동시에 기업의 비전을 실현하고 기업의 발전 성과를 나누며 지역사회의 발전을 이끌어 사회 구성원들의 아름다운 삶을 실현하는 것이라고 생각했다. 그러므로 사회적 가치 창출은 관련 이해관계자권익의 변화를 통해 측정되어야 한다. 이러한 인식을 바탕으로, 중국 실정에 비추어 주주, 고객 서비스, 사업파트너, 거시 경제, 직원, 지역사회, 환경 7개 이해관계자를 2단계 지표(그림 2-1)로 선정하였다. 거버넌스영역의 이해관계자 주주를 위한 사회적 가치는 주로 기업의 내부 사회적 가치 시스템 구축을 통해 반영한다. 사회영역에는 고객 서비스, 사업파트너, 거시 경제, 직원, 지역사회 등 기업과 긴밀한 관계가 있는 이해관계자를 포함하고, 기업이 속해 있는 환경에 사회적 가치를 기여하는 정도를 반영한다. 환경영역에서는 기업이 지구 생태에 대한 기여를 나타내며 장기적인 지속가능발전 가치를 반영한다. 거버넌스, 사회, 환경 이 세 가지 측면은 기업 내부와 외부에서 기업의 사회적 가치의 점진 관계를 반영한다.

　　마지막으로 연구팀은 2단계 지표의 기초 위에 세분화 지표를 설정하였다. 대표적인 영향을 선택하고 정량화와 실행가능성에 입각하여 3단계 지표를 설정하였다. 각각 주주 관련 3단계 지

표 (중대한 정보 공시, 리스크 관리, 법제 준수관리), 고객 서비스 관련 3단계 지표(고객 서비스 품질), 사업파트너 관련 3단계 지표(공정한 시장환경, 상생 협력, 공개 입찰 구매), 거시 경제 관련 3단계 지표(역주기 조정), 직원 관련 3단계 지표(고용 다양성, 근로생활의 질, 안전·건강·복지), 지역사회 관련 3단계 지표(지역사회 투입, 소비 빈곤구제, 산업 빈곤구제, 취업교육 빈곤구제), 환경보호 및 개발 관련 3단계 지표(오염물 배출량 감소, 자원 절감 및 환경 재생)가 그것으로, 기업의 사회적 가치의 다양한 차원을 광범위하게 포괄하였다. 3단계 지표 구성 과정에 기업의 사회적 책임 및 사회적 가치의 관계와 관련해 중국 측 연구팀은 한국 측과 긴밀한 의사소통을 유지하여 기업의 사회적 책임 및 기업의 사회적 가치에 대한 공통된 이해를 얻었으며, 사회적 가치와 경제적 가치를 결합시켜 국유기업의 사회적 가치를 충분히 보여주었다.

표 2-3 중국기업의 사회적 가치 지표체계 개요

| 1단계 지표 | 2단계 지표 | 3단계 지표 |
|---|---|---|
| 거버넌스 | 주주 | 중대한 정보 공시 |
| | | 리스크 관리 · 법제 준수관리 |
| 사회 | 고객 서비스 | 고객 서비스 품질 |
| | 사업파트너 | 공정한 시장환경 |
| | | 상생협력 |
| | | 공개 입찰 구매 |
| | 거시경제 | 역주기 조정 |
| | 직원 | 고용 다양성 |
| | | 근로생활의 질 |
| | | 안전 · 건강 · 복지 |
| | 지역사회 | 지역사회 투입 |
| | | 소비 빈곤구제 |
| | | 산업 빈곤구제 |
| | | 취업교육 빈곤구제 |
| 환경 | 환경보호 및 개발 | 오염물 배출 감소 |
| | | 자원 절감 |
| | | 환경 재생 |

3단계 지표 등급의 구축은 곧 중국 기업의 사회적 가치 지표체계의 토대가 되었다. 연구팀은 지표체계를 구축한 데 이어 지표체계의 측정 효과를 향상하고 지표체계의 기능을 강화하기 위해 투입-산출 이념을 도입하여, 3단계 지표를 투입과 산출 측면에서 구체적으로 해석하고 계량화가 가능한 지표 측정식을 제시함으로써 기업의 사회적 가치를 보다 전면적으로 반영하는 투입-산출의 전체적 측정체계를 형성했다. 이러한 구축 방식은 기업의 사회적 가치 '원가-효익'의 변화를 더욱 잘 반영할 수 있고 기업의 전략적 의사결정에 유리하며 사회적 가치 창출 능력을 향상시킨다.

### 2.1.2. 중국기업의 사회적 가치 지표체계의 기능

기업의 사회적 책임, 사회적 가치에 대해 국내외에서 많은 연구와 탐구가 이루어졌으며 국제적인 지표체계로 ISO26000, SA8000, CASS-CSR4.0, DBL 등이 이미 존재한다. 연구팀은 기존의 지표체계에 대해 연구하고 기존의 지표체계의 문제점을 해결할 수 있는 평가기틀을 구축하기로 했다(그림 2-2).

첫째, 기업을 위해 직관적인 평가도구를 마련했다. 연구팀은 중국 기업의 사회적 가치 지표체계는 그 평가 주체가 기업이므로 반드시 기업의 실제 상황에 부합해야 한다고 보았다. 구체적인 지표는 직관적이고 측정이 가능하며, 기업이 편리하게 분석할 수 있고 기업이 가장 주목하는 원가-효익에 대해서도 분명하게 설명할 수 있어야 한다고 생각했다. 그리하여 연구팀은 기업 사회적 가치의 투입-산출에서 시작하여 정량화, 화폐화의 방식으로 지표체계를 구축했다. 구체적인 지표를 선택하는 과정에 기업과 밀접한 의사소통을 유지하여 여러 차례 기업의 의견을 청취하고 산식과 계산방법을 조절함으로써 평가체계의 과학성과 실행 가능성을 보장한 동시에 되도록 기업이 확보 가능한 데이터를 선택하였다.

그림 2-2 중국기업의 사회적 가치 지표체계 기능 설명도

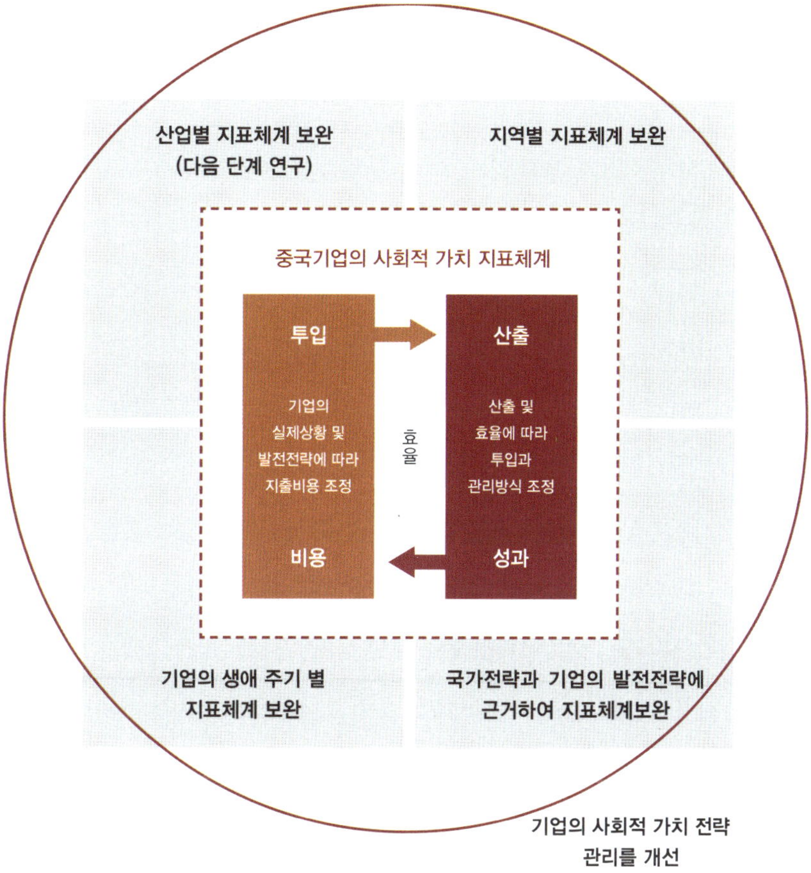

- 산업별 지표체계 보완 (다음 단계 연구)
- 지역별 지표체계 보완
- 기업의 생애 주기 별 지표체계 보완
- 국가전략과 기업의 발전전략에 근거하여 지표체계보완

**중국기업의 사회적 가치 지표체계**

- 투입: 기업의 실제상황 및 발전전략에 따라 지출비용 조정
- 산출: 산출 및 효율에 따라 투입과 관리방식 조정
- 비용
- 성과
- 효율

기업의 사회적 가치 전략 관리를 개선

둘째, 기업이 참고할 수 있는 평가체계를 개발했다. 연구 과정에서 산업별, 지역별 및 발전 수준별 기업의 사회적 가치 측정방식이 많이 다르므로 하나의 평가체계를 전체에 적용하기 어렵다는 것을 발견하였다. 그리하여 보다 대표적인 지표를 선택하여 기업에 참고로 제공하였다. 지표체계 설계에서 지표의 가중치를 설계하지 않은 것도 각 기업의 유형과 환경에 따라 이해관계자에 미치는 영향 차이가 크기 때문이다. 이번에 개발한 지표체계는 새로운 사고방식과 평가기틀만 제공할 뿐이며, 기업은 구체적 상황에 따라, 각 기업의 특징과 수요에 부합되도록 지표체계를 재가공하고, 내용을 증감하고, 계수를 조절할 수 있다.

셋째, 국유기업이 모든 기업을 이끌어갈 만한 사회적 가치 지표체계를 선도적으로 개발했다. 중국 국유기업은 사회적 책임을 이행하고 사회적 가치를 창출하는 선도자로서 여타 기업

을 견인하는 역할을 한다. 국유기업이 적극적으로 사회적 가치를 이행하는 모습은 그들에게 좋은 모범으로 작용한다. 그러한 까닭에 이번 지표체계 개발에 있어, 국유기업의 특징을 우선적으로 고려하여 지표체계를 구축하였다. 향후, 다양한 소유제의 기업에 두루 보급하여 평가의 기틀로 삼고 참고할 수 있게 한다면 기업이 사회적 가치를 창출하는 환경을 구축하는 데 유용한 초석이 될 것이다.

넷째, 중국 국정에 부합되는 지표체계를 개발했다. 일부 국제 지표체계가 중국 실정에 맞지 않는 문제를 해결하기 위하여 중국 국정을 충분히 고려하고 국내 현실에 맞는 지표체계를 구축하였다. 경제 주기 및 사회 상황에 따라 지표체계의 내용에 가중치를 부여하여 기업의 사회적 가치 창출을 더욱 잘 이끌어낼 수 있게 했다. 또한 국제 평가의 참고기틀로 삼아 기타 나라와 지역에 중국의 기업발전 경험을 제공할 수도 있다.

### 2.1.3. 중국기업의 사회적 가치 지표체계의 특징

첫째, 국제의 사회적 책임, 사회적 가치 연구경험을 전면적으로 참고하였다. 연구과정에 기존의 지표체계를 심층 연구하고 구체적인 지표 선택에서 각 지표의 우열과 적용 가능성을 분석하고 최적의 경로를 선택하였다.

둘째, 중국 국정에 더욱 부합하는 지표를 개발하였다. 각 단계 지표를 구축하는 과정에 국내의 경제적 환경, 인문 특색, 국가 전략 등에 근거하여 구체적인 지표를 선정하고 지표에 더 적절한 의미를 부여함으로써 지표체계가 중국 국정에 더욱 부합되게 하였다. 일례로, 지방의 지역사회 이해관계자 분석 시, 빈곤퇴치라는 국가 전략에 비추어 측정하고 분석하였다.

셋째, 측정 실행 가능성을 지향하여 기업의 부담을 덜어주었다. 경험을 총화하고 혁신을 진행하는 과정에서 기업 운영법칙을 존중하고 기존의 운영체계를 감안하여 대표적이고 과학적인 측정 가능한 지표를 선택함으로써 지표체계의 측정 가능성, 정량화, 화폐화를 보장하였다.

넷째, 투입-산출 이념의 도입으로 기업이 사회적 가치 체계를 보완하기에 더욱 용이해졌다. 기업은 경제 주체로서 반드시 지속가능발전을 달성해야 하며 경제적 가치와 사회적 가치 사이의 균형을 찾아야 한다. 투입-산출의 이념을 도입하여 기업이 더욱 좋은 전략을 제정하고 지속가능한 양질의 발전을 모색하도록 도왔다. 기업은 지표체계에서 원가와 효익의 관계를 정확히 찾아낼 수 있기에 열세에 처한 항목에 대해 기업의 사회적 가치 관리를 개선하여 사회적 가치 창출 효율을 높일 수 있다.

다섯째, 기업의 종합적 가치 극대화 방향을 설정하였다. 현대 기업은 경제적 가치를 추구함과 동시에 사회적 가치를 추구하여, 기업의 지속가능발전을 달성하고, 그 발전성과를 사회와 공유해야 하는 것이다. 이를 위해 기업은 경제적 가치와 사회적 가치가 통합된 종합적 가치의 극대화를 실현해야 한다. 본 지표체계는 기업의 사회적 가치를 정량화, 화폐화하여 기업의 종합적 가치 평가에 분석수단을 제공하여 기업의 종합적 가치 극대화 방향을 구축하는 기초로 작용케 했다.

## 2.2. 거버넌스(G)

효과적인 거버넌스는 기업이 지속가능한 발전을 실현할 수 있게 하는 초석이다. 기업은 회사의 거버넌스를 정립하고 즉시 관련 정보를 공개해야 한다. 거버넌스의 주요 이해관계자는 주주이다.

### 2.2.1. 주주 책임

기업은 주주에 대해 책임을 갖는다. 주주가 공평하고 공정하게 회사의 경영에 참여하도록 하며, 기업 경영 관리의 중대한 정책 정보가 투명하게 공개되고, 건전한 리스크 관리 체계를 구비하여 리스크가 발생될 때 주주의 손실을 예방해야 한다. 주주 책임에는 중대한 정보 공시, 리스크 관리 및 법제 준수 관리 등 2개의 세부지표를 설정하였다. 정기적으로 중대한 정보를 공시하고, 리스크 관리를 강화하여 주주가 회사의 경영 현황을 충분히 이해할 수 있도록 함으로써 주주의 기본 권익을 보호해야 한다.

**G1 중대한 정보 공시**

기업은 기업 사회적 책임 관리체계를 구축하고, 중대한 관련 정보를 공개할 책임이 있다. 그 중 투입지표는 사회적 책임관리이다.

▶ 투입지표

| 지표명 | G1 사회적 책임관리 |
|---|---|
| 정의 | 사회책임보고서 혹은 지속가능보고서 등 중대한 정보의 공시 여부 |
| 측정식 | 공시하지 않을 시 0, 공시할 시 1 |
| 데이터 출처 | 회사 홈페이지, 공시한 사회적 책임 보고서 |

## G2 리스크 관리 및 법제 준수 관리

리스크 관리 및 법제 준수 관리는 기업이 경영 리스크를 예방하는 데 도움을 준다. 규정에 부합하도록 관리를 강화함으로써, 주주의 기본 권익을 보호하며 기업의 지속가능하고 건강한 발전을 보장한다. 투입지표는 리스크 관리 및 법제 준수를 위한 투입이며, 이에 대응되는 산출지표는 리스크 관리 및 법제 준수의 성과이다.

▶ 투입지표

| 지표명 | G2 리스크 관리 및 법제 준수 투입 |
|---|---|
| 정의 | 내부 감독기관이 외부 공시정보를 표준화하고 리스크 관리를 강화하기 위해 진행한 투입, 완전한 법률 체계를 수립하고 각종 내부 법률 교육의 진행을 위해 투입한 비용, 법률 서비스를 구매하고 법률 고문을 채용한 원가, 그룹 내부 감독에 따른 각종 비용 |
| 측정식 | 리스크 관리 및 법제 준수 투입<br>= 내부 감사 비용 + 변호사 비용 + 내부 감독 원가 + 관련 제도의 수정 비용 |
| 데이터 출처 | 내부 감사, 재무 관리, 법률 리스크 관리 부서 |

▶ 산출지표

| 지표명 | G2 리스크 관리 및 법제 준수 성과 |
|---|---|
| 정의 | 리스크 관리 성과 및 법제 준수 성과 등 두 가지 부분을 포함한다. 리스크 관리 성과는 기업이 전면적인 리스크 관리 강화, 총 법률 고문 제도, 중대한 여론의 감독 관리 등 리스크 관리 조치를 통해 잠재적인 처벌 혹은 경제 손실을 모면한 것이다. 여기서 법제 준수 성과는 기업의 각종 위법 행위로 인해 발생한 사회 원가를 말한다. |
| 측정식 | 리스크 관리 및 법제 준수 성과<br>= 리스크 관리 성과 + 법제 준수 성과 |
| 참고 | • 리스크 관리 성과란 국유자산감독관리위원회와 관련된 관청에서 담당하는 "전면 리스크 관리", "총 법률 고문 제도", "중대한 여론 감독 관리"의 업무에 대한 평가 결과이다.<br>• 법제 준수 성과란 조사 기간 내 회사가 받은 처벌 금액을 말한다. |
| 데이터 출처 | 내부 감사, 재무 관리, 법률 리스크 관리 부서, 국유자산감독관리 위원회 전문 검사, 감사부서 감사 결과보고서, 법원 상소 기록 |

## 2.3. 사회 (S)

기업 사회적 책임 종합가치는 기업이 이해관계자에 대하여 사회적 책임을 지고 그들의 편익을 위해 기여하는 것을 의미하며 기업의 능력을 제고하고 기업외부환경에 긍정적인 영향을 미친다. 주로 고객 서비스, 사업파트너, 거시 경제, 직원 책임 및 지역 사회 등이 포함된다.

### 2.3.1. 고객 서비스

고객 서비스는 고객 만족을 지향하는 가치관을 나타낸다. 고객 서비스는 제품 및 서비스의 품질을 통해 주요하게 표현된다. 고객을 위해 우수한 품질의 제품을 생산하고 양호한 서비스를 제공하는 등의 일들을 통해 고객 만족도를 향상시킬 수 있다.

**S1 고객 서비스 품질**

고객 서비스 품질은 기업 제품의 품질보장 및 품질개선을 무엇보다 중요하게 여긴다. 여기서 투입지표는 품질 보장을 위한 투입이며, 이에 대응되는 산출지표는 서비스 가치 개선과 서비스 가치 창출이다.

▶ 투입지표

| 지표명 | S1 서비스 보장 투입 |
|---|---|
| 정의 | 고객(기업 고객 혹은 개인 소비자)의 서비스 품질을 보장하기 위한 투입 |
| 측정식 | 서비스 보장 투입<br>= 고객에게 안전하고 안정적인 고품질의 제품(서비스)를 제공하기 위한 투입<br>　− 기본 안전 품질 투입 |
| 데이터 출처 | 기업 고객 서비스 부서, 기업 품질 검사 부서, 안전 생산 부서 |

▶ 산출지표

| 지표명 | S1.1 서비스 가치 개선 |
|---|---|
| 정의 | 기업이 지불한 배상금 및 보상금의 감소액 |
| 측정식 | 서비스 가치 개선<br>= 금년도 말 기업이 직접 고객에게 지불한 배상금(赔偿金) + 전년도 대비 지급한 보상금(补偿金)의 감소액 |
| 데이터 출처 | 기업 고객 서비스 부서, 기업 품질 검사 부서, 안전 생산 부서 |

▶ 산출지표

| 지표명 | S1.2 서비스 가치 창출 |
|---|---|
| 정의 | 기업이 제공한 제품 혹은 서비스의 안전 품질 수준이 계획보다 혹은 약속된 안전 품질 수준보다 높아 이로 인해 발생되는 사회적 가치 |
| 측정식 | • 생산형 기업 서비스 가치<br>= (기업에서 제공한 제품의 안전 품질 수준 − 사전에 정한 안전 품질 표준값) × 안전 화폐 당량<br>• 상업 무역 서비스형 기업 서비스 가치<br>= (기업에서 제공한 안전 품질 수준− 업계평균 안전 품질 표준값) × 안전 화폐 당량 |
| 참고 | • 생산 기업의 제품 품질 수준은 실제 전기 판매량, 공정 진도 등을 선택할 수 있다. 사전에 정한 품질 표준값은 연간 계획된 전기 판매량과 연간 공사 계획 등을 선택할 수 있다.<br>• 상업 무역 서비스 기업에서 제공하는 서비스 품질 수준은 서비스 범위, 서비스 인원 수 등을 선택할 수 있다. 업계 평균 서비스 품질 표준값은 평균 서비스 범위, 평균 서비스 인원수, 평균 클레임율 등을 선택할 수 있다.<br>• 안전 화폐 당량은 기업이 제공한 제품, 서비스 안전 품질 수준의 단위 가격이다. 예를 들면 발전 기업의 서비스 가치 창출은 연간 초과 판매한 전기량에 단위 단가를 곱하여 계산한 금액이 될 것이다. 연간 발전 총 원가에서 연간 실제 발전량을 나눈 금액은 단위 단가가 된다. 이 단위 단가가 바로 화폐 당량의 개념이다. |
| 데이터 출처 | 기업 고객 서비스 부서, 기업 품질 검사 부서, 안전 생산 부서 |

### 2.3.2. 사업파트너

기업의 주요한 사업파트너로는 채권자, 공급사 및 고객사, 동종업계 경쟁자 및 기타 사회 단체 등이 있다. 사업파트너에 대한 사회적 책임은 공정한 시장환경 조성, 상생협력과 공개 입찰 구매 등 3개 지표가 있다. 공정한 시장환경은 시장의 적극성과 창조성을 유지하는 기본 조건이며, 공정한 시장환경 속에서만 기업은 최적의 효율로 최대의 효용을 창출할 수 있다. 기업과 사업파트너 간의 상생협력은 상호의 발전을 촉진함으로써 바람직한 산업생태환경을 구축하는 데 기초가 된다. 공개 입찰 구매는 기업이 합리적인 가격 경쟁, 가격 협상을 통해 효율적으로 구매 원가를 낮추고, 구매의 효율을 높이며, 구매 과정 상의 불법 거래를 예방할 수 있다.

## S2.1 공정한 시장환경 조성

시장환경과 기업의 마케팅 활동은 긴밀히 연관되어 있으며, 공정한 시장환경은 기업에게 더욱 많은 시장기회를 제공한다. 투입지표는 신의성실과 미지급금이 있고, 산출지표는 공정거래와 채무 연체가 있다. 신의성실을 준수하는 것과 공정 거래가 대응되며, 미지급금과 채무 연체가 대응되는 관계이다.

▶ 투입지표

| 지표명 | S2.1.1 신의성실 |
|---|---|
| 정의 | 연내 기업이 이행한 계약의 금액 |
| 측정식 | 경제계약 이행 금액<br>= 이행 계약서 수량/총 계약서 수량 × 연간 총 계약 금액 |
| 데이터 출처 | 기업 재무 부서, 기업 법률 부서 |

▶ 산출지표

| 지표명 | S2.1.1 공정거래 |
|---|---|
| 정의 | 계약 내용 미이행으로 발생한 사회적 손실 |
| 측정식 | 계약 위반 사회적 손실<br>= 미이행 계약으로 공급자 또는 구매자가 받은 손실 + 계약 위반에 따른 사법 또는 행정 처벌 |
| 데이터 출처 | 기업 재무 부서, 기업 법률 부서, 법원 소송 기록 |

▶ 투입지표

| 지표명 | S2.1.2 미지급금 |
|---|---|
| 정의 | 연말 기업의 미지급금 금액 |
| 측정식 | 연말 기업의 미지급금 금액 |
| 데이터 출처 | 기업 재무 부서 |

▶ 산출지표

| 지표명 | S2.1.2 채무 연체 |
|---|---|
| 정의 | 기업이 채무 연체로 인해 파트너에게 유발한 자금 압력 |
| 측정식 | 재무비용<br>= 매입채무 연체금액 × (1+은행 상업 대출 연간 이자율) × 연체 기간/360 |
| 데이터 출처 | 기업 정보 공시, 거래소 등 공개 시장, 중국인민은행 |

## S2.2 상생협력

상생협력이란 기업과 파트너가 동일 업계에서 공동으로 노력하여 서로 이익과 혜택을 누릴 수 있도록 하며 상부상조하는 것이다. 투입지표로는 공동이익 창출을 위한 협력, 혁신 인큐베이션, 공급망 안전 투입, 기업관리 교육지원이 있으며, 산출지표로 산업 생태계, 협력과 혁신, 공급망 안정성, 그리고 경영 노하우 및 표준의 공유가 있다. 투입 지표와 산출 지표는 각각 병렬적 대응관계를 이룬다. 예를 들어, 공동 이익 창출을 위한 협력과 산업 생태계가 대응되며 혁신 인큐베이션과 협력과 혁신이 대응된다. 공급망의 안전 투입과 공급망의 안정성이 대응되며, 기업관리 교육지원과 경영 노하우 및 표준의 공유가 대응관계를 맺는다.

▶ 투입지표

| 지표명 | S2.2.1 공동 이익 창출을 위한 협력 |
|---|---|
| 정의 | 기업이 소속되어 있는 산업계의 발전을 위해 프로젝트를 운영, 기술 표준을 지원, 기타 생태계 유지 활동에 투입한 총 금액 |
| 측정식 | 총 투입 금액<br>= 프로젝트 투입 금액 + 기술 표준 연구 개발비 + 공유한 기술의 추정 가치 + 협회 회비 등 |
| 데이터 출처 | 기업 전력 부서, 기업 연구 개발 부서 |

▶ 산출지표

| 지표명 | S2.2.1 산업 생태계 |
|---|---|
| 정의 | 산업의 장기 발전을 선도한 가치 |
| 측정식 | 산업 가치 창출<br>= 산업발전기금 투자금액 + 육성한 분야의 예상 가치<br>　(ex. 협회 및 기술 연맹 구성원 수, 인큐베이션 프로젝트의 수량 등) |
| 데이터 출처 | 기업 전력 부서, 기업 연구 개발 부서 |

▶ 투입지표

| 지표명 | S2.2.2 혁신 인큐베이션 |
|---|---|
| 정의 | 혁신창업 지원을 위해 자금, 기술, 인력 등을 제공한 총 금액 |
| 측정식 | 혁신 창업 지원 총 금액<br>= 자금 원가 + 기술 원가 + 인력 원가 |
| 데이터 출처 | 기업 전략 부서, 기업 연구 개발 부서, 기업 인력 자원 부서, 기업 재무 부서 |

▶ 산출지표

| 지표명 | S2.2.2 협력과 혁신 |
|---|---|
| 정의 | 혁신창업 프로젝트의 총 가치 창출 |
| 측정식 | 프로젝트의 총 가치 창출<br>= 현금 기부 + 현물 기부 + 무상 혹은 저리로 제공한 대출 금액 + 무상 혹은 저리로 대여해 준 현물 + 기업 혁신 기금 금액 |
| 참고 | • 현금 기부는 기업의 기부 총액을 의미하고, 현물 기부는 현물의 시장가격 추정치를 활용한다. 무상 혹은 저리 대출 금액은 금융 기관을 통해 혁신 창업 기업 혹은 개인에 대해 제공된 대출 금액을 의미한다. 무상 혹은 저리로 대여해 준 현물은 통상적으로 임대 계약상의 임대 금액을 기준으로 한다. 기업 혁신 기금은 기업이 혁신 창업을 위해 조성한 내부 기금과 기타 혁신 창업 기금에 투자한 투자 총액을 의미한다. |
| 데이터 출처 | 기업 재무 부서, 기업 자본 운영 부서 |

▶ 투입지표

| 지표명 | S2.2.3 공급망 안전 투입 |
|---|---|
| 정의 | 기업의 공급망의 안전성과 안정성을 유지하기 위해 사용한 총 투입 |
| 측정식 | 공급망 안전 투입<br>= 관련 제도 구축 비용 + 공급망 유지 비용 |
| 데이터 출처 | 기업 재무 부서, 기업 전략 발전 부서, 기업 법률 리스크 관리 부서 |

▶ 산출지표

| 지표명 | S2.2.3 공급망 안정성 |
|---|---|
| 정의 | 기업이 안정한 공급망을 보유하여 제품과 서비스를 지속적으로 제공함으로써 발생한 사회 성과 |
| 측정식 | 사회 성과<br>= 기업 공급망 융자금액 + 기업 공개 구매율 × 연간 계약 구매금액 |
| 데이터 출처 | 기업 재무 부서, 기업 전략 발전 부서, 기업 법률 리스크 관리 부서 |

▶ 투입지표

| 지표명 | S2.2.4 기업관리 교육지원 |
|---|---|
| 정의 | 기업이 산업사슬 내 공급자 및 구매자를 위해 제공한 공급관리 교육 지원 |
| 측정식 | 관리 교육 투입<br>= 산업사슬 내 타 기업을 위해 제공한 공급관리교육 비용 + 교육 플랫폼 구축 비용 |
| 참고 | 교육 플랫폼이란 기업에서 설립, 관리하는 교육센터 혹은 전문 연구원을 말한다. |
| 데이터 출처 | 기업 재무 부서, 기업 인력 자원 부서 |

▶ 산출지표

| 지표명 | S2.2.4 경영 노하우 및 표준 공유 |
|---|---|
| 정의 | 사업파트너에게 경영분야의 노하우와 표준을 공유함으로써 사업파트너의 경영을 지원한 성과를 의미한다. 일상 관리 지원, 신규 채용 직원 교육, 경영 노하우 전수, 사업파트너를 위해 제공한 높은 수준의 교육 플랫폼, 사업파트너를 위해 제공한 생산/서비스 표준을 포함한다. |
| 측정식 | 교육 플랫폼 관리 비용 + 경영노하우 및 기술 표준의 시장 가치 + (직원 교육 인원수 × 기업 평균 급여) |
| 참고 | 교육 플랫폼이란 기업에서 설립, 관리하는 교육센터 혹은 전문 연구원을 말한다. |
| 데이터 출처 | 기업 재무 부서, 기업 인력 자원 부서 |

## S2.3 공개 입찰 구매

공개 입찰 구매란 기업이 "공개, 공평, 공정"과 "품질 우선, 가격 우선"의 원칙에 따라 제품 혹은 서비스를 구매하는 행위를 말한다. 투입지표는 공개 입찰 구매이며 대응되는 산출지표유형은 공개 입찰 구매 위반이다.

▶ 투입지표

| 지표명 | S2.3 공개 입찰 구매 |
|---|---|
| 정의 | 기업이 공개 입찰 구매를 실현하기 위해 구매 시스템, 구매 제도, 구매 프로세스 등을 규범화 한 투입 |
| 측정식 | 공개 입찰 구매<br>= 기업 구매를 전개하는 과정 중 입찰 업체의 정보를 확인하는 비용 |
| 데이터 출처 | 기업 구매 부서, 기업 내부 감사 부서 |

▶ 산출지표

| 지표명 | S2.3 공개 입찰 구매 위반 |
|---|---|
| 정의 | 공개 입찰 구매 원칙을 준수하지 않아 발생되는 사회 손실이며, 기업이 공개 입찰 구매 규칙을 위반하여 발생한 소송 비용과 행정 벌금으로 표현된다. |
| 측정식 | 사회 손실 = (공개 입찰 구매 위반에 따른)소송비용 + 벌금 |
| 데이터 출처 | 기업 법률 부서, 법원 공개 처벌 정보 |

### 2.3.3. 거시 경제

기업의 정부에 대한 사회 책임은 세금 납부를 통한 기여, 일자리 창출, 경제 발전과 변화를 선도하는 것이다. 구체적으로 경제 환경이 어려울 때 경제, 사회 등의 분야에 참여하여 변화를 가져오는 것으로 구현된다. 예를 들어 기업은 역주기 기간에 적극적으로 투자를 하고 안정적으로 일자리를 제공하는 등의 역할을 수행함으로써 일정한 수준으로 경제적 위기를 완화할 수 있다.

### S3 역주기 조정

역주기 조정은 기업이 경제 환경이 어려운 시기에 고용 안정, 금융 안정, 대외 무역 안정, 외국 자본 안정, 투자 안정, 예금 안정을 위한 경제 조정에 참여하는 행동과 그에 따른 효과를 말한다. 투입지표는 분야별 기업 투자이며, 이에 대응되는 산출지표는 납세 책임과 고용 안정이다.

▶ 투입지표

| 지표명 | S3 분야별 기업 투자 |
|---|---|
| 정의 | 기업이 역주기 겪제 시기에, 동 기간에 비해 증가된 분야별 투자 금액 |
| 데이터 출처 | 기업 전략 발전 부서 |

▶ 산출지표

| 지표명 | S3.1 납세 책임 |
|---|---|
| 정의 | 역 주기 내의 세무 조사 중 기업이 여전히 납세 의무를 다하였고 기업이 받은 납세 처벌 금액의 감소 금액으로 표현할 수 있다. |
| 측정식 | 벌금 감소 금액<br>= 역 주기 내 기업이 받은 처벌의 벌금 − 동기 기업이 받은 처벌의 납세 벌금 |
| 참고 | • 만약, 벌금 감소 금액 〈 0 일 시 납세 책임 = 처벌 감소 금액의 절댓값<br>• 만약, 벌금 감소 금액 〉 0 일 시 납세 책임 = 0 |
| 데이터 출처 | 기업 법률 부서, 법원 공개 처벌 정보 |

▶ 산출지표

| 지표명 | S3.2 고용 안정 |
|---|---|
| 정의 | 역주기 중 직원을 해고하지 않으며, 동시에 취업 기회를 증가시키는 것을 말한다. |
| 측정식 | 취업 기회의 창조 성과<br>= (동종 업계 기업 직원 퇴사율 × 본 기업 직원 수 + 현 시기 직원 수 − 전년도 직원 수) × 직원 평균 급여 |
| 데이터 출처 | 기업 인력 자원 부서 |

### 2.3.4. 직원 책임

기업은 직원에 대하여 경제 및 물질적 이익, 직업 경력 발전 및 인간 관계 등 다방면에서 요구되는 사회적 책임을 이행하여야 한다. 또한 그 책임 이행의 결과는 직원의 결근, 이직 등의 행위에 영향을 미쳐야 한다. 직원 책임은 고용 다양성, 근로생활의 질, 안전·건강·복지 등 3개 방면을 포함하고 있다. 먼저 고용 다양성은 개인 혁신 행위와 성과에 영향을 주는 중요한 요소이며 기업을 위해 혁신 활력을 가져다준다. 더불어, 생산력 증가와 직원 이직율 감소 효과 또한 기대할 수 있다. 직원을 위해 건강하고 안전한 업무 분위기와 양질의 근로생활의 질을 제공하는 일 또한 직원의 행복감과 기업에 대한 충성심을 높이는 데 도움을 준다.

### S4.1 고용 다양성

고용 다양성은 주로 여성 직원에 대한 교육 지원과 소수민족 직원에게 제공하는 취업 기회를 통해 표현된다. 투입지표는 여성 직원에 대한 교육비용 투입과 소수민족 직원채용을 위한 투입이다. 산출지표유형은 여성 직원에 대한 공평한 대우와 소수민족 직원에 대한 공평한 대우이다. 여성 직원에 대한 교육 투입과 공평한 대우는 대응되며, 소수민족 직원에 대한 투입과 공평한 대우는 대응되는 관계이다.

▶ 투입지표

| 지표명 | S4.1.1 여성 직원에 대한 교육 투입 |
|---|---|
| 정의 | 기업이 여성 직원을 교육하기 위해 지불한 금액 |
| 측정식 | 여성 직원 교육 투입 = 기업 여성 직원 취업 비율 × 교육 총 비용 |
| 데이터 출처 | 기업 인력 자원 부서 |

▶ 산출지표

| 지표명 | S4.1.1 여성 직원의 공평한 대우 |
|---|---|
| 정의 | 여성 직원의 진급 기회의 공평성 |
| 측정식 | 여성 직원의 대우 공평성<br>= 회사에서 여성 직원의 진급 기회의 불공평으로 인해 받은 클레임에 따른 처벌 금액 |
| 데이터 출처 | 기업 인력 자원 부서 |

▶ 투입지표

| 지표명 | S4.1.2 소수민족 직원에 대한 교육 투입 |
|---|---|
| 정의 | 기업이 소수민족 직원을 교육하기 위해 지불한 금액 |
| 측정식 | 소수민족 직원 투입<br>= 기업 소수민족 직원 취업 비율 × 교육 총 비용 |
| 데이터 출처 | 기업 인력 자원 부서 |

▶ 산출지표

| 지표명 | S4.1.2 소수민족 직원의 공평한 대우 |
|---|---|
| 정의 | 소수민족 직원의 진급 기회의 공평성 |
| 측정식 | 소수민족 직원의 대우 공평성<br>= 회사에서 소수민족 직원의 진급 기회의 불공평으로 인해 받은 클레임에 따른 처벌 금액 |
| 데이터 출처 | 기업 인력 자원 부서 |

## S4.2 근로생활의 질

근로생활의 질이란 기업이 〈노동법〉 규정에 기초해 직원의 임금을 적극 보호하고 보장하여 직원으로 하여금 참여의식과 높은 업무 만족도를 느끼게 하고, 업무 스트레스를 감소시키는 것을 말한다. 투입지표는 직원의 복지비용이며, 이에 대응되는 산출 유형의 지표는 임금 경쟁력, 초과 근무에 대한 보상 및 휴가제도 보장이 있다.

▶ 투입지표

| 지표명 | S4.2 직원의 복지비용 |
|---|---|
| 정의 | 노동자의 업무, 생활의 질을 향상시키기 위해 투입한 비용을 의미한다(직원 교육 투입, 문화 서비스 제공을 위한 투입, 잔업에 대한 보상 비용, 유급 휴가 시의 급여, 건강 검진 비용 및 심리 상담 비용 등을 포함) |
| 측정식 | 직원의 복지 투입<br>= 기업 인력 자원 부서의 관련 투입 + 기업 각 등급 노조 관련 투입 + 문화 서비스 제공을 위한 투입 |
| 참고 | • 기업 인력 자원 부서의 관련 투입은 교육, 잔업 보상, 유급 휴가 등을 포함하며 기업의 각 등급 노조 관리 시스템의 관련 투입은 건강 검진 비용, 심리 상담 등을 포함한다. |
| 데이터 출처 | 기업 인력 자원 부서, 각 등급 노조, 당의 건설 홍보 부서 |

▶ 산출지표

| 지표명 | S4.2.1 임금 경쟁력 |
|---|---|
| 정의 | 동일 직책에서 기업 직원의 급여와 동종 업계 직원의 최고 급여 간의 차액을 통해 회사 급여의 경쟁력을 반영할 수 있다. |
| 측정식 | 임금 경쟁력 수준<br>= 금년도 이직 직원 수 × ∑ (샘플링 기업의 임의 직책의 직원 급여 − 동종 업계 샘플링 기업 중 직원의 최고 급여) /샘플링 기업에서 샘플링에 참여한 인원 수 |
| 데이터 출처 | 기업 인력 자원 부서 |

▶ 산출지표

| 지표명 | S4.2.2 초과 근무에 대한 보상 |
|---|---|
| 정의 | 법정 근무 시간을 초과하여 지급한 사회 보상 |
| 측정식 | 업무 시간의 화폐 가치<br>= (직원의 매주 평균 근무 시간 − 기본 근무 시간) × 기업 직원 연평균 급여/ (5일 × 8시간 × 52주) |
| 데이터 출처 | 기업 인력 자원 부서 |

▶ 산출지표

| 지표명 | S4.2.3 휴가 제도 보상 |
|---|---|
| 정의 | 직원이 유급휴가, 출산 휴가, 가족 방문 휴가 등 사회 보장 제도를 사용하여 직원의 삶의 질이 향상되는 것을 의미한다. |
| 측정식 | 휴가 제도 성과<br>= 기업 직원 연간 평균 급여/ 52주 × 5일 × (직원이 실제 사용한 유급 휴가, 출산 휴가, 가족 방문 휴가의 일수 − 기본 휴가 제도에서 보장하는 일수) |
| 데이터 출처 | 기업 인력 자원 부서 |

### S4.3 안전 · 건강 · 복지

안전 · 건강 · 복지란 기업이 안전 생산 관리를 강화하고, 안전 생산 책임 제도를 수립하며 직원의 안전과 건강을 보장하는 것을 의미한다. 투입지표는 안전 생산을 위한 투입이며 이에 대응되는 산출지표는 사고로 인한 손해 및 손실이다.

▶ 투입지표

| 지표명 | S4.3 안전 생산을 위한 투입 |
|---|---|
| 정의 | 안전 생산을 위해 추가적으로 투입한 비용(교육, 훈련 비용) |
| 측정식 | 안전 생산을 위한 투입 = 안전 교육 비용 + 안전 생산 훈련 비용 |
| 참고 | • 기업 인력 자원 부서의 관련 투입은 교육, 잔업 보상, 유급 휴가 등을 포함하며 기업의 각 등급 노조 관리 시스템의 관련 투입은 건강 검진 비용, 심리 상담 등을 포함한다. |
| 데이터 출처 | 기업 인력 자원 부서, 기업 안전 생산 관련 부서 |

▶ 산출지표

| 지표명 | S4.3 사고로 인한 상해 및 손실 |
|---|---|
| 정의 | 산업 재해로 인해 발생한 구성원의 상해 및 손실을 의미한다. |
| 측정식 | 안전 보호 성과= 기업 산재보험 보상금액 + 사회보장 산재보험 보상금액 |
| 데이터 출처 | 기업 인력 자원 부서, 사회 보장 부서 |

### 2.3.5. 지역 사회

기업은 지속가능한 발전을 유지하고 경영실적을 향상시키며, 주주의 이익을 보장하는 일 외에 지역사회를 위한 사회적 가치 창출에도 관심을 기울여야 한다. 지역 사회의 복지를 증진시키고, 재해와 빈곤구제를 지원하고, 공공의 이익 증진에 기여하는 등의 일이 모두 여기에 포함된다. 기업이 지역 사회에서 창출하는 사회 가치는 주로 지역 사회를 위한 투입, 지역소비를 통한 빈곤구제, 지역산업을 통한 빈곤구제, 지역주민을 대상으로 하는 취업 교육을 통한 빈곤구제 등 4개 영역을 포함한다. 기업은 지역 사회에 대한 기부, 빈곤 지역의 상품 구매 및 직접적인 산업 투자를 통해 지역 사회의 발전을 촉진해야 하며 실업 인구에 대한 취업 교육을 통해 지역 사회의 취업률을 향상시키고 지역 사회의 안정을 실현해야 한다.

### S5.1 지역 사회 투입

기업은 사업장의 소재 지역을 위한 무상 기부와 현물 지원을 통해 지역사회의 관리 수준과 관리 능력을 향상시킬 수 있다. 투입지표는 지역 사회를 위한 현금 및 현물 기부이며 이에 대응되는 산출지표는 지역사회 관리능력의 향상이다.

▶ 투입지표

| 지표명 | S5.1 지역 사회를 위한 현금 및 현물 기부 |
|---|---|
| 정의 | 기부 총액은 빈곤구제, 자금을 기부하여 교육환경 개선, 사회 구제 및 재난 보호 기부, 지역 사회 환경 개선 등을 포함한다. |
| 측정식 | 지역 사회를 위한 현금 및 현물 기부 투입<br>= (빈곤구제 투입 + 자금을 기부하여 교육환경 개선 + 사회 구제 + 재난 보호 기부 + 지역 사회 환경 개선) |
| 데이터 출처 | 기업 공산당 위원회 홍보 부서, 기업 전략 기획 부서 등 사회 책임 관리 부서 |

▶ 산출지표

| 지표명 | S5.1 지역 사회의 관리 능력의 향상 |
|---|---|
| 정의 | 기업의 기부행위와 기업 직원의 자원 봉사는 지역 사회의 종합적인 관리 능력과 수준을 향상시킨다. |
| 측정식 | 관리 능력의 향상<br>= 기업 기부 협찬 총액 + (직원 연 평균 급여 × 자원 봉사 시간 5일 × 8시간 × 52주) |
| 데이터 출처 | 기업 공산당 위원회 홍보 부서, 기업 인력 자원 부서, 기업 전략 기획 부서 등 사회 책임 관리 부서 |

### S5.2 소비 빈곤구제

기업은 빈곤 지역의 상품과 서비스를 구매함으로써 빈곤구제효과를 창출한다. 투입지표는 빈곤 지역의 상품을 구매하는 것이고 이에 대응되는 산출지표는 빈곤 지역의 소득 증가이다.

▶ 투입지표

| 지표명 | S5.2 빈곤 지역의 상품 구매 |
|---|---|
| 정의 | 빈곤 지역의 상품(농산물 및 부업 생산물)을 직접 구매하거나 혹은 판매를 지원하는 데 소요된 비용을 의미한다. |
| 측정식 | 빈곤 지역의 상품 구매를 위한 투입<br>= 직접 구매의 계약 금액 + 판매 플랫폼을 구축한 비용 |
| 데이터 출처 | 기업 법률 부서, 기업 재무 부서, 기업 판매 부서 |

▶ 산출지표

| 지표명 | S5.2 빈곤 지역의 소득 증가 |
|---|---|
| 정의 | 구매, 소비를 통해 빈곤 지역의 수입이 증가된 량 |
| 측정식 | 빈곤 지역 수입 증가 = 기업 연간 상품 판매 계약 금액 |
| 데이터 출처 | 기업 빈곤구제 책임 보고서 |

### S5.3 산업 빈곤구제

기업은 빈곤 지역의 산업에 투자함으로써 빈곤구제에 기여한다. 투입지표는 산업 빈곤구제의 투입, 투자 개발 빈곤구제, 특색 산업 빈곤구제가 있다. 산출지표에는 산업 빈곤구제에 대한 종합적 기여, 투자 개발을 통한 경제 효익 및 특색 산업을 통한 빈곤구제 경제 효익이 있다. 산업 빈곤구제의 투입과 산업 빈곤구제에 대한 종합 기여는 대응되고, 투자 개발 빈곤구제와 투자 개발을 통한 경제성과가 대응되며, 특색 산업 빈곤구제와 특색 산업을 통한 빈곤구제 경제성과가 대응되는 관계이다.

▶ 투입지표

| 지표명 | S5.3.1 산업 빈곤구제의 투입 |
|---|---|
| 정의 | 빈곤 지역 기초 시설을 건설하기 위하여 투자한 금액을 말한다. |
| 측정식 | 투입 = 산업 빈곤구제를 위한 투자 금액의 총액 |
| 데이터 출처 | 기업 전략 기획 부서, 기업 투자 운영 부서 |

▶ 산출지표

| 지표명 | S5.3.1 산업 빈곤구제에 대한 종합 기여 |
|---|---|
| 정의 | 기업이 빈곤 지역을 위해 기초 시설의 수준을 개선하고, 이로 인해 해당 지역의 생산 총액 및 직원 수입의 증가분에 대한 기여도를 의미한다. |
| 측정식 | 산업 빈곤구제 성과<br>= 빈곤 지역 경제 증가 기여 + 노동자 수입 기여 |
| 데이터 출처 | 빈곤 지역 지방 정부에서 발급한 항목 종합 기여 증명 |

▶ 투입지표

| 지표명 | S5.3.2 투자 개발 빈곤구제 |
|---|---|
| 정의 | 빈곤 지역을 위해 투입한 기업 주요 업무와 관련된 항목의 투자 금액을 말한다. |
| 측정식 | 투입 = 투자 개발 빈곤구제 항목 투자 금액 |
| 데이터 출처 | 기업 전략 기획 부서, 기업 투자 운영 부서 |

▶ 산출지표

| 지표명 | S5.3.2 투자 개발 빈곤구제를 통한 경제 성과 |
|---|---|
| 정의 | 빈곤 지역에 영리산업을 정착시킴으로써 지방 정부에 세금 수입을 발생시키고, 지역사회와 이익을 공유함으로써 경제적으로 기여한 성과를 말한다. |
| 측정식 | 투자 개발 및 빈곤구제를 통한 경제성과<br>= 지방 정부에 귀속되는 세금 수입 + 지방 정부에 공유하는 영업 이윤 |
| 데이터 출처 | 빈곤 지역 지방 정부에서 발급한 프로젝트 경제 효익의 기여 증명 |

▶ 투입지표

| 지표명 | S5.3.3 특색 산업 빈곤구제 |
|---|---|
| 정의 | 빈곤 지역을 위해 투입한 기업 주요 업무와 관련된 항목의 투자 금액을 말한다. |
| 측정식 | 투입 = 특색 산업 빈곤구제 프로젝트 투자 금액 |
| 데이터 출처 | 기업 전략 기획 부서, 기업 투자 운영 부서 |

▶ 산출지표

| 지표명 | S5.3.3 특색 산업 빈곤구제 프로젝트 경제 성과 |
|---|---|
| 정의 | 빈곤 지역에 특색 산업을 정착시킴으로써 지방 정부에 세금 수입을 발생시키고, 지역사회와 이익을 공유함으로써 경제적으로 기여한 성과를 말한다. |
| 측정식 | 산업 항목 성과<br>= 지방 정부에 귀속되는 세금 수입 + 지방 정부에 공유하는 영업 이윤 |
| 데이터 출처 | 빈곤 지역 지방 정부에서 발급한 프로젝트 경제 성과의 기여 증명 |

## S5.4 취업 교육 빈곤구제

기업은 빈곤 지역의 관리자, 기술 인원 등에 대한 전문화 교육을 통해 빈곤 지역의 취업을 선도하는 목적을 달성한다. 그중 투입지표는 지역주민 교육 투입이며 이에 대응되는 산출지표는 취업 교육을 통한 소득 증진이다.

▶ 투입지표

| 지표명 | S5.4 지역주민 교육 투입 |
|---|---|
| 정의 | 기업이 빈곤 지역의 관리자, 전문 기술 인원을 위해 지불한 교육 훈련 및 기업에서 부담하는 임시 파견(挂职) 공무원들의 급여 및 보조금을 의미한다. |
| 측정식 | 투입 = 기업에서 지불한 교육 훈련비 + 기업에서 부담하는 임시 훈련직 간부들의 급여 및 보조금 |
| 데이터 출처 | 기업 인력 자원 부서 |

▶ 산출지표

| 지표명 | S5.4 취업 교육을 통한 소득 증진 |
|---|---|
| 정의 | 빈곤 지역 주민이 취업 기회를 얻게 함으로써 취업 후 수입을 증가하는 성과. |
| 측정식 | 취업 교육 빈곤구제 성과<br>=(지원 후 빈곤 지역의 평균 급여 − 지원 전 빈곤 지역의 평균 급여) × 교육에 참여한 인원수 |
| 데이터 출처 | • 빈곤 지역 지방 정부에서 발급한 급여 증명<br>• 기업 인력 자원 부서 |

## 2.4. 환경(E)

기업은 최대 이윤을 추구하는 과정에서 생태 환경 및 사회의 지속가능한 발전에 부정적인 영향을 발생시킬 수 있다. 기업의 사회적 가치는 기업이 자체 투입을 통해 부정적인 외부 영향을 감소하는 효과를 달성하는 것을 말한다. 환경 사회적 가치는 환경보호 및 개발 방면에서 주로 나타난다. 회사에서 중점적으로 진행하는 환경보호 사안과 투입 금액의 규모, 실제 효과를 설명한다.

### 2.4.1. 환경보호 및 개발

환경보호 및 개발은 오염물 배출 감소, 자원 절감과 환경 재생 등 3개 방면을 포함하고 있다. 그중, 오염물 배출 감소는 기업이 활동 과정에서 자원 소모와 폐기물의 발생을 감소하거나 폐기물 재사용을 위한 투입 및 실제 효과를 포함한다. 자원 절감은 기업의 운영과정, 즉 에너지 생산에서부터 소비까지의 각 단계에서 에너지 소모와 자원 손실을 감소하기 위한 투입과 실제 효과를 포함한다. 마지막으로, 환경 재생은 기업이 자연 생태 환경을 복구하기 위한 투입과 실제 효과를 말한다

### E1.1 오염물 배출 감소

오염물 배출 감소는 기업이 생산, 유통 및 소비 등 과정에서 오염 물질의 배출을 감소하거나 폐기물을 원료로 이용하거나 폐기물을 재사용하는 과정을 통해 환경보호의 의무를 지는 것과 연관된다. 그중 투입지표는 환경보호 총 투자 금액이며 이에 대응되는 산출지표는 대기 오염물 배출 감소, 수질 오염물 배출 감소, 고체 폐기물 처리 및 온실가스 배출 감소가 있다.

▶ 투입지표

| 지표명 | E1.1 환경보호 총 투자 금액 |
|---|---|
| 정의 | 기업이 오염 물질 배출의 감소를 위해 진행한 환경보호 총 투자 금액 |
| 데이터 출처 | 기업 생산 부서 및 환경 관련 부서 |

▶ 산출지표

| 지표명 | ① 대기오염물질 배출 감소 |
|---|---|
| 정의 | 기업의 운영과정 중 기준연도와 비교할 때 단위 생산액당 대기오염물질(Nox, Sox, 연진(烟尘) 등) 배출 감소 가치 |
| 측정식 | • 대기오염물질 배출 감소량<br>= 정화 전 $m^3$별 오염물질 배출량($kg/m^3$) − 정화 후 $m^3$별 오염물질 배출량($kg/m^3$)<br>• 단위 생산액당 대기오염물질 배출 감소량<br>= 대기오염물질 배출 감소량/기업 생산액<br>• 단위 생산액당 내기오엄물실 배출 감소 성과 ($kg/m3/$원)<br>= 금년도 단위 생산액당 대기오염물질 배출 감소량 − 전년도 단위 생산액당 대기오염물질 배출 감소량<br>• 대기오염물질 배출 감소 성과<br>= 단위 생산액 당 대기오염물질 배출 감소 성과 × 해당 연도 대기오염물질 배출유량 × 기업 가치 × Eco cost |

| | |
|---|---|
| 참고 | • Eco-cost<br>　– SOx= 69.38RMB/kg<br>　– NOx=34.69RMB/kg<br>　– PM10=60.91RMB/kg<br>　– PM2.5=267.15RMB/kg<br>• 본 연구는 2018년 12월 31일 당일 환율(1유로=7.8573RMB)로 환산하였다. |
| 데이터 출처 | 기업 생산 부서 및 환경 관련 부서 |

| | |
|---|---|
| 지표명 | ② 수질오염물 배출 감소 |
| 정의 | 기업의 운영 과정 중 기준 년도와 비교할 때 단위 생산액 수질오염 물질(T-N, T-P, COD 등)의 배출 감소 성과 |
| 측정식 | • 수질오염물 배출 감소량<br>　= 정화 전 m³별 오염 배출량(kg/m3) – 정화 후 m³별 오염 배출량(kg/m3)<br>• 단위 생산액 배출 감소량<br>　= 수질오염물질 배출 감소량/기업 생산액<br>• 단위 생산액 수질오염물질 배출 감소 성과<br>　= 금년도 단위 생산액당 수질오염물질 배출 감소 성과 – 전년도 단위 생산액당 수질오염물질 배출 감소 성과<br>• 수질오염물질 배출 감소 성과<br>　= 단위 생산액 배출 감소 성과 × 해당연도 폐수 배출유량 × 기업 가치 × Eco cost |
| 참고 | • Eco-cost<br>　– COD = 0.72RMB/KG<br>　– T-N = 13.76RMB/KG<br>　– T-P = 100.26RMB/KG<br>• 본 연구는 2018년 12월 31일 당일 환율(1유로=7.8573RMB)로 환산하였다. |
| 데이터 출처 | 기업 생산 부서 및 환경 관련 부서 |

| 지표명 | ③ 고체 폐기물 처리 배출 감소 |
|---|---|
| 정의 | 기업 고체 폐기물 배출 감소 성과와 재활용을 통해 발생한 가치 |
| 측정식 | • 금년도 고체 폐기물 성과<br>　= 배출량 성과 + 순환사용 고체 폐기물 판매 금액<br>• 배출량 성과<br>　= (금년도 단위 생산액 고체 폐기물 배출량 − 전년도 단위 생산액 고체 폐기물 배출량) × 기업가치 × Eco cost<br>• 단위 생산액당 폐기물 배출량 = 폐기물 배출량/기업 생산액 |
| 참고 | • Eco-cost<br>　− 일반 폐기물 = 0.67556RMB/KG<br>　− 매립 폐기물 = 0.92567RMB/KG<br>　− 폐기물 소각 = 4.45047RMB/KG |
| 데이터 출처 | 기업 생산 부서 및 환경 관련 부서 |

| 지표명 | ④ 온실가스 배출 감소 |
|---|---|
| 정의 | 기업의 운영 과정 중 기준연도와 비교할 때 단위 생산액 온실가스의 배출 감소 성과 |
| 측정식 | • $CO_2$ 배출 감소량<br>　= 정화 전 $m^3$별 $CO_2$ 배출량 − 정화 후 $m^3$별 $CO_2$ 배출량<br>• $CO_2$ 단위 생산액 배출 감소량<br>　= $CO_2$ 배출 감소량/기업 생산액<br>• 단위 생산액 온실가스 배출 감소 성과<br>　= 금년도 단위 생산액당 온실가스 배출감소량 − 전년도 단위 생산액당 온실가스 배출 감소량<br>• $CO_2$ 배출 감소 성과<br>　= 단위 생산액 배출 감소 성과 × 해당연도 배출유량 × 기업가치 × Eco-cost |
| 참고 | • Eco-cost<br>　− $CO_2$ = 0.91RMB/KG |
| 데이터 출처 | 기업 생산 부서 및 환경 관련 부서 |

## E1.2 자원 절감

자원 절감이란 자원 사용 관리의 강화를 통해 효율적이고 합리적인 자원 이용을 실현하며 기업 경제적 효익과 사회적 효익을 유기적으로 결합하는 것이다. 그중 투입지표는 에너지 절약 기술 연구 개발 및 응용과 연관된 투입비용이며, 이에 대응되는 산출지표는 친환경 에너지 대체, 용수 절감 및 자원 절감 성과가 있다

▶ 투입지표

| 지표명 | 에너지 절약 기술 연구 개발 및 응용 |
|---|---|
| 정의 | 기업이 프로젝트 투자 형식으로 전개한 에너지 절약 기술의 보급 및 응용 |
| 측정식 | 기업 에너지 절약 프로젝트 투입<br>= 에너지 절약 기술 연구 개발 비용 + 노후 설비 개조 투자 + 친환경 에너지 기술 투자 + 환경보호 기술 장비 투자 + 에너지 절약 기술 보급 투입 |
| 데이터 출처 | 기업 생산 부서 및 환경 관련 부서 |

▶ 산출지표

| 지표명 | 친환경 에너지 대체 |
|---|---|
| 정의 | 기업의 운영 과정 중 친환경 에너지가 전통 에너지의 사용을 대체한 성과 |
| 측정식 | 친환경 에너지 대체 성과<br>= 금년도 친환경 에너지 소모량(생산량)(MJ) × 친환경 에너지 그리드 가격 (RMB/MJ) |
| 데이터 출처 | 기업 생산 부서, 환경 관련 부서, 발전 개혁 위원회 친환경 에너지 그리드가격 통보 |

| 지표명 | 용수 절감 |
|---|---|
| 정의 | 기업의 운영 과정 중 한 개 단위의 제품을 생산하는 데 소모한 물량의 감소 성과 |
| 측정식 | 용수 절감 성과<br>= (금년도 생산과정 중 처리한 물량- 작년도 생산과정 중 처리한 물량) × 정수 가격 |
| 데이터 출처 | 기업 생산 부서 및 환경 관련 부서 |

| 지표명 | 원자재 절감 |
|---|---|
| 정의 | 기업의 운영 과정 중 기준 연도와 비교할 때. 한 개의 제품을 생산하는 데 소모한 원자재 중 비재생 원자재의 소모를 감소한 효과이며 비재생 자원이란 광산품, 산림물 등 자원을 말한다. |
| 측정식 | • 원자재 절감 성과<br>= (기준 연도 단위 생산량 원자재 소모량 − 금년도 단위 생산량 원자재 소모량) × 금년도 생산량 × 원자재 단위 가격<br>• 단위 생산량 원자재 소모량 = 비재생 원자재 소모량/생산량 |
| 데이터 출처 | 기업 생산 부서 및 환경 관련 부서 |

### E1.3 환경 재생

환경 재생의 투입지표는 환경 재생 투입이고 산출지표는 환경 재생 성과이다.

▶ 투입지표

| 지표명 | 환경 재생 투입 |
|---|---|
| 정의 | 기업이 자연 자원과 환경 재생 사업에 지출한 총 금액을 말한다. 기업이 자발적으로 환경 재생 프로젝트에 투자한 금액, 환경 재생 항목에 입찰한 금액을 포함한다. |
| 측정식 | 총 지출 = 기업 환경 재생 프로젝트 투입 + 기업 환경 재생 프로젝트 입찰 금액 |
| 데이터 출처 | 기업 환경 부서, 입찰 구매 부서 |

▶ 산출지표

| 지표명 | 환경 재생 성과 |
|---|---|
| 정의 | 기업이 물리적, 화학적 조치 및 생물학 기술 조치를 통하여 오염된 환경을 오염이 없는 상태 또는 초기 상태로 회복하고 환경 생물의 다양성을 보장한 성과. |
| 측정식 | • 환경 재생 성과<br>  = 기업 환경 재생 면적 × 면적당 재생 효익 + 생물 다양성 성과<br>• 생물 다양성 성과: 재생 과정 중 목초를 심고 수생물을 기르는 등 생물 다양성을 보장하기 위한 투입액 |
| 참고 | 면적당 재생 효익(원/무)은 해당 지역의 토지, 산림, 초원, 수역 등 농업부지의 단위 원가를 적용함. 구체적인 표준은 국토자원부의 기준 가격을 참조함:<br>경지 2.55만RMB/무—2.84 만RMB/무; 원림 1.63 만RMB/무; 임지 0.94 만RMB/무 —1.22 만RMB/무; 초원 0.37 만RMB/무; 습지수면 1.79 만RMB/무 |
| 데이터 출처 | 기업 환경보호 부서, 기업 투자 운영 |

제 3장

# 한-중 사회적 가치 지표체계의 비교분석

제3장

# 한-중 사회적 가치 지표체계의 비교분석

본 장에서는 한국의 SK DBL과 중국 기업의 사회적 가치 지표체계를 세 가지 차원에서 비교·분석하고자 한다. 첫째, 지표체계 차원에서의 비교이다. 지표체계의 구성 및 성과영역의 공통점과 차이점을 확인하고, 이러한 차이가 발생하는 이유를 지표 개발의 목적, 방향, 프로세스 관점에서 분석한다. 둘째, 측정 원칙 차원에서의 비교이다. 구체적인 지표를 개발하고 이를 실제 측정하는 과정에 적용한 측정 원리와 방법론 등을 비교한다. 셋째, 세부 영역별 지표의 비교이다. 각 영역별로 다루는 구체적인 측정 지표 및 산식의 특징과 차이를 살펴본다. 본 파트에서는 2019년에 공표된 한국 SK DBL의 2018년 버전 측정지표 및 데이터와 2019년 개발된 중국기업 사회적 가치 지표체계를 기준으로 비교하였다.

## 1. 지표체계 비교

### 1.1. 측정 및 지표체계 개발의 목적 및 개발 과정

SK그룹은 경영 방법론인 SKMS에 "사회적 가치" 추구가 경영활동의 목적임을 명문화하였고, 기업의 사업 전략과 비즈니스모델을 경제적 가치와 사회적 가치를 동시에 창출하는 방향으로 전환하고 있다. 이를 위해 SK는 의사결정과 자원배분 시 우선순위의 기준이 되는 기업활동의 성과 측정 및 평가 기준을 새롭게 마련하였다. 즉 기업활동을 통해 창출한 사회적 성과를 일종의 기업 회계 관점에서 측정, 관리할 수 있는 체계와 방법론을 개발한 것이다. 이 과정에서 SK는 지속가능성, 기업의 사회적 책임(CSR), 기업 지배구조와 관련한 기존의 평가도구들을 비교, 분석하여 DBL의 사회성과 측정 및 평가 범위를 기존 도구들과 호환되도록 하였다. 그 결과 기업의 가치사슬과 활동 전반의 사회성과를 종합적으로 측정할 수 있는 측정체계와 지표 라이브러리(indicator library)를 구축할 수 있었다.

중국의 경우, 국유기업을 관리하는 국자위의 위상과 역할을 반영하여 국가 차원에서 국유기업의 사회적 책임과 사회적 가치를 측정, 평가할 수 있는 체계를 개발하는 데 초점을 맞추었다. 국유기업의 사회적 책임 성과평가가 주목적이므로, 기업 간 공정성을 보장할 수 있는 공통지표 위주로 개발하였고, 기업의 사회적 책임 활동의 개선을 촉진할 수 있는 지표를 중심으로 측정하고자 하였다. 또한 지표체계 개발 시 기존의 사회적 책임과 사회적 가치에 대한 이론적 연구에 기반하여 중국 국유기업의 고유한 특성을 충분히 고려하였다. 이를 위해 기존의 기업 책임 및 사회가치 관련 평가도구를 분석하였으며, 중국의 기업환경과 사회적 상황을 반영하기 위해 노력하였다. 특히 개발 과정에 실제 국유기업의 의견 수렴과 파일럿 측정을 포함하였다. 나아가 국유기업뿐 아니라 민영기업, 혼합소유제기업, 외자기업까지 확대하여 보편적으로 적용할 수 있고, 다양한 산업유형을 포괄할 수 있는 지표체계를 개발하기 위해 노력하였다.

한국 SK DBL은 민간기업에서 사회적 가치 창출을 위한 혁신을 촉진하고 그 성과를 관리하기 위하여 개발되었고, 중국의 지표체계는 정부기관인 국자위에서 국유기업의 사회적 가치 창출 수준을 평가하기 위한 목적으로 개발되었기에 양 지표체계는 각각 지향하는 바가 다르다. 그럼에도 불구하고 두 가지 지표체계는 공통적으로 1) 양국의 고유한 사회문제를 반영하고, 2) 다양한 산업에 속해 있는 기업에 보편적으로 적용할 수 있으며, 3) 기업의 사회적 가치 창출 활동을 촉진할 수 있도록 개발되었으며, 4) 궁극적으로는 글로벌 사회적 가치 측정 표준화를 지향하고 있다.

## 1.2. 지표체계의 구성과 성과영역

한국의 SK DBL은 사회적 가치의 유형과 발생 위치에 따라 지표체계의 세부 차원을 구성하였다. 우선 세계적으로 통용되는 GRI가이드라인에 따라 사회성과의 영역을 환경(E), 사회(S), 거버넌스(G)로 구분하고, 이를 다시 기업활동에서 가치가 창출되는 위치에 따라 Product, Process, Value Chain, Community로 구분하였다. 즉 사회성과의 영역과 발생 위치를 교차하여 전체 측정체계를 구성하였다.

중국의 지표체계는 사회성과 영역을 SK DBL과 동일하게 환경, 사회, 거버넌스로 구분한 후, 각 영역에 해당하는 이해관계자를 규정하고, 이해관계자별로 세부적인 지표체계를 구성하였다. SK DBL과 구분되는 특징은 사회성과의 결과만을 측정하지 않고 투입(input) 및 산출(output)을 동시에 측정하는 접근을 취하고 있다는 점이다.

두 측정체계의 가장 큰 차이는 지표의 영역을 구분하는 기준이다. SK DBL은 사회성과가 창출되는 위치(product/process/value chain/community)에 따라 세부영역을 구분하고 있으며, 세부 지표 영역의 명칭을 주로 핵심 활동이나 사회적 가치의 구체적인 내용을 반영하여 정하고 있다. 이와 달리 중국의 지표체계는 사회적 가치를 이해관계자별로 구분하고 있다.[77] 서로 다른 구분체계와 기준을 갖고 있다고 하더라도 결과적으로 실제 측정 지표는 거의 대부분 일치한다.

두 지표체계의 또 다른 차이점은 투입을 바라보는 시각이다. SK DBL의 경우 외부 이해관계자에서 발생하는 사회적 가치를 객관적으로 측정하는 데 집중한다. 그래서 사회적 가치 창출과 관련된 투입(Input)이 아닌 결과(Outcome)에 대한 측정을 지향한다. 또한 기업활동의 원리상 대부분 단일한 투입을 통해 경제적 가치와 사회적 가치가 동시에 창출되기 때문에 투입을 경제적 투입과 사회적 투입으로 구분하는 것이 쉽지 않다. 향후 관리회계 관점에서 사회가치를 위한 투입에 대한 측정 및 분석방법을 개발할 계획이다.

중국의 지표체계는 각 지표마다 사회적 가치를 위한 투입과 산출을 병행하여 관리할 수 있도록 병렬적으로 개발하였다. 투입지표의 세부 내용을 보면, 투자 등 경제적 성격의 투입 내역까지 혼재되어 있기는 하나 투입과 산출 양측을 구분하여 측정하는 체계를 전격적으로 도입하였다.

---

77 지표 영역의 명칭(SK DBL – 중국 지표체계 순)을 살펴보면 이러한 차이를 확인할 수 있다. 예를 들어 '동반성장(활동)–사업파트너(대상)', '사회공헌(활동)–지역사회(대상)'와 같은 방식이다. 측정하고자 하는 지표는 대체로 일치하나, 활동과 이해관계자 구분에 따라 속하는 영역이 달라지는 경우도 일부 있다. 이는 3절의 각 영역별 설명에서 후술하기로 한다.

끝으로 중국의 지표체계와 달리 SK DBL은 비즈니스를 통해 창출하는 사회적 가치와 더불어 국가경제에 기여하는 성과를 "경제간접기여성과"로 명명하고, 기업의 고용, 납세, 배당 성과를 반영하고 있다. 사회문제를 해결하는 관점에서의 사회적 가치는 아니나 국가경제의 안정과 번영에 기여하는 기업의 사회적 역할을 고려하여 별도의 가치로 측정하여 사회성과로 보고한다. 중국의 지표체계는 고용, 납세 등의 경제적 기여성과를 상시적으로 측정하지는 않지만, 일부 지표에 이러한 경제적 성과를 반영하고 있다. 예를 들어 사회영역의 거시 경제 관련 지표에서 역주기 기간의 고용 및 납세 책임 지표, 지역사회 관련지표 중 빈곤지역의 경제에 기여한 성과 등이 여기에 해당한다.

표 3-1 한중 사회적 가치 지표체계 개발의 목적 및 체계 차이

| 한국 | 구분 | 중국 |
|---|---|---|
| 경제적, 사회적 가치 동시 추구 | 측정의 주목적 | 국유기업에 대한 공통된 평가기준 수립 |
| 사회성과의 영역 세부영역 구분기준: ESG 사회성과 발생위치: (Product-Process-Value chain-Community) | 성과영역 분류기준 | 사회성과의 영역 세부영역 구분기준: ESG 주요 이해관계자 (G- 주주/S- 고객, 직원, 파트너, 거시 경제, 지역사회/ E - 환경) |
| 사회적 회계 관점에서 개발검토 중 | 사회적 가치 창출 관련 투입(Input)의 측정 | 각 세부지표단에서 산출지표에 상응하는 투입지표 제시 |
| 경제간접기여성과 사회적 가치와 별개의 가치 측정, 관리 | 국민경제 기여성과의 측정 | 별도의 경제기여성과를 보지는 않고, 일부 성과에 해당 성격의 지표 반영 (사회-거시 경제) 이해관계자를 정의하고 역주기 시점의 고용 및 납세 성과 측정 (사회-지역사회) 빈곤지역 경제에 기여한 성과 측정 |

## 2. 측정원칙의 비교

측정지표의 구체적인 산식을 정의하고 실제 측정을 진행하기 위해 지켜야 할 원칙에 대해 양국의 지표체계를 분석한 결과는 다음과 같다.

### 2.1. 이해관계자 회계 원칙

이해관계자 회계 원칙은 사회를 이해관계자의 집합으로 가정하고, 기업활동이 이해관계자에 미치는 사회적 영향을 측정하는 것을 의미한다. 회계적으로는 기업활동을 통해 발생한 사회적 가치를 이해관계자별 계정에서 사회적 편익과 사회적 비용을 기입하여 합산한다. 사회성과는 사회적 편익에서 사회적 비용을 뺀 일종의 '사회적 부가가치'라고 볼 수 있다. 따라서 사회성과에서 긍정적인 성과는 (+)로, 부정적인 성과는 (-)로 측정해야 한다. 측정 지표는 긍정적, 부정적 성과별로 각각의 지표를 개발하는 방법과, 동일한 지표로 시장의 기준점을 얼마나 충족하는지를 확인하는 방법이 있다. 즉 기준점을 넘어서면 (+)로, 기준점에 미치지 못하면 (-)로 측정하는 것이다.

SK DBL과 중국의 지표체계 모두 편익과 비용을 측정하고 있다. 다만 긍정적 활동을 촉진할지, 부정적 행동을 억제할지 등 지표의 취지에 따라 기준점이 다르게 설정될 수 있다. 여기서 한 가지 유의할 점은 부정적 성과를 측정하는 지표의 경우 측정 당사자인 기업 입장에서는 측정에 소극적일 수 있기 때문에, 부정적 성과의 개선 정도를 중시하는 방식으로 측정과 평가를 하는 것이 필요하다는 것이다.

표 3-2 한중 사회적 가치 지표체계의 사회적 편익 지표와 사회적 비용 지표 비중

| 유형 | SK DBL (제품·서비스 지표 포함) | | SK DBL (제품·서비스 지표 제외) | | 중국기업 사회적 가치 지표 | |
|---|---|---|---|---|---|---|
|  | 계 | 비율 | 계 | 비율 | 계 | 비율 |
| 편익지표 | 116 | 92% | 28 | 76% | 22 | 69% |
| 비용지표 | 10 | 8% | 9 | 24% | 10 | 31% |
| 합계 | 126 | 100% | 37 | 100% | 32 | 100% |

## 2.2. 결과(Outcome) 위주의 측정

양국 측정체계 모두 기업활동으로 인해 실제 만들어지는 사회적 가치, 즉 결과(outcome)로서의 사회성과를 측정하고자 한다. 다만 실제 변화를 측정하기 위해 필요한 정량적 데이터의 확보 가능성 등 현실적인 이유로 모든 지표를 '결과' 관점에서 측정하기는 어렵다. 그럼에도 기업이 투입한 노력이나 비용과는 구분되도록, 이해관계자 삶의 변화와 사회적, 경제적 자산의 증감 등을 포착할 수 있는 항목으로 지표를 구성하는 것이 필요하다.

양 측정체계 모두 성과에 대하여 실제 편익과 비용의 직접가치를 추정한 '결과'의 측정을 지향하고, 불가피한 경우 상대가격 추정(타 솔루션과의 성능대비 가격 비교), 또는 투입(input) 값을 사회성과의 값으로 차용하는 방식을 허용하고 있다. 중국기업 사회적 가치 지표체계의 경우 투입을 별도로 측정하고 있으나, 불가피하게 산출단계에서도 투입비용을 지표산식에 사용한 경우가 있다. 그 현황은 다음 표와 같다.

표 3-3 한중 사회적 가치 지표체계의 결과 및 투입지표 비중

| 유형 | SK DBL (제품·서비스 지표 포함) | | SK DBL (제품·서비스 지표 제외) | | 중국 지표 | |
|---|---|---|---|---|---|---|
| | 계 | 비율 | 계 | 비율 | 계 | 비율 |
| Outcome형 | 117 | 93% | 28 | 76% | 19 | 59% |
| Input 차용형 | 9 | 7% | 9 | 24% | 10 | 31% |
| 혼합형 | – | – | – | – | 3 | 9% |
| 합계 | 126 | 100% | 37 | 100% | 32 | 100% |

## 2.3. 기준점(Baseline)

기업이 창출하는 사회성과를 화폐가치로 측정할 때에는 측정하고자 하는 가치를 대표할 수 있는 정량화 가능한 값의 단위, 즉 성과단위의 정의가 필요하다. 예를 들어, '신규 일자리 창출 성과'라는 가치가 특정되면, 이 가치를 대표하는 성과단위는 '일자리 규모(인원수)'가 될 것이다. 측정단위는 자사의 값뿐만 아니라 기준점의 값을 확보할 수 있는 것으로 정해져야 한다.

예를 들어 '직무만족도'라는 지표는 정량적인 값으로 도출할 수 있는 측정단위이지만, 동일 항목에 대해 동일 조건에서 조사된 타 기업 또는 시장 평균의 직무만족도 값을 구할 수 없다면 적절하고 타당한 비교가 이루어지지 않는다.

성과단위가 정의되면, 자사의 성과 및 기준점이 되는 기준점(Baseline)과의 차이를 계산하게 된다. 기준점이란 성과측정 시 기준점이 되는 상태를 의미한다. 예를 들어 생산공정에서의 '온실가스 배출 저감' 성과를 측정한다고 할 때, 무엇을 '기준'으로 보느냐에 따라 온실가스 배출 저감 성과가 달라질 수 있다.

기준점은 다양하게 설정 가능하다. 해당 산업계의 평균 배출량을 기준으로 하는 경우(시장평균), 혁신 및 개선 이전 공정조건에서의 배출량을 기준으로 하는 경우(이전 상태), 전년도 배출량을 기준으로 하는 경우(기준시점), 법이나 제도에서 정하는 요건이나 규제를 기준으로 하는 경우(법적 기준), 기업활동이 아예 없는 상태와 비교하는 경우(영기준) 등이 있다.

표 3-4 기준점(Baseline)의 유형

| 기준점 유형 | 설명 |
|---|---|
| ① 시장 평균 비교 | 시장 평균 사회적 가치 창출 수준과 비교 |
| ② 이전 상태 비교 | 개선 및 혁신활동이 있기 전의 상태 |
| ③ 기준 시점 비교 | 비교하려는 특정 시점 활동의 상태 |
| ④ 법(法)적 기준 비교 | 법 및 제도에서 정하는 규제값을 기준으로 비교 |
| ⑤ 영(zero)기준 비교 | 활동이 전무한 상태 |

지표별로 기준점(Baseline)을 설정할 때에는, 합리적이고 일관성 있게 결정하는 것이 중요하다. 그 근거와 이유가 명확하고 논리적일수록 측정체계의 타당성이 높아지는 까닭이다. 아울러 모든 지표의 기준점을 일방적으로 통일하는 것보다 각 지표에서 포착하고자 하는 성과의 특성에 따라 가장 적절한 기준점을 적용하는 것이 필요하다.

SK DBL에서는 SK DBL의 비즈니스 사회성과 중 제품서비스에서는 시장평균을 기준점으로 우선 적용한다는 원칙을 가지고 있다. 이것은 사회적 가치 창출을 선도하고자 하는 SK

의 기업 혁신 의지가 지표에 반영된 것이다. 예를 들어 제품·서비스가 창출하는 사회 가치를 측정할 때도 기준점으로 타사 제품의 시장평균 값을 사용한다. 제품·서비스 외에도 지표의 특성에 따라 기준점을 각각 다르게 설정하고 있는데, 고용부담금과 같이 법에 따른 의무사항이 있을 경우에는 법적 기준을 기준점으로 삼는다. 반면 사회공헌활동이나 기부와 같이 법적 의무사항이 아니거나, 타 기업과의 비교보다는 활동 자체에 사회적 가치를 부여하는 것이 더 타당한 경우, 또는 시장 내 혁신적인 제품을 출시하여 비교대상이 없는 경우 영기준을 사용한다. 환경성과의 경우 기업활동이 환경에 미치는 영향을 모두 측정하는 영기준 방식을 사용하되, 전년 대비 개선도를 측정하는 기준시점 방식을 병행하여 측정하고 있다.

중국기업 사회적 가치 지표체계에서는 주로 영기준과 법적 기준을 기준점으로 활용하고 있고, 또한 전년대비 개선도를 보는 경우가 많다. 이는 기업의 개선노력과 그 결과에 대한 공정한 평가를 고려했기 때문인 것으로 보인다.

표 3-5 한중 사회적 가치 지표체계의 기준점(Baseline) 유형별 사용비중

| 기준점 | SK DBL (제품·서비스 지표 포함) | | SK DBL (제품·서비스 지표 제외) | | 중국 기업 사회적 가치 지표 | |
|---|---|---|---|---|---|---|
| | 계 | 비율 | 계 | 비율 | 계 | 비율 |
| 시장평균 | 75 | 60% | 3 | 8% | 3 | 9% |
| 기준시점 | 0 | 0% | 0 | 0% | 7 | 22% |
| 영기준 | 44 | 35% | 28 | 76% | 15 | 47% |
| 법적기준 | 7 | 6% | 6 | 16% | 7 | 22% |
| 합계 | 126 | 100% | 37 | 100% | 32 | 100% |

## 2.4. 기준값(Proxy)의 설정

기준값(Proxy)이란 기업경영활동의 결과로 나타난 사회적 편익과 비용을 화폐가치로 환산하는 계수를 의미한다. 즉 사회가치를 화폐화하는 기준 또는 그 근거를 말한다. 구체적인 성과 단위가 정해지면 그 결과값이 준거시장의 원칙에 따라 합리적인 화폐가치로 계산될 수 있도록 객관적인 근거를 바탕으로 한 기준값(Proxy)이 필요하다.

SK DBL에서는 국제기구, 정부, 협회 등이 발표한 수치 및 국가통계 등 공신력을 인정받은 기준값을 적용하여 측정한다. 그룹 내 공통적으로 적용되는 기준값을 일괄적으로 관리하고 갱신하며, 타당성여부를 검증하기 위하여 산하에 사회적가치연구원(CSES)을 두어 그룹 공통의 측정 기준값 및 근거기준을 정립하고, 관계사의 측정기준값 산출 등을 지원한다. 또한 각 관계사의 사회적 가치 전담 부서에서도 개별 지표에 대한 기준값 등을 지속적으로 발굴하는 노력을 하고 있다.

중국기업 사회적 가치 지표체계에서도 '데이터 수집 가능 원칙'에 따라 실제 상황에 부합하고, 이해할 수 있으며, 실제 데이터를 수집할 수 있는 기준에 따라 측정할 것을 제시하고 있다.

## 2.5. 측정의 범위

시간적 범위로는 양측 지표체계 모두 해당 연도 성과를 측정하는 것을 원칙으로 하고 있다. 측정 대상에 있어 SK DBL에서는 모기업의 국내외 모든 사업장을 측정하며, 자회사에 한해서는 자율성을 부여하되 가급적으로 측정에 참여하도록 유도하며, 지분율이 50% 미만이지만 지배력을 행할 수 있는 관계회사의 사회성과는 모회사의 지분율에 따라 귀속시키도록 기준을 제시하고 있다.

한편, 중국기업 사회적 가치 지표체계의 측정 범위는 일단 중국 내에 초점을 맞추며 해외사업장은 측정에서 제외하고 있다. 측정체계가 개발된 첫해이기 때문에 구체적인 측정 범위는 아직 제시되지 않았으나, 해외사업장과 종속기업이 폭넓게 존재하는 만큼, 구체적인 기준이 필요할 것으로 보인다.

## 2.6. 기타 측정산식의 적용 원칙

기업이 창출하는 사회 성과에 대하여 정부 등 외부의 보상이 있을 수 있는데, 예를 들어 온실가스 저감에 따른 정부 보조금, 취약계층 고용에 대한 고용장려금 등이 있다. SK DBL에서는 이러한 정부 보조금을 외부로부터 보상받은 것으로 간주하여, 상응하는 금액을 성과에서 차감하고 있다.

또한 제품이나 서비스 자체가 사회성과를 창출하는 경우, 제품 가격에 이미 해당 사회가치가 반영되어 있을 수 있다. SK DBL에서는 1) 가격에는 제품 본연가치와 사회적 가치가 융합되어 있어 이를 분리하기 어렵고, 2) SK DBL에서 정하는 기준점(Baseline)를 동종제품의 시장 평균으로 설정한 이상 사회가치의 가격 보상분에 대한 것은 측정식상에서 상쇄되는 것으로 판단하여 가격 보상을 따로 산출해 제외하지 않는다.

중국기업 사회적 가치 지표체계에서는 개별적인 제품성과를 측정하지 않기 때문에 해당 이슈에 대한 별도의 원칙을 정하고 있지 않다.

## 3. 세부영역별 지표 비교

SK DBL과 중국기업 사회적 가치 지표체계 모두 측정영역을 환경, 사회, 거버넌스의 세가지 영역으로 구분하고 있으므로 각 영역별로 세부적인 지표구조와 특징을 비교하고자 한다. 단 SK DBL의 경우 결과(Outcome) 지표를 중심으로 개발되어 있기 때문에 중국기업 사회적 가치 지표체계 중 투입(Input) 지표는 본 절에서 검토하지 않는다.

### 3.1. 거버넌스(G)

거버넌스는 기업이 투명하고 공정한 의사결정을 할 수 있는 제도를 구축하여 기업의 안정성을 높이고 사회적 책임을 다하는 것을 의미한다. SK DBL에서는 거버넌스의 민주성과 참여성 강화, 투명성 확보에 기여한 긍정적 성과(소액주주 권익보호 및 회계투명성 확보 등 이해관계자 참여 확장)와 책임과 의무 불이행에 대한 부정적 성과(부정행위, 법 질서 위반)를 동시에 지표체계에 반영하고 있다. 그러나 화폐화를 위한 구체적인 기준 및 산식은 아직 개발단계에 있다.

중국기업 사회적 가치 지표체계에서도 거버넌스 성과 측정 시 글로벌 사회책임/지속가능 보고서 작성 기준 이행 여부와 거버넌스 기반 마련을 위한 활동 측정하고 있다. 구별되는 점은 중대한 기업정보를 공시하는 책임이행 여부(G1.1)는 화폐단위로 측정하는 방식이 아닌 사회적 책임보고서 등의 배포여부에 따라 1 or 0 형태로 별도 평가한다는 점이다. 또한 리스크 관리 및 법제준수와 관련해 국유자산감독관리위원회의 평가 결과에 따른 정성적인 평가방식을 차용하고 있으며, 처벌사항(금액)에 대해서만 (−) 성과지표로 측정하고 있다.

표 3-6 한중 지표체계 세부영역별 지표 비교: 거버넌스 영역

| 구분 | SK DBL | 중국기업 사회적 가치 지표체계 |
|---|---|---|
| 韓 거버넌스[78]<br>中 거버넌스 | 소액주주참여 | 중대한 정보 공시 |
| | 회계투명성 | |
| | 부정부패 | 리스크 관리 및 법제 준수 |
| | 법질서 위반 | |

## 3.2. 사회(S)

SK DBL에서는 기업 본연의 경영활동을 통해 내/외부 이해관계자의 삶의 질 개선과 상생에 기여하는 총체적 성과를 사회영역의 성과로 측정하고 있으며, 다음과 같이 성과를 분류하고 있다. 괄호안의 내용은 중국의 분류명을 병기한 것이다.

- 제품·서비스 성과(고객서비스): 기업의 제품, 서비스를 통해 개인의 삶의 질을 개선하고, 소비자에 대한 제품의 안전, 품질, 정보권리를 보장하는 성과

- 노동 성과(직원책임): 기업 구성원에게 공정하고 질 좋은 고용을 보장하고 안전한 노동환경을 제공하는 성과

- 동반성장(사업파트너): 협력사 관계에서 계약의 공정성, 투명성을 확보하고, 중소기업 등 산업계 내 타 기업과의 상생협력을 통해 다른 산업주체의 자생력 증진에 기여한 성과

- 사회공헌(지역사회): 기업의 지역공동체를 대상으로 사회공헌활동, 임직원 봉사, 기부를 통해 사회적 약자를 보호하거나 공동체 자산을 증대시키고, 지역사회 생태계를 강화한 성과

중국기업 사회적 가치 지표체계에서는 기업 본연의 경영활동을 통한 내외부 이해관계자 삶의 질 개선, 외부 산업 생태계 활성화, 지역사회 지원 활동 성과를 측정하고 있다. 구체적으로는 다음과 같이 성과를 분류하고 있다. 괄호 안의 성과내용은 SK DBL의 분류명을 병기한 것이다.

---

78 현재 거버넌스 측정체계는 검토 및 연구 중에 있으며, 아직 측정하지 않고 있다.

- 고객서비스(제품·서비스 성과): 고객만족을 위한 제품 및 서비스 품질
- 직원책임(노동 성과): 고용을 통한 삶의 질 개선, 안전한 노동환경 조성
- 사업파트너(동반성장 성과): 외부 산업 생태계 조성 기여(기술, 자금 지원) 및 공급사슬 안정성 조성 기여, 공개입찰 의무 이행 등을 통한 상생과 경제 활성화 기여 성과
- 지역사회(사회공헌 성과): 기업이 속한 지역공동체를 대상으로 사회공헌활동, 임직원 봉사, 기부를 통해 사회적 약자를 보호하거나 공동체 자산을 증대시키고, 지역사회 생태계를 강화한 성과
- 거시 경제(경제간접기여 성과): 정부를 주요 이해관계자로 분류하여, 역주기 동안 고용과 납세를 통해 경기회복에 기여한 성과

사회영역은 한국과 중국의 국가적 상황에 따라 사회문제에 대한 인식과 문제 해결의 맥락에 차이가 있다. 각 세부 영역별로 검토해 보면 다음과 같다.

표 3-7 한중 지표체계 세부영역별 지표 비교: 사회 영역 전체

| 구분 | SK DBL | 중국기업 사회적 가치 지표체계 |
|---|---|---|
| 韓 제품·서비스<br>中 고객 | 삶의 질 성과 | 서비스 가치 창출 |
| | 소비자 보호 | 서비스 가치 개선 |
| 韓 노동<br>中 직원 | 고용창출[79] | –<br>(지역사회 및 거시 경제 지표에 일부 반영) |
| | Diversity & Inclusion[80] | 고용다양성(여직원, 소수민족) |
| | 구성원의 근로생활의 질 | 근로생활의 질<br>(임금경쟁력, 초과근무 보상, 휴가제도 보장) |
| | 구성원의 안전 보건 관리 | 안전·건강·복지 (사고상해 및 손실) |
| 韓 동반성장<br>中 사업파트너 | 계약이행 공정성 | 공정한 시장 환경(공정거래, 채무연체) |
| | 상생협력 | 상생협력<br>(산업생태계, 혁동혁신, 공급망 안정성,<br>경영 노하우 및 표준 공유) |
| | 사회공헌 구매 | 공개입찰구매<br>(공개입찰 구매 위반) |
| | 글로벌 사회책임 구매 | |
| | 협력사 안전보건관리 | – |
| 韓 사회공헌<br>中 지역사회 | 사회공헌활동<br>기부 자원봉사 | 지역사회 투입<br>(지역사회 관리능력 향상) |
| | | 소비 빈곤구제<br>(빈곤인구소득증대) |
| | | 산업 빈곤구제<br>(산업 빈곤주제 종합기여, 투자개발 경제성과,<br>특색산업 경제성과) |
| | | 취업교육 빈곤구제<br>(취업 교육 소득 증진) |
| 韓 (없음)<br>中 거시 경제 | 없음<br>(경제간접 기여성과[81]로 반영) | 납세 책임<br>고용 안정 |

---

79 2019년 측정체계 개정 후 "노동취약계층 고용" 지표만 유지하고, 기존의 "일자리 증대" 지표는 "경제간접 기여성과"에 병합되었음.

80 2019년 측정체계 개정 시 본 지표는 측정하지 않았으며, 별도의 추가연구를 진행 중이다.

81 경제간접 기여성과는 고용, 납세, 배당으로 구성되었음.

### 3.2.1. 삶의 질 개선 성과 對 고객 성과

제품·서비스를 통한 성과는 고객 및 이용자에 대한 긍정적 가치(사회적 편익)와 부정적 가치(사회적 비용)를 동시에 측정한다.

SK DBL에서는 기업생산활동의 결과물인 제품과 서비스를 통해 사회 구성원 개인의 삶을 위협하는 사회문제를 해결할 수 있다는 점을 강조한다. SK DBL에서는 제품과 서비스를 통해 고객 및 이용자에게 미치는 긍정적 영향, 즉 사회적 편익을 '삶의 질' 성과로 정의하고, 고객 및 이용자가 겪고 있는 사회문제를 완화 또는 개선한 성과를 사회성과로 측정한다. 삶의 질 성과는 SK DBL 측정체계의 가장 큰 특징이자, DBL 경영을 추구하는 SK 기업정신을 대표하는 지표영역이라고 할 수 있다.

제품·서비스를 통한 '삶의 질 향상'이라는 사회적 가치는 사회문제 해결을 전제로 측정된다. 따라서 제품과 서비스의 품질 제고, 성능 개선, 기능 확장 등이 무조건 사회적 가치로 인정되는 것은 아니다. 제품·서비스의 가치창출은 기본적으로 경제적 후생을 증진시킨 성과이며 대부분 시장에서 매출로 경제적 보상을 받는다. 또한 이러한 제품 개선은 시장경제체제 하에서 제품·서비스 경쟁의 당연한 결과이기도 하다. 따라서 그 제품·서비스가 단순히 고객의 효용과 편익을 증진시키는 데 그치지 않고, 사회구조적인 문제를 해결하고 공공의 이익을 증대시키는 경우에 한해서만 사회적 가치를 인정하고 있다. 즉 사회경제적 불평등을 해소하거나, 범죄나 사고로부터 인명(人命)을 보호하거나, 보건 및 복지 수준을 강화시키거나, 교육 및 문화수준을 높이는 등의 성과를 창출하는 경우에만 제품·서비스의 사회성과로 인정하는 것이다. SK DBL에서는 해당 제품이 속한 제품군 시장 전체의 평균 기준점(baseline)에 비하여 자사의 제품이 사회문제 해결에 더 기여한 만큼만 사회성과로 인정한다. 예를 들면 SK DBL의 대표적인 삶의 질 성과로 SK Telecom의 〈안전운전습관 도우미 App〉 서비스가 있다. 기존의 차량용 네비게이션 서비스에 과속 및 급정차, 급출발 등 운전자의 운전습관 정보를 추가로 수집, 분석하여 평가점수를 제공하고, 일정 점수 이상을 달성하면, 운전자 보험료를 낮춰주는 서비스이다. 시각화하여 제공하는 운전습관 정보와 보험료 인하정책을 연계하여 운전자의 안전운전 행위를 유도하고 실제 교통사고 발생을 줄여, 결과적으로 교통사고로 인한 인명피해

비용을 줄인 사례이다.[82]

한편 제품·서비스가 고객 및 이용자에게 사회적 피해를 야기할 수도 있다. SK DBL에서는 소비자의 생명 및 신체의 안전 보장, 제품·서비스에 대한 약속된 품질, 거래와 이용에 대한 적절한 지식 및 정보의 제공 측면에서 제품 책임을 다하지 못하여 소비자에게 피해를 준 경우, 실질적인 피해비용을 추정하여 부정적 성과로 측정한다.

중국기업의 측정체계에서는 제품·서비스 성과와 유사한 것으로 '고객 서비스' 영역을 두고 있다. 고객에 대한 사회성과는 제품·서비스의 품질 관점에서 접근하며, 서비스 가치 개선과 서비스 가치 창출을 성과로 인식한다.

우선 '서비스 가치 창출 성과'는 기업이 제품 표준(규격)이나 계약된 내용보다 '품질 및 안전' 측면에서 더 나은 제품·서비스를 제공한 성과를 의미한다. SK DBL에서 제품·서비스의 사회적 가치를 '사회문제의 해결' 관점에서 접근하는 것과는 다르다. 이는 사회적 가치를 이해관계자 중심으로 분류하면서, 이해관계자인 고객에게 어떠한 편익이 발생하는가 하는 입장에서 접근하기 때문이다. 그리고 '서비스 가치 개선 성과'는 SK DBL의 소비자 보호 성과와 유사하게, 기업이 품질책임을 다하지 못하여 고객에게 발생한 피해비용을 측정한다.

SK DBL에서는 지표의 기준 상태 및 기준 가격 설정에 대한 비교적 구체적인 적용 기준을 제시하고 있는 반면, 중국의 경우 아직 제품·서비스 영역에 대한 측정사례가 축적되어 있지 않아 구체적인 기준을 제시하고 있지는 않다.

---

82 제품·서비스에 따라서는 전기자동차처럼 사용기간 중 환경적인 가치가 창출될 수도 있다. 이러한 성과 또한 환경영역(Environment)의 하위 지표체계로서 제품·서비스의 성과를 측정한다(표 8 한중 지표체계 세부영역별 지표비교: 환경 영역 참조).

표 3-8 한중 지표체계 세부영역별 지표 비교: 제품·서비스 성과 & 고객성과

| 구분 | SK DBL | 중국 |
|---|---|---|
| 사회성과의 개념 및 접근 방식 | 삶의 질 성과(사회적 편익)<br>: 사회문제 해결과 공공이익의 증대<br>소비자 책임 성과(사회적 비용)<br>: 제품의 안전, 품질, 정보에 대한 책임 | 서비스 가치 창출(사회적 편익)<br>: 약속된 품질 수준보다 높은 품질의 제품·서비스 제공<br>서비스 가치 개선(사회적 비용)<br>: 기업이 약속한 품질에 대한 책임 |
| 사회적 편익의 기준점(Baseline) | 원칙<br>동일한 기능을 수행하는 제품군 전체의 평균적인 사회성과 창출수준(자사 제품 및 시장 점유율 포함 반영)<br>예외적용기준<br>1) 경제적 취약계층에 대한 할인/무료 제공은 일반고객에 대한 자사의 제공가격(zero based)을 기준으로 함.<br>2) 시장에 비교대상이 없는 유일한 솔루션을 제공할 경우, zero based 적용함 | 업계 평균 안전 및 품질 수준<br>(구체적인 기준이나 적용우선순위를 제공하고 있지 않음) |
| 사회적 비용의 기준점(Baseline) | 소비자 보호 관련 법규에서 정하는 안전, 품질, 정보와 관련된 제품 책임<br>(기업이 고객에게 지불한 배/보상금으로 측정) | 기업의 계획 및 계약 수준<br>(기업이 고객에게 지불한 배상금으로 측정) |

### 3.2.2. 동반성장 對 사업파트너 성과

기업의 생산은 조직의 내부 근로자와 자원뿐만 아니라 외부 파트너와의 협력을 통해서 이루어진다. 사업파트너, 특히 중소기업과의 거래관계에서 불공정 거래를 방지하고, 상생협력관계를 유지하는 것은 단순히 거래당사자에 대한 배려일 뿐 아니라 건강하고 지속가능한 경제 및 산업 생태계를 구축하는 전제조건이다. 따라서 사업파트너와의 협력적 관계, 즉 동반성장을 위한 실천은 사회적 가치를 창출한다고 볼 수 있다.

SK DBL은 동반성장과 관련한 성과를 계약이행과정에서의 '공정거래', 협력사를 대

상으로 하는 금융, 기술 인력, 교육들의 지원활동을 통한 '상생협력', 빈곤지역 및 취약생산자나 사회적 기업과 같은 사회적 가치 창출조직에 대한 적극적 구매를 실천하는 '사회공헌구매', 공급사슬 건전성 강화를 위한 '글로벌 사회책임구매', 그리고 자사의 근로자뿐만 아니라 협력사 근로자의 안전 및 보건을 지원하는 '협력사 안전보건' 성과로 구분하여 측정한다. SK DBL에서는 모든 협력사 중에서도 동반성장 및 상생협력의 취지에 부합하는 중소기업 및 사회적 경제조직 등에 한하여 그 성과를 제한적으로 인정하고 있다.

중국의 측정체계에서는 사업파트너 성과의 대상 범주를 채권자, 상류/하류 협력사, 동종업계 경쟁자 및 기타 사회단체까지 폭넓게 설정하고 있다. 그리고 '공정한 시장환경조성', '상생협력', '공개입찰구매' 등 3가지 차원의 성과로 분류하고 있다.

양측의 지표체계 모두 공정거래를 위한 성과를 동일하게 인정하고 있으나, SK DBL은 법기준보다 대금지급 일수를 단축하여 중소기업에 현금 유동성을 높여준 성과를 사회적 편익으로 측정하고 있는 데 반해, 중국의 지표체계에서는 계약에 정한 바를 이행하지 않아 발생하는 손실액을 사회적 비용으로 측정하는 접근법을 취하고 있다.

또한 상생협력과 관련한 지표는 대부분 협력사에 대한 금융, 기술 등 각종 지원제도 운영과 투자에 대한 성과를 측정한다. 그러나 구체적인 적용 범위와 측정방법을 살펴보면, SK DBL의 경우 대기업-중소기업간의 상생 및 균형발전 관점에서 접근하는 데 반하여, 중국의 지표체계에서는 본 성과의 성격을 해당 기업이 속한 업계에 대한 투자와 기여 즉, 산업생태계 전체에 미친 포괄적인 영향으로 바라보고 측정하고 있다. 이는 앞서 설명한 대로 SK DBL이 현재 한국사회의 대기업-중소기업 간 불공정 거래라는 사회문제 관점에서 지표를 개발한 반면, 중국의 경우 기업이 자신이 속한 국가 및 사회, 산업에 미치는 영향을 사회적 가치 지표로 적극 인정하기 때문이다.

SK DBL에서는 글로벌 차원에서 공급사슬의 건전성 강화성과를 지표로 다루고 있다. 이미 한국 내에서는 공개 입찰 등 투명한 거래관행이 법과 제도적 기반하에 충분히 정착되어 있기 때문에, 국제 거래상의 이슈[83]를 중심으로 해당 지표를 제시하고 있다. 중국의 지표체계에서는

---

83 뚜렷한 법적 제재는 없지만 국제사회에서 협약 등으로 금기시되고 있는 분쟁 광물의 거래, 반인권적 생산과정을 통한 제품의 유통 등이 이에 해당한다.

공개입찰구매를 준수하지 않음으로써 발생하는 사회적 비용(소송비용 및 행정 처분)을 성과로 측정한다.

SK DBL은 빈곤지역 및 취약생산자나 사회적 기업과 같은 사회적 가치 창출조직에 대한 '사회공헌 구매' 또한 협력사와의 관계에서 이루어지는 성과이므로 동반성장 영역에서 성과를 측정하고 있는 반면, 중국의 지표체계에서는 빈곤지역에 대한 기여측면에서 본 성과로 이해하여 이를 지역사회 성과영역에서 측정한다.

또한 SK DBL에서는 원청업체의 사회적 책무를 적극적으로 해석하여 자사의 근로자뿐 아니라 협력사 근로자의 안전 및 보건을 지원하는 '협력사 안전보건' 성과를 측정하는 반면, 중국에서는 이에 대한 지표를 정의하지 않고 있다.

### 3.2.3. 경제간접기여 對 거시 경제 성과

앞에서 살펴본 대로 SK DBL에서는 비즈니스를 통해 사회문제를 해결하고 공공의 이익을 증진시키는 사회적 가치와 더불어 국가경제에 기여하는 성과를 '경제간접 기여성과'로 명명하고, 기업의 고용, 납세, 배당 성과를 측정하고 있다. 사회문제를 해결하는 관점에서의 사회적 가치는 아니나 국가경제의 안정과 번영에 기여하는 기업의 사회적 역할을 고려하여, 본원적인 사회적 가치와는 성격이 다른 별개의 가치로 측정하여 사회적 가치와 함께 보고하고 있다.

중국의 지표체계에서는 기업이 세금을 납부하고, 취업을 촉진하며, 경제발전과 변화를 선도함으로써 경제적 위험을 극복하고 완화하는 것을 '거시 경제' 성과로 정의한다. 물론 기업의 모든 경제활동을 사회적 가치 활동으로 간주하는 것은 아니다. 국가의 경제환경이 어려울 때 취업 및 금융, 대외무역, 외국자본, 투자, 예금 등의 안정을 위하여 경제조정을 시행하는 기간인 역주기 조정기간 동안 기업이 이에 참여하는 성과에 한하여 사회적 가치로 인정한다. 구체적으로는 역주기 동안의 납세 책임 및 고용 안정 성과를 측정한다. SK DBL은 사회적 가치와 별개의 성과로서 경제간접기여성과로 납세, 고용, 배당금 전액을 측정하는 것과 달리, 중국은 사회적 가치 범주 내에 포함하여 역주기 중 납세 책임을 납세 처벌금액의 감소분으로 측정하고, 신규 일자리 창출분만을 제한적으로 측정한다는 점에서 차이가 있다.

### 3.2.4. 노동 對 직원 책임 성과

기업은 기업의 사회적 책무이자, 고유의 역할인 고용창출을 위해 노력해야 하며 나아가 '좋은 일자리'로서 고용을 유지하고 근로자의 질적인 성장을 위한 다양한 조건을 갖추어야 한다. 이를 통해 근로자의 기본권을 보장하고, 근로자의 삶의 질을 증진시키는 등 노동전반에 걸친 사회성과 창출을 유도할 수 있다.

노동영역의 지표는 기업이 처한 경영조건이나 국가 차원에서 발표하는 노동현황 및 고용정책의 맥락에 따라 개발된다. 경제적으로 저성장 시기에 접어든 한국의 경우, 높은 실업률 및 노동 양극화, 여성 차별 해소, 일·가정 양립 등의 주제가 노동과 관련한 주요한 의제로 대두되고 있다. 반면 현재 상대적으로 높은 경제성장율을 보이는 중국의 경우, 근로에 대한 적절한 보상과 근로자에 대한 보호가 중요한 이슈이다.

'노동' 또는 '직원'과 관련한 성과는 '고용창출', '다양성과 포용성', '근로자의 삶의 질', '근로자의 안전 보건' 등 네 가지 세부영역으로 분류하여 측정할 수 있다[84].

한국 정부에서는 노동취약계층의 고용문제를 해결하기 위하여 기업으로 하여금 일정비율 이상의 장애인을 고용하도록 의무화하였으며, 노동취약계층을 고용할 경우 기업에게 장려금을 지급하는 등 정책제도를 실시하고 있다. 따라서 SK DBL에서는 노동시장에 진입하기 힘든 장애인, 고령자, 경력단절여성 등 노동취약계층[85]을 고용하는 활동을 '취약계층 일자리 창출' 성과로 측정한다.

중국의 경우 역주기 기간 동안 기업이 고용을 유지하고 일자리를 늘리는 등 기여가 있을 경우, 그 성과를 측정하고 있다.[86] 반면 장애인 등 노동취약계층에 대한 고용은 별도의 성과로 측정하지 않는다.

여성, (해외법인의 경우) 현지인, 소수자 등 채용 및 고용유지, 승진 과정에서의 차별을 해소하는 것 또한 중요한 노동의제로 떠오르고 있다. SK DBL에서는 이를 위한 HRM 정책을 개

---

84  최근 SK는 노동분야 지표체계를 '노동취약계층 고용창출', '구성원의 삶의 질 향상' 및 '구성원 안전보건관리 성과'로 재분류하였다.
85  노동취약계층에 대한 구체적인 정의와 인정범위는 사회적기업육성법에서 정하는 바에 따르고 있음.
86  2-3) 경제간접기여 & 거시 경제 성과 참조

선한 성과를 적극적으로 측정하고자 한다.[87] 중국의 지표체계에서도 '고용 다양성' 지표항목을 두고, 특히 여성 및 소수민족 등 소수자 근로자의 승진기회와 관련하여 성과를 측정한다. 단, SK DBL이 채용 다양성 및 공정성에 대하여 긍정적 성과를 측정하고자 하는 것과 달리, 중국기업은 여성 및 소수민족 근로자의 승진과정에서의 불공평하고 부당한 처우에 대한 고발 및 처벌에 따른 사회적 비용 관점에서 성과를 측정한다.

근로자 근로생활의 질에 대해서 SK DBL의 경우 주로 일·가정 양립의 가치를 중시하고 휴가 및 휴직의 적극적 사용과 유연한 근무조건, 근로자의 복지지원 등의 성과를 측정한다. 중국기업은 근로자의 업무 만족을 중시하기 위해 휴가제도의 보장뿐만 아니라 동종업계에서의 임금경쟁력 및 초과근무 시 제공하는 정당한 보상 등을 사회성과로 인정하고 있다.

### 3.2.5. 사회공헌 사회성과 對 지역사회 성과

SK DBL에서는 기업의 본원적인 비즈니스 활동 외에 시행되는 자선적 활동성과를 사회공헌 사회성과로 구분한다. 그리고 이를 다시 사회공헌사업, 기부, 자원봉사의 세 가지 형태의 활동으로 세분화하여 성과를 측정한다.

중국기업 측정체계는 '지역사회'라는 이해관계자에 대한 성과지표를 구성하고 있기 때문에 SK DBL이 측정하는 자선적인 사회공헌 활동뿐 아니라 지역사회 생산에 대한 구매 및 생산판매활동의 지원을 통한 소득증진 성과를 본 영역에 포함하여 측정하고 있다.[88] 특히, '빈곤현'이라고 하는 중국의 빈곤지역은 중국사회의 중요한 사회적 목표지역으로서, 해당 지역에 대한 각종 투자와 사업에 대해서 지역총생산의 증가액 및 주민들의 수입증대, 지역세수 증대 등 지역경제에 이바지한 성과를 모두 사회적 가치로 측정하고 있는 점이 주목할 만하다.

---

87  18년도 측정지표에서는 여성승진자의 연봉 및 직책수당 인상분을 사회성과 값으로 측정하였으나, 19년에는 여성의 현실적인 근로조건과 생애주기 등의 요소를 반영한 보다 적절한 측정산식을 개발 중이다.

88  SK DBL에서는 사회적 기업, 장애인 사업장 등 사회적 가치를 창출하는 소규모 생산기업에 대한 사회적 배려구매를 동반성장 영역의 '사회공헌구매' 성과로 측정함. 또한 빈곤국가의 생산물을 구매하는 경우에도 동일한 산식으로 이들 구매액 중 부가가치분을 사회적 가치로 측정함. 빈곤국가는 세계은행이 제공하는 국민 1인당 소득수준이 중하위 및 하위권인 국가를 기준으로 판단한다.

## 3.3. 환경(E)

환경영역에서는 기업활동이 야기하는 프로세스 및 전후방 가치사슬 영역의 직간접 환경 영향을 기반으로 측정한다.

SK DBL에서는 운영 상의 환경영향 저감 노력과 관련 비즈니스 모델의 혁신을 도모하기 위하여 프로세스 및 제품·서비스 영역에서의 환경성과를 모두 측정하여 이를 내부평가 및 외부 공표용으로 활용하고 있다. 이 중 프로세스 성과의 경우 측정 기업의 업종과 무관하게 산출을 의무화하고 있으며 제품·서비스 성과의 경우 해당 기업 생산 제품의 특성에 기반하여 성과보고를 자율화하고 있다. 프로세스 영역에서는 오염 및 자원 소비 측면에서 발생된 환경영향(프로세스 총량성과)[89]과 생산단위당 전년대비 개선도(프로세스 개선성과)를 각각 성과로 측정하여 프로세스에서 발생한 환경영향의 절댓값과 개선도를 모두 관리할 수 있도록 한다. 제품·서비스의 사용 및 폐기 영역에서는 자원소비, 오염물질 배출 측면에서 해당 제품·서비스가 유발하는 환경영향의 시장 평균 기준점(market baseline) 상회분을 성과로 측정한다. 이와 같은 방식을 통해 친환경적인 재화의 개발과 생산을 촉진할 수 있다. 해당 SK DBL 체계에서는 자연을 기업활동에 직접적 영향을 받는 이해관계자(stakeholder)로 설정하고 해당 이해관계자의 편익 증감 또는 편익 증대를 위한 활동의 결과를 파악하고자 한다. 이러한 접근은 실제 자연에 발생한 영향인 최종 배출 오염물질의 양을 활용하는 결괏값 산출 방식 등에서 확인할 수 있다.

중국의 지표체계에서는 SK DBL과 달리 기업의 내부 프로세스에서 환경 개선목적의 투입과 연관된 환경관련 산출을 각각 측정하고 이를 기업 간 평가를 위한 고과 지표로 활용하고 있다. 해당 활용목적과 연계하여 측정 체계에는 주로 기업 간 공통 적용 및 비교가 가능한 프로세스 성과들이 반영되어 있고 제품·서비스 성과 등의 기업별 특수성과 영역은 반영되어 있지 않다. 투입(input) 지표는 주로 오염이나 지입, 환경 복원 측면의 환경개선 목적을 위해 투입된 경제적 가치(투자액 등)를 측정하는 방식으로 설정되어 있다. 산출(outcome) 지표는 주로

---

89 ※ 참고: SK 지표체계의 프로세스 성과별 해석
  - 총량성과: 자연계에 발생시킨 환경영향의 총량(자연자본에 미친 영향의 정도)
  - 개선성과: 생산단위당 과거에 문제를 해결 or 유발하는 수준 대비 개선도
  - 대체성과: 생산단위당 시장에서 문제를 해결 or 유발하는 수준 대비 우월도

해당 투입과 연관되는 기업 행위(activity: 오염 제거 및 비재생 재료의 소비)의 개선도를 측정하는 방식과 제도 시행으로 인한 긍정적 가치의 절댓값을 측정하는 방식(긍정적 가치: 청정 에너지 소비량, 폐기물 판매량, 환경 재생 규모, 부정적 비용: 절수 성과)으로 설정되었다. 해당 지표체계에서는 전통적인 경제적 회계와 유사하게 기업의 투입원가 대비 경제적 효익을 확인할 수 있으며, 다음과 같은 세 가지 지표별 사례를 통해 이를 파악할 수 있다.

1) 자연계에 발생시킨 최종 오염배출이 아닌 개선된 정화농도를 활용하여 성과 산출(원가 투입으로 인한 설비성능 개선)

2) 폐기물 순환 성과 산정 시 재활용 폐기물 처리 과정에 대한 사회적 비용이 아닌 폐기물 가공 생산품 판매금액을 성과로 산출(기업의 경제적 효익)

3) 환경재생 성과 산정 시 산림의 사회적 비용의 활용이 아닌 해당 토지의 용도별 시장가를 기준값으로 적용(기업의 경제적 효익)

이와 같이 투입 대비 산출 방식을 활용하여 기업의 이익과 연관된 효과를 측정하는 지표 설정은 경제적 회계 값을 활용하기 용이하고 투입을 촉진시킬 수 있다는 장점이 있다.

표 3-9 한중 지표체계 세부영역별 지표 비교: 환경 영역

| | | SK DBL | | | | | 중국 측정체계 | | | | |
|---|---|---|---|---|---|---|---|---|---|---|---|
| | | 프로세스 | | | | 제품 | 프로세스 | | | | 제품 |
| | | 투입 성과 | 산출성과 | | | 대체 성과 | 투입 성과 | 산출성과 | | | 대체 성과 |
| | | | 총량 성과 | 개선 성과 | 대체 성과 | | | 총량 성과 | 개선 성과 | 대체 성과 | |
| 오염 | 온실가스 | × | ○ | ○ | ○ | ○ | ○ | × | ○ | × | × |
| | 대기오염 | × | ○ | ○ | ○ | ○ | ○ | × | ○ | × | × |
| | 수질오염 | × | ○ | ○ | ○ | ○ | ○ | × | ○ | × | × |
| | 폐기물 | × | ○ | ○ | ○ | ○ | ○ | × | ○ | ○, 폐기물 판매 가치 | × |
| 자원 | 원재료 | × | × | ○ | ○ | ○ | × | × | × | × | × |
| | 에너지 | × | × | ○ | ○ | ○ | ○ | × | × | ○, 청정E 가치 | × |
| | 용수 | × | ○ | ○ | ○ | ○ | × | × | ○ | × | × |
| 환경재생 | | × | × | × | × | ○ | ○ | × | × | ○ | × |

### 3.3.1. 환경오염 지표: 온실가스, 대기오염, 수질오염

환경오염 지표는 기업활동으로 인해 발생하거나 저감되는 환경 영향을 측정하며 온실가스, 대기오염, 수질오염, 폐기물 측면의 세부지표로 구성된다.

SK DBL의 환경오염 지표의 경우 기업 생산 프로세스 또는 제품의 사용 및 폐기 단계의 산출결과로써 자연계 배출량을 활용하는 방식을 취하고 있다. 프로세스 영역에서는 총량성과와 개선성과 모두를 측정하는데, 총량성과는 측정 기간 동안 프로세스에서 배출되는 오염물질의 총량에 오염물질별 사회적 비용(proxy)을 적용하는 방식을 통해 기업이 운영과정 중에 야기한 환경영향에 대한 총 외부비용을 산출하고 있다. 개선성과는 단위 생산량당 오염 물질 배출량의 전년대비 증감을 산출한 후 측정연도 생산량을 곱하고 오염물질별 사회적 비용을 적용하여 측정연도 생산규모에서 발생한 환경효율성 개선도를 화폐화 값으로 산출하고 있다. 제품·서비스 영역(제품·서비스 사용 및 폐기 단)에서는 단위 제품별 오염물질의 배출량을 시장 평균 베이스라인(market baseline)과 비교한 후 총 판매량과 기준비용(proxy)을 적용하여 이를 성과로 측정한다. 제품·서비스 성과와 동일하게 프로세스 영역에서의 대체성과는 시장 평균 기준점(market baseline) 대비 우월도를 측정하는데, 제품과 달리 프로세스 간의 병렬적 비교가 어려워 일부 데이터 확보가 가능한 산업에 국한하여 적용하고 있다. 대표 사례 중 하나인 재생발전의 프로세스 대체성과는 석탄, 가스, 석유 발전 등으로 구성된 발전 시장에서의 단위 전력량당 온실가스 및 대기오염물질 배출계수 평균값(kg/MWh), 즉 시장평균 베이스라인과 재생발전의 배출계수를 비교하여 측정연도 전력생산량과 기준값을 곱하는 방식으로 산출되었다. 이와 같이 오염측면 지표에서는 기준점에 따른 다양한 성과가 존재하는데 공통적으로 정량화를 위한 값으로 최종 자연계 '배출량'을 활용한다.

중국 측정체계의 환경오염 지표(폐기물을 제외)의 경우 개별 오염 저감을 위한 각종 투입비용을 투입지표로 설정하고 프로세스 영역의 배출감소농도(정회농도)를 활용한 오염물질(온실가스, 대기오염물질, 수질오염물질)별 개선성과를 산출 지표로 설정한다.

오염저감과 연관된 투입비용의 경우 기업이 오염 물질 배출의 감소를 위해 진행한 환경보호 총 투자 금액으로 1차 정의하고 있다. 이와 대응하여 당사 프로세스 및 전후방 가치사슬에서의 환경 설비(사후처리, 사전예방 모두)의 설치 및 개선의 투자액과 운영비, 친환경 목적의 제도 도입 및 시행 비용 등을 고려할 수 있다.

산출성과 도출 시 정화농도를 활용하는 방식은 신규 정화시설로의 교체 이후 정화 성능 증가(=성능) 파악 등 정화시설과 관련된 투입에 대한 기능적 효과를 보고자 할 때 유용할 수 있다. 단 해당 투입으로 인한 기능적 성능(= 정화농도 등)의 증가가 최종 자연계에 미치는 영향과 일치한다고 볼 수는 없다.

두 체계의 환경오염 지표는 모두 단위 오염물질당 사회적 비용으로서 네덜란드 Delft University의 Eco-cost_emissions cost를 적용하고 있다. 단 SK DBL에서는 온실가스의 경우 2019년부터 내부적 수용도와 값의 해석 등을 고려하여 별도의 단위 가격을 채택하였다. (2012 PwC SCC_Social cost of carbon; 78달러/ton, 대한민국 3년 회사채 금리 매년 누적 적용)

표 3-10 환경오염 프로세스 개선성과 측정식 및 Proxy 비교

| 측정 | | SK DBL | 중국 측정체계 |
|---|---|---|---|
| 투입지표 | | × | ○ |
| 산출지표 | 배출량 | ○ | × |
| | 정화농도 | × | ○ |
| 측정식 | | * 투입지표: 없음<br>* 산출지표: [오염물질 배출의 개선성과] = (기준년도 오염물질 배출량 원단위 − 측정년도 오염물질 배출량 원단위) × 측정년도 생산량 × 오염 Proxy<br>※ 배출량 원단위 = 오염물질 배출량/생산량<br>※ 기준연도: 전년도<br>[총량성과] = (0−측정연도 오염물질 배출량) × 오염 Proxy | * 투입지표: 환경보호 총 투자액<br>* 산출지표: [오염물질 배출 감소 성과]<br># 대기 오염 물질 배출 감소 성과 = (금년도 단위 생산액 배출 감소량 − 전년도 단위 생산액 배출 감소량) × 배출유량(m3) × 기업생산액 × Eco-cost<br>※ 대기 배출 감소량 = 정화 전 m³별 오염 배출량 − 정화 후 m³별 오염 배출량<br>※ 단위 생산액 배출 감소량 = 대기 물질 배출 감소량/기업 생산액 |
| 기준값(Proxy) | | − 온실가스: PwC SCC<br>− 기타 오염물질: Delft Univ. Eco-cost | − Delft Univ. Eco-cost |

### 3.3.2. 환경오염 지표: 폐기물

환경오염의 세부 지표 중 폐기물의 경우, 두 체계에서의 재활용 폐기물 관련 환경영향을 적용하는 방식이 상이하다.

SK DBL에서는 재활용 폐기물의 환경영향은 0(無)인 것으로 간주한다. 폐기물을 재활용하여 순환자원화하는 프로세스에서의 친환경성은 폐기물 재활용 기업의 프로세스 성과로 간주하기 때문이다(가치사슬 단계별 성과산출). 그러므로 SK DBL에서는 재활용 폐기물을 포함되지 않은 비재활용(소각, 매립) 폐기물 배출량 기반의 성과(개선성과 및 총량성과)로 구성되어 있다.

중국기업 사회적 가치 지표체계에서는 기업이 배출한 폐기물이 재생 자원화되는 경우, 해당 재생 자원의 판매가치(경제적 가치)를 사회적 가치의 성과로 본다. 이는 가치사슬별 성과 발생 단계가 엄밀하게 나뉘지 않은 체계의 특성으로 인하여 간접 발생된 성과도 포괄한 형태라 볼 수 있다. 비재활용 폐기물은 SK DBL과 동일하게 배출량 기반 개선성과를 측정한다.

두 체계 모두 비재활용 폐기물 성과 산출 시 단위 오염물질당 사회적 비용으로서 Delft Univ.의 폐기물 처리단계에 대한 Eco-cost를 적용하고 있으며, 해당 기준값은 성상별, 처리 방식별(소각 및 매립 등) 최종 처리 단계에서의 단위 폐기물 질량당 환경 영향 값(유로/kg)을 의미한다.

표 3-11 폐기물 측면 지표

| 측정 | | SK DBL | 중국 측정체계 |
|---|---|---|---|
| 투입지표 | | × | ○ |
| 산출지표 | 재활용 폐기물 | ×<br>(재활용 폐기물의 환경영향은 0로 간주) | ○ |
| | 비재활용 폐기물 | ○ | ○ |
| 측정식 | | * 투입지표: 없음<br>* 산출지표:<br>[비재활용 폐기물 배출의 개선성과]<br>(기준년도 폐기물 배출량 원단위 − 측정년도 폐기물 배출량 원단위) × 측정년도 생산량 × 폐기물 처리 Proxy<br>[비재활용 폐기물 배출의 총량성과]<br>(0−측정연도 폐기물 배출량) × 폐기물 Proxy | * 투입지표: 환경보호 총 투자 금액<br>* 산출지표: 배출량 성과 + 고체 폐기물 순환사용 성과<br>※ 배출량 성과 = (금년도 단위 생산액 고체 폐기물 배출량 − 전년도 단위 생산액 고체 폐기물 배출량) × Eco-cost |
| 기준값(Proxy) | | − Delft Univ. Eco-cost: Waste treatment | − 개선성과: Delft Univ. Eco-cost: Waste treatment<br>− 고체 폐기물 재활용 판매금액 |

### 3.3.3. 자원소비 지표

자원소비 지표는 기업활동 시의 자원소비 및 저감으로 인한 영향을 측정하며 에너지, 수자원, 원재료 측면의 세부지표로 구성된다.

SK DBL의 자원소비 지표의 경우 기업 프로세스 또는 제품의 사용 및 폐기 단계의 자원 소비량을 활용하여 산출지표를 도출하는 방식을 취하고 있다. 이 중 프로세스 영역에서는 상대적 소비정도를 측정하는 개선성과와 자원소비로 인한 절대적 영향 값인 총량성과를 모두 측정하고 있다(총량성과는 수자원 측정 시 적용). 총량성과는 기업 프로세스에서의 자원 소비량에 기준값(단위 자원별 사회적 비용, 시장가 적용)을 적용하여 기업이 운영과정 중에 야기한 환경영향에 대한 사회비용(social cost)을 산출하고 있으며, 개선성과는 단위 생산량당 세 가지 측면의 각 자원(원재료, 에너지, 수자원) 소비량의 전년대비 증감을 산출한 후 측정연도의 생산량과 기준값을 적용하여 측정연도 생산규모에서 발생한 환경효율성 개선도를 산출하고 있다. 기업별 특수지표로 간주되는 제품·서비스(제품·서비스 사용 및 폐기 단) 성과와 프로세스 대체성과는 세 가지 측면(에너지, 수자원, 원재료)의 환경영향을 모두 측정하고 있으며, 단위 제품 별 자원 소비량을 시장 평균값과 비교하여 이를 성과로 측정한다.

중국 측정체계의 자원소비 투입 지표에서는 주로 에너지 절약과 연계된 투입(기술 연구개발 비용, 노후 설비 개조 투자, 친환경 에너지 기술 투자, 환경보호 기술 장비 투자, 에너지 절약 기술 보급 투입 등)을 포괄적으로 포함하여 측정하고 있다.

산출 지표에서는 기업 프로세스 영역의 자원 소비량을 활용하여 성과를 산출하며, 각 자원별로 성과가 상이하게 설정되었다.

에너지 지표의 경우 기업의 청정에너지 사용량 자체에 사회가치가 있는 것으로 간주되어 총 청정에너지 사용량에 친환경 에너지의 그리드가격을 단위 사회적 가치 값으로 적용되었다.

수자원 지표의 경우 연간 총 용수 소비량 차이에 용수의 시장가를 적용하여 개선성과로 산출하는 방식을 취하며 원재료 지표의 경우 비재생 원재료 소비량 기반 개선성과를 산출하는 방식을 취한다.

중국 측정체계의 청정 에너지 지표는 SK DBL의 재생 발전(에너지)의 대체성과와 유사하게 비재생 에너지를 사용하는 상황과 대비하여 성과를 측정하는 형태를 보이고 있다. 하지만 SK DBL에서는 중국기업 사회가치 지표와 달리 재생에너지 자체의 구입 가치를 보지 않고 기업이 직접 재생 발전 프로세스를 수행하는 경우, 시장 평균 발전 프로세스(시장 baseline)의 환경영향과 해당 재생발전 프로세스의 환경영향을 비교하여 측정하는 방식을 채택하고 있어 유사한 항목에 대하여 양국의 체계가 성과로 측정하는 영역과 방식이 상이함을 알 수 있다.

표 3-12 프로세스 자원 측면 지표

| | 측정 | | SK DBL | 중국 측정체계 |
|---|---|---|---|---|
| 에너지 | 투입지표 | | × | ○ |
| | 산출지표 | 청정 에너지 소비 | × | ○ |
| | | 비재생 에너지 소비 | ○ | × |
| | 측정식 | | * 투입지표: 없음<br>* 산출지표: [에너지 소비의 개선성과] = (기준년도 에너지 소비량 원단위 − 측정년도 에너지 소비량 원단위) × 측정년도 생산량 × 에너지 단위가격<br>※ 소비량 원단위 = 자원 소비량/생산량<br>※ 기준연도: 전년도 | * 투입지표: 기업 에너지 절약 항목 투입 = 에너지 절약 기술 연구 개발 비용 + 노후 설비 개조 투자 + 친환경 에너지 기술 투자 + 환경보호 기술 장비 투자 + 에너지 절약 기술 보급 투입<br>* 산출지표: [친환경 에너지 대체 성과] = 금년도 친환경 에너지 소모량(생산량)(MJ) * 친환경 에너지 그리드 가격(RMB/MJ) |
| | 기준값(Proxy) | | | 친환경 에너지 그리드 가격(RMB/MJ) |
| 수자원 | 투입지표 | | × | × |
| | 산출지표 | 수자원소비 | ○ | ○ |
| | 측정식 | | * 투입지표: 없음<br>* 산출지표: [신규용수 소비의 개선성과] = (기준년도 용수 소비량 원단위 − 측정년도 용수 소비량 원단위) × 측정년도 생산량 × 용수 단위가격<br>※ 소비량 원단위 = 자원 소비량/생산량<br>※ 기준연도: 전년도<br>[총량성과] = (0 − 측정연도 용수 소비량) × 용수 단위가격 | * 투입지표: 없음<br>* 산출지표: [용수 절감 성과] = (금년도 생산(운영)과정 중 처리한 물량 − 작년도 생산과정 중 처리한 물량) × 정수 가격 |
| | 기준값(Proxy) | | 신규용수 구입 단위가격(원/m3 등.) | 정수 가격 |

| 원재료 | 투입지표 | | × | × |
|---|---|---|---|---|
| | 산출지표 | 비재생 원재료 | ○ | ○ |
| | 측정식 | | * 투입지표: 없음<br>* 산출지표: [비재생 원재료 소비의 개선성과] = (기준년도 비재생 원재료 소비량 원단위 − 측정년도 비재생 원재료 소비량 원단위) × 측정년도 생산량 × 비재생 원재료 단위가격<br>※ 소비량 원단위 = 자원 소비량/생산량<br>※ 기준연도: 전년도 | * 투입지표: 없음<br>* 산출지표: [원자재 절감 성과] = (기준 년도 단위 생산 비재생 원자재 소모량 − 금년도 단위 생산 비재생 원자재 소모량) * 금년도 생산량 * 원자재 단위 가격<br>※ 단위 생산 자원 소모량 = 비재생 원자재 소모량/생산량 |
| | 기준값(Proxy) | | 비재생 원재료 단위 가격 | 비재생 원자재 단위 가격 |

### 3.3.4. 환경재생 지표

환경재생 지표는 기업이 생태계에 대해 직접적으로 복구하거나 훼손한 영향을 측정한다. 기업의 과다한 온실가스 배출로 가뭄이나 홍수 등의 재해가 일어나 생태계가 피해를 입게 되었다면, 이는 오염물질 발생 이후 '간접적'으로 생태계 훼손이 발생한 것으로 보고 오염 지표에서 오염량을 활용하여 측정한다. 환경재생 지표에서는 기업이 생태계를 직접적으로 훼손하거나 반대로 산림을 복원하는 등 훼손된 생태계를 복구하는 것과 같이 생태계에 직접적 영향을 미쳤을 때 구체적 내용(생물종 수나 복구된 토지 면적)을 활용하여 측정한다.

SK DBL의 환경 공통성과 체계에는 환경재생 측면이 존재하지 않는다. 공통성과 항목인 프로세스 총량성과와 개선성과를 산출하기 위해서는 산림 복구 등의 긍정적 활동뿐 아니라 매년 발생하는 자연 훼손 등의 부정적 측면까지도 산정해야 하나 다음과 같은 복잡성으로 인해 지표화가 보류되고 있다.

**1) 과거에 이루어진 자연훼손에 대한 사회적 비용의 현 시점화 방식 미확정 (ex. 10년 전 숲이었던 부지에 공장을 건립하였을 경우 올해 발생한 환경재생 측면의 성과의 산출방식)**

**2) 개발(훼손)되기 이전과 이후의 서식 생물 종 수 등의 측정(개발된) 지역별 선행연구 필요**

**3) 기타: 지표화 방식 고려 (ex. 희귀 생물 종 수, 관엽식물 종 수 등 정성적 특성과 개발 면적 등의 정량적 특성 결합 등)**

위와 같은 이유로 공통지표체계에 환경재생 측면은 반영되어 있지 않다. 하지만 일부 제품·서비스 성과 사례 중 해당 환경재생과 연관하여 산림의 편익(토사유출 방지, 토사붕괴 방지 등)이 측정되었는데, 조림 사업을 주 비즈니스로 하는 SK 임업의 제품·서비스 성과 또는 일부 기업의 생태계 복원 CSR 사업 등이 이에 해당한다.

중국 측정체계에서는 자연복원을 위해 투입된 경제적 가치를 투입지표로, 기업이 복원한 토지의 경제적 가치를 산출지표로 측정하고 있다. 투입지표의 경우, 직접적 투입 이외에 입찰 참여 금액까지 측정 범위로 포괄하고 있으며 산출지표는 중국 내 연구기관에서 도출한 생물다양성 산출 가치와 복구된 토지의 시장 가치를 성과로 반영하고 있다.

이와 같이 산출지표 내에 복구된 토지의 시장가격(단위 원가가격)을 기준값으로 반영함으로써 투입으로 인한 기업의 경제적 효익을 산출성과로 측정할 수 있다. 이는 기존 재무 회계와 유사한 접근 방식의 지표체계라 볼 수 있다.

표 3-13 환경재생 측면 지표

| 측정 | | SK DBL | | 중국기업 사회적 가치 지표체계 |
|---|---|---|---|---|
| | | 공통지표 | SK 임업의 제품·서비스 지표 | |
| 투입지표 | | × | × | ○ |
| 산출지표 | 환경재생 | × | ○, 산림조성 편익 | ○ |
| 측정식 | | 해당항목 미측정 | * 투입지표: 없음<br>* 산출지표: [산림의 편익]= 수원 함양+수질정화+토사유출 방지+토사붕괴 방지+대기정화<br>– 수원함양 = 경영 산림의 총 저류량 × (다목적댐의 연간 감가상각비 + 댐저수량 유지비)<br>– 수질정화 = 무립목지 ha당 부유물질 유출량 × SK임업 산림면적 × (슬러지 처리비용 + 응집제비용 + 기타 정수비용)<br>– 토사유출방지 = ha당 토사유출량 × SK임업 산림면적 × 콘크리트사방댐 건설비<br>– 토사붕괴방지기능 = 산지사방 복구비 × 무립목지와 입목지의 붕괴량 차이 × 입목지 면적<br>– 대기정화기능 = SK임업 산림면적 × 면적당 이산화탄소 흡수 및 산소 생산(온실가스 지표에서 count) × 온실가스 Proxy | * 투입지표: [환경 재생 투입] = 기업 환경 재생 프로젝트 투입 + 기업 환경 재상 프로젝트 입찰 금액<br>* 산출지표: [환경 재생 성과]= 기업 환경 재생 토지면적($m^2$) × 면적당 재생 효익(원/$m^2$) + 생물 다양성 성과 |
| 기준값(Proxy) | | | – 다목적댐의 연간 감가상각비 + 댐저수량 유지비<br>– 슬러지 처리비용 + 응집제비용 + 기타 정수비용<br>– 콘크리트사방댐 건설비<br>– 산지사방 복구비<br>– 온실가스 Proxy 및 산소의 시장가 | 면적당 재생 효익(원/무)은 해당 지역의 토지, 산림, 초원, 수역 등 농업부지의 단위 원가를 적용 (구체적인 표준은 국토자원부의 기준 가격을 참조): 경지 2.55만RMB/무—2.84만RMB/무; 원림 1.63 만RMB/무; 임지 0.94 만RMB/무 —1.22 만RMB/무; 초원 0.37 만RMB/무; 습지수면 1.79 만RMB/무생물 다양성 성과: 재생 과정 중 목초를 심고 수생물을 기르는 등 생물 다양성을 보장하기 위한 투입액 |

제 4장

# 한-중 기업의
# 사회적 가치 측정 사례

제4장

# 한-중 기업의 사회적 가치 측정 사례

본 장에서는 양국에서 개발된 측정체계를 실제 기업에 적용하여 측정한 사례를 소개한다. 중국의 경우, 파일럿 측정에 참여한 국유기업 가운데 측정사례를 선정하였으며, 2018년도 경영을 통해 창출된 사회성과 중 측정이 가능한 항목을 각 기업별로 선택적으로 측정하였다. 한국의 경우, SK 그룹의 DBL 성과측정에 참여한 관계사 가운데 측정사례를 선정하였으며 2018년 경영활동의 성과를 바탕으로 DBL 전체 지표를 적용하여 측정하였다.

## 1. 한국 기업의 사회적 가치 측정 사례

### 1.1. SK텔레콤

#### 1.1.1. 회사 소개

SK텔레콤은 이동통신 서비스를 기반으로 미디어, 보안, 커머스, AI/Mobility 등 핵심 역량을 보유한 글로벌 ICT 기업이다. 2018년 말 기준 이동통신 가입자 수 30,882천 명[90], 시장점유율은 47.2%를 기록하고 있으며, 세계 '최고' 그리고 '최초'의 기술과 서비스로 대한민국 ICT 생태계를 선도하고 있다. 2018년 한국채택국제회계기준(K-IFRS) 연결재무제표

---

90  알뜰폰(MWNO) 가입자 포함.

기준 연간 매출 16조 8,740억 원, 영업이익 1조 2,018억 원의 실적을 달성하였다. 2018년 연말기준 직원수는 4,948명[91]이며, 전년 (4,516명) 대비 9.57% 증가하였다. 이는 급변하는 ICT 환경 속에서 경쟁력을 갖추기 위해 전문 인력을 확충하는 노력의 결과로 해석할 수 있다.

### 1.1.2. DBL 성과 측정

2018년 SK텔레콤은 경제간접 기여성과 1조 6,711억 원, 비즈니스 사회성과[92] 181억 원 및 사회공헌 사회성과 339억 원을 창출하였다.

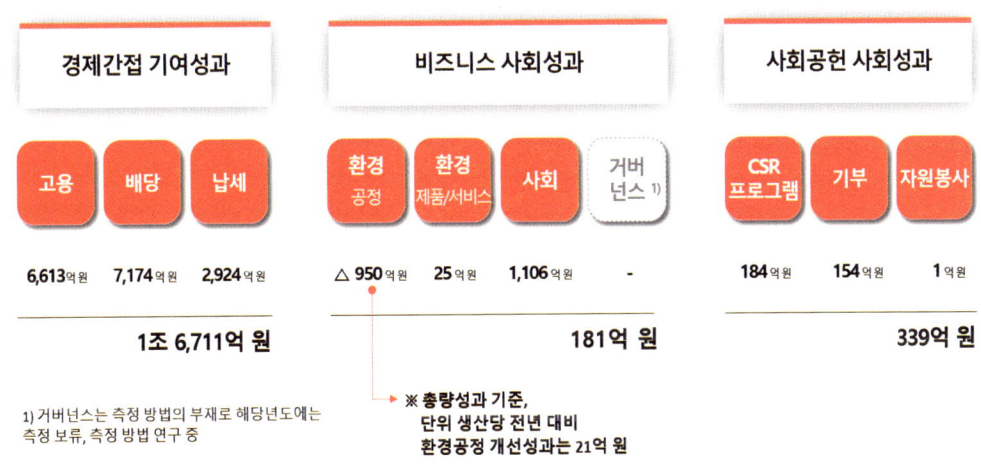

그림 4-1 2018년 SK텔레콤 DBL 사회성과

환경 공정 측면에서는 온실가스 및 폐기물 배출로 인한 환경오염과 물자원소비로 인하여 950억 원의 negative 성과가 나타났다. 환경 제품·서비스 영역에서는 에너지관리시스템(FEMS, BEMS)을 활용한 온실가스 및 에너지 절감과 T렌탈 회수폰 재활용을 통한 자원 소비 절감을 통해 약 25억 원의 환경 성과를 거두었다.

---

91  이는 SK텔레콤과 직접 고용계약을 맺고 있는 정규직과 비정규직 인원으로, SK텔레콤의 관계회사와 자회사에 소속된 인원 및 임원은 포함하지 않는다.

92  거버넌스는 측정 방법의 부재로 금년에는 측정이 보류되었으며, 측정 방법을 연구 중이다.

사회적 측면에서는, T맵 운전습관 app 서비스, 강력범죄예방을 위한 전자발찌, 장애인 특화 요금제 등의 제품·서비스를 통하여 고객의 삶의 질을 향상하여 약 643억 원의 사회적 가치를 창출하였다. SK텔레콤은 협력회사와의 동반성장을 통해 ICT 산업의 건전한 기업 생태계 조성과 가치 창출에 기여하기 위해 동반성장 핵심 추진계획인 4C[93]를 실천하고 있다. 특히, 중소기업 대상 자금, 기술, 교육, 인력 및 복지 지원 등을 충실히 이행하여 432억 원의 사회적 가치를 창출하였다.

---

93 4C: Cooperation, Creation, Compliance, Co-work

표 4-1 2018 SK텔레콤 DBL 사회성과

| 2018 SK텔레콤 DBL 사회성과 ||||||||
|---|---|---|---|---|---|---|---|
| 단위: 억 원 |||||||||

| 경제간접 기여성과 | 16,711 | | | 고용 | 6,613 | | |
| | | | | 납세 | 7,174 | | |
| | | | | 배당 | 2,924 | | |
| 비즈니스 사회성과 | 181 | 환경 | -925 | 자원소비 절감 (원재료, 에너지, 용수) | -5 | 공정(용수) | -19 |
| | | | | | | 제품 서비스 (원자재, 에너지, 용수) | 14 |
| | | | | 환경오염 저감 (온실가스, 대기오염, 수질오염, 폐기물) | -920 | 공정 | -930 |
| | | | | | | 제품 서비스 | 10 |
| | | 사회 | 1,106 | 삶의 질 | 643 | 공공이익 증대, 불평등 해소, 취약계층, 범죄 예방 등 8가지 세부 지표 포함 | 643 |
| | | | | 소비자 보호 | -220 | 안전 | - |
| | | | | | | 품질 | -220 |
| | | | | | | 정보 | - |
| | | | | 노동 | 201 | 노동취약계층 고용 | -10 |
| | | | | | | HRM 관행 개선 | - |
| | | | | | | 가족친화제도 | 170 |
| | | | | | | 구성원 안전보장 | 41 |
| | | | | | | 구성원 산업재해 | 0 |
| | | | | 동반성장 | 482 | 중소기업 대금지급일수 | 50 |
| | | | | | | 빈곤지역 공정거래 | - |
| | | | | | | 협력사 안전보장 | - |
| | | | | | | 금융/기술/인력/기술지원 | 432 |
| | | | | | | 사회공헌 구매 | - |
| | | | | | | 협력사 산업재해 | - |
| | | 거버넌스 | - | 주주권익 보고 | - | | |
| | | | | 회계투명성 | - | | |
| | | | | 부정부패행위 | - | | |
| | | | | 법질서 위반 | - | | |
| 사회공헌 사회성과 | 339 | 사회 | 339 | 사회공헌 | 339 | 사회공헌 프로그램 | 184 |
| | | | | | | 자원봉사 | 1 |
| | | | | | | 기부 | 154 |

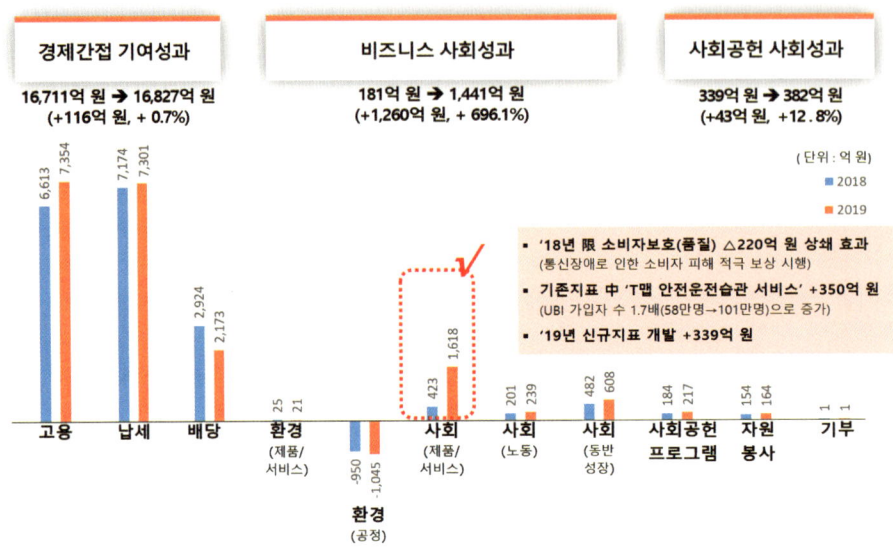

그림 4-2
2018년 DBL 사회성과와 2019년 사회성과 간 비교

그림 4-2를 통하여 볼 수 있듯이, 2019년 비즈니스 사회성과는 1,259억 원 증가하였는데 이는 전년대비 696.1% 증가한 것으로 세가지 성과 중에서 증가폭이 가장 큰 성과이다. 특히, 비즈니스 사회성과 세부지표 중에서 제품·서비스 성과가 눈에 띄게 증가하였다. 그 중 19년 새로 개발된 지표의 성과가 무려 339억 원으로 전체 비즈니스 사회성과의 24% 가까이 차지한다. 이는 SK그룹이 기업차원의 사회적 가치 실행력을 제고하기 위해 고민하고 노력한 결과이다. SK는 2019년부터 CEO KPI 50%를 사회적 가치로 구성한 전략을 세우고, SK텔레콤 내부에서 EV+SV를 동시에 창출할 수 있는 비즈니스 모델을 적극적으로 탐색하기 위한 노력을 꾸준히 해 왔다.

### 1.1.3. 비즈니스 모델의 혁신과 제품·서비스 성과

SK텔레콤은 사회적 가치에 기반한 비즈니스 모델과 ICT 인프라 및 역량을 기반으로 한 사회 문제 해결 프로그램을 발굴/시행하고 있다.

## 1) Case 1: ICT 인공지능[94] 돌봄 서비스

SK텔레콤은 '기술이 이웃이 되다'라는 슬로건 하에 '인공지능 돌봄' 서비스를 제공하고 있다. 이는 자사 인프라와 혁신적 ICT 기술을 공유하여 사회적 가치를 창출하는 것을 목표로 하는 '행복 커뮤니티' 프로젝트의 일환으로 추진되었다. 2018년 10월 전국 사회연대경제 지방정부 협의회와 사회적 가치 창출을 위한 민·관 협력을 체결하였으며, 해당 협력을 통해 지방자치 단체는 사회적 기업에 관련 일자리 예산을 지원하고, SK텔레콤은 AI, IoT 등 자사 ICT 기술 지원을 협의하였다.

2019년 4월, 8개 지자체(서울 성동구, 영등포구, 양천구, 중구, 강남구, 서대문구, 경기 화성시, 대전 서구) 독거 어르신 총 2,100명에게 AI 스피커 '누구(NUGU)'를 보급하고, 지자체별 선택에 따라 스마트 스위치, 문열림 감지센서 등을 공급하였다. 또한 어르신 돌봄 서비스를 관장/운영하는 사회적 기업 '행복커넥트'는 AI 스피커 '누구(NUGU)'를 기반으로 감성대화, 음악, 날씨, 뉴스, 운세 기능에 어르신 맞춤형 서비스를 더해 독거 어르신의 친구 역할을 수행하도록 하고, 홈IoT센서 등을 통해 어르신들의 서비스 이용 환경을 종합적으로 모니터링 하고 있다. 특히, 어르신들이 가장 두려워하는 치매를 예방하기 위해 '기억검사', '두뇌톡톡', '마음체조' 등의 치매특화 솔루션을 제공하고 있다.

서비스를 시작한 지 1년 9개월여간 약 1,500건에 이르는 긴급 SOS 호출이 있었고, 실제 그중 71건은 119가 출동하거나 구조 활동을 통해 어르신 돌봄에 실질적인 도움을 제공하였다. 통계에 따르면, 서비스 대상 어르신 63%가 매달 해당 서비스를 꾸준히 이용하고 있는 것으로 나타났으며 다양한 서비스를 통해 어르신 생활변화 전반에 폭넓게 활용되고 있는 것으로 나타났다.

SK텔레콤은 기업의 기술을 통하여 독거 어르신의 복지라는 사회문제를 해결하는 데 기여할 뿐만 아니라, 지방자치 단체 8곳 시행에 그치지 않고 법·제도로 정착될 수 있도록 정부 및 지자체와 지속적으로 협력하고 있다. 그 결과, 2021년 1월까지 40여개 지자체와 공공기관이 이 프로젝트에 참여하게 되었고 총 7,069가구 독거 어르신에게 돌봄 서비스를 제공하였다.

---

94 통계청에 따르면 한국 내 65세 이상 독거노인 수는 지난 2015년 120만 명에서 오는 2025년 197만 명으로 급증할 것으로 예상되며, 이에 따라 복지센터 구축 비용과 인력 운영 비용도 지속적으로 증가하고 있다.

나아가 '20 하반기 정부가 발표한 디지털 뉴딜 비대면 육성산업에 '인공지능 돌봄' 사업이 복지부 정책과제('22년까지 12만명에게 서비스 제공 예정)가 되었고, 정부정책 사례가 된 '인공지능 돌봄'은 '21년부터 약 2,300여 독거 어르신 가구를 시작으로 '22년까지 지속적으로 서비스 대상을 확대할 예정이다. 앞으로도 AI, IoT 등 첨단 ICT 기술을 개방·공유해 나가며 독거 어르신 문제를 해결할 수 있는 지속가능한 생태계를 구축하며 사회적 가치를 창출해 나갈 계획이다.[95]

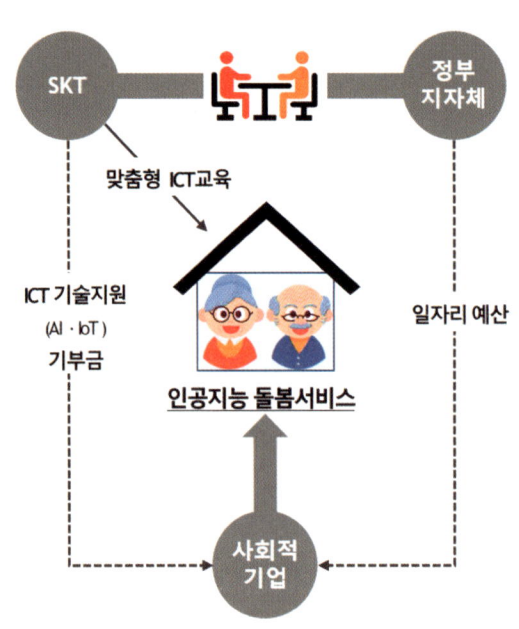

그림 4-3 민·관 협력 기반 ICT 돌봄서비스

**2) Case 2: 최우수 혁신 모바일 앱 'T맵' – 기술과 비즈니스 모델을 통한 사회적 가치 창출**

SK텔레콤은 교통사고로 인한 인명 피해를 줄이기 위해 2017년 9월 T맵에 인공지능(AI) 플랫폼 '누구'를 탑재하여 음성만으로 목적지를 변경할 수 있는 서비스를 출시하고 이어 2018년 2월 운전자에게 잠재적 위험 상황을 예방하기 위해 T맵에 차량통신기술(V2X[96])을 적용하였다.

---

95  AI 스피커·로봇, 팬데믹 극복 '醫技투합', 전자신문. 2021.1.25, 13면
96  V2X(Vehicle to Everything Communication): 차량 중심 유무선망 정보 제공 기술.

T맵 V2X의 인공지능은 스마트폰 모션 센서, GPS 정보, 빅데이터 등으로 앞서가는 T맵 이용 차량이 급제동할 때 사고 위험이 있다고 판단하고, 최대 1km 내 뒤따르는 차량의 T맵 이용자 화면에 일제히 경고 문구를 띄워 주의를 주는 기술이다. 이 경고에 따라 뒤따르는 운전자는 전방 상황이 시야에 보이지 않더라도 속력을 줄여 추돌을 방지할 수 있다[97].

출시 이후 T맵 V2X는 월평균 10만 건의 경보를 사용자에게 발송해 대형사고 및 2차 추돌사고를 예방하는 성과를 거두었다. 이러한 성과를 바탕으로 T맵 V2X는 2018년 12월 '제18회 모바일기술대상' 과학기술정보통신부 장관상을 수상하고, 2019년 바르셀로나에서 열린 MWC(Mobile World Congress)의 부대행사 'GSMA 글로벌 모바일 어워즈'에서 '최우수 혁신 모바일 앱 상'을 수상하였다.

SK텔레콤은 T맵의 기술뿐만 아니라 비즈니스 모델을 통한 사회적 가치 창출을 확대하기 위해 여러 이해관계자와 협력하고 있다. 2019년에는 사회적 기업 '코액터스'와 협업하여 청각장애 택시 기사 근무 환경 개선을 돕기 위해 청각장애 택시 기사 전용 T맵 택시 앱을 출시하였다. 기존 택시 어플은 비장애인 중심으로 설계되어 청각장애 택시 기사들이 이용하기에 어려웠으나, 여기에 콜 누락 방지를 위한 깜빡이 알림, 특이사항 전달을 위한 택시 기사·고객 간 메시징 기능, 전용택시 배차 시 알림 기능 등을 보완하여 청각 장애인 기사의 편의를 도모하고, 청각 장애인 기사가 운행 중 콜 수락을 쉽게 할 수 있는 디바이스인 '콜잡이 버튼'을 제공하였다.

## 1.2. SK 이노베이션

### 1.2.1. 회사 소개

SK 이노베이션은 한국 최초의 정유 회사로 시작하여, 끊임없는 기술 혁신으로 한국 경제 발전의 중추적 역할을 수행하였다. 전 세계 10여 개 국에서의 에너지자원을 개발하며, 배터리 정보전자소재산업, 미래 에너지 산업까지 아우르는, 한국을 대표하는 종합에너지 기업이다.

현재, SK 이노베이션주식회사는 산하에 SK 에너지, SK 종합화학, SK 루브리컨츠, SK 인

---

[97] 인공지능(AI)으로 내비게이션이 사고 위험까지 경고한다. 인공지능신문[웹사이트]. (2018년 2월 13일). http://www.aitimes.kr/news/articleView.html?idxno=11348

천석유화학, SK 트레이딩인터내셔널, SK아이이테크놀로지 등 6개의 자회사를 두고 있는 한국 종합 에너지/화학기업이다. 석유탐사·개발부터 석유화학제품 생산에 이르는 수직 계열화를 통해 석유화학 산업의 Value Chain을 구축하고 있다. 또한 배터리, 소재 사업에 대한 투자 확대를 통해 끊임없이 새로운 성장 동력을 발굴하고 있다.

SK 이노베이션의 2018년 말 기준 구성원 총수는 6,584명이며, 2016년(5,915명), 2017년(6,134명)에 이어 계속하여 증가하고 있다. 그중 정규직은 6,353명으로 전체의 96.5%를 차지하고 있다.

SK 이노베이션은 모두가 행복한 세상을 위해 새로운 가치 창출 방법을 끊임없이 모색하고 있다. 먼저, 경영활동이 환경에 주는 부정적 영향을 줄이기 위하여 환경경영을 핵심과제로 선정하고, 생산공정 과정에서 법규보다 더욱 엄격한 자체 환경기준을 수립하여 준수하고 있으며, 고효율, 고용량 리튬이온 전기차 배터리 등과 같은 친환경 제품을 공급함으로 대기오염, 지구온난화와 등 환경 문제를 개선하고 해결에 힘쓰고 있다.

또한, 지역사회와 더불어 행복을 추구하기 위하여, 다양한 사회적 문제 해결에 적극적으로 나서고 있다. 그 예로 발달장애아동의 사회적응훈련과 독거 어르신들의 고립감을 완화하고 정서적으로 지지하는 활동을 적극적으로 추진하고 있고, 한 걸음 더 나아가 보다 많은 이해관계자들이 지역사회 문제에 동참하고 협력할 수 있도록 지역사회공헌 플랫폼을 구축하는 활동도 하고 있다.

2005년 이후 매년 지속가능성보고서를 발간하여 지속가능경영의 추진 방향과 활동 성과 등을 외부에 투명하게 공개하면서 외부 이해관계자들과 적극적으로 소통하고 있다.

### 1.2.2. DBL 성과 측정

SK 이노베이션은 2018년 경제간접 기여성과 2조 3,241억 원, 비즈니스 사회성과 -1조 1,885억, 사회공헌 사회성과 493억 원(한화)을 달성하였다.[98]

---

98  2018년 지속가능경영보고서 기준이다.

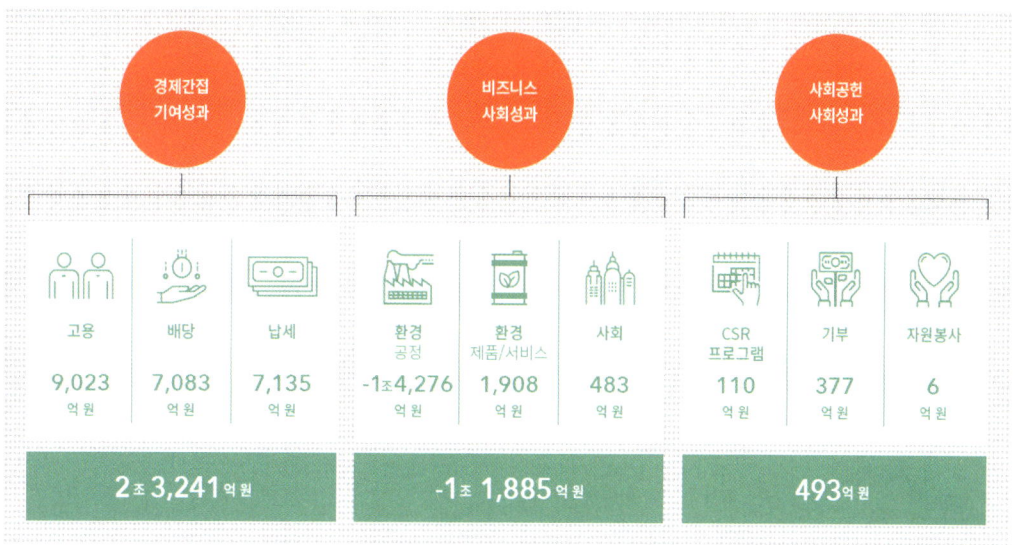

그림 4-4 2018년 SK 이노베이션 DBL 성과

비즈니스 사회성과 중, 사회성과가 483억 원인 데 비해, 환경성과는 -1조 2368억 원으로, 산업의 특성상 비즈니스 규모의 성장과 더불어 환경 영향도 커지는 구조적 제약이 존재하고 있음을 보여주고 있다.

사회성과에는 제품·서비스 사회성과 86억 원, 노동성과 320억 원, 동반성장 성과 77억 원을 포함하고 있다. 그중 제품·서비스 성과는 내트럭하우스 서비스를 통하여 화물차 운전고객의 삶의 질을 개선한 성과를 말한다. 노동성과는 총 320억 원이며, 크게는 질병과 질환 예방 및 관리를 통한 구성원의 건강안전 보장성과 가족친화제도 시행을 통한 구성원 삶의 질 향상 성과, 노동취약계층 고용을 통한 빈곤해소 성과 등을 포함하고 있다. 동반성장 성과는 총 77억 원인데, 구체적으로 협력사의 금융자원과 기술 지원, 경영노하우 전수, 인력채용 지원, 협력사 구성원의 안전보건 관리 지원 등 기업활동을 통하여, 협력사의 자금난을 완화하고, 기술개발 역량을 강화하며, 인프라 부족문제를 해결하며, 사고율을 경감하는 데 기여한 성과가 포함된다.

사회공헌 사회성과는 총 493억인데, 그중 사회적 취약계층에 대한 각종 지원프로그램을 통하여 창출한 사회적 편익은 110억이고, 구성원 자원봉사(ex. 아이돌봄, 재능기부 등) 성과는 6억이며, 금전 현물 기부 성과는 총 377억이다.

표 4-2 2018 SK 이노베이션 DBL 사회성과

| 2018 SK 이노베이션 DBL 사회성과 ||||||| |
|---|---|---|---|---|---|---|---|
||||||||단위: 억 원|
| 경제간접 기여성과 | 23,241 ||| 고용 | 9,023 |||
||||| 납세 | 7,083 |||
||||| 배당 | 7,135 |||
| 비즈니스 사회성과 | −11,885 | 환경 | −12,368 | 자원소비 절감 (원재료, 에너지, 용수) | 718 | 공정(용수) | −252 |
||||||| 제품 서비스 (원자재, 에너지, 용수) | 970 |
||||| 환경오염 저감 (온실가스, 대기오염, 수질오염, 폐기물) | −13,086 | 공정 | −14,024 |
||||||| 제품 서비스 | 938 |
||| 사회 | 483 | 삶의 질 | 86 | 공공이익 증대, 불평등 해소, 취약계층, 범죄 예방 등 8가지 세부 지표 포함 | 86 |
||||| 소비자 보호 | 0 | 안전 | − |
||||||| 품질 | − |
||||||| 정보 | − |
||||| 노동 | 319 | 노동취약계층 고용 | 4 |
||||||| HRM 관행 개선 | 3 |
||||||| 가족친화제도 | 27 |
||||||| 구성원 안전보장 | 286 |
||||||| 구성원 산업재해 | −1 |
||||| 동반성장 | 78 | 중소기업 대금지급일수 | 7 |
||||||| 빈곤지역 공정거래 | − |
||||||| 협력사 안전보장 | 13 |
||||||| 금융/기술/인력/기술지원 | 45 |
||||||| 사회공헌 구매 | 13 |
||||||| 협력사 산업재해 | − |
||| 거버넌스 | − | 주주권익 보고 | − | | − |
||||| 회계투명성 | − | | − |
||||| 부정부패행위 | − | | − |
||||| 법질서 위반 | − | | − |
| 사회공헌 사회성과 | 493 | 사회 | 493 | 사회공헌 | 493 | 사회공헌 프로그램 | 110 |
||||||| 자원봉사 | 6 |
||||||| 기부 | 377 |

### 1.2.3. 비즈니스 모델 혁신

SK 이노베이션에서 제품·서비스를 통하여 사회적 가치를 창출하는 대표적인 사례이다.

### (1) Case1: 친환경제품을 개발 및 판매

**친환경 윤활기유와 윤활유**

SK 루브리컨츠는 저점도 특성을 가진 고급 윤활기유를 개발하였으며, 글로벌 시장에 판매하고 있다. 해당 제품은 기존 범용 제품 대비 최대 2.0% 수준으로 연비 개선이 가능하며, 이를 통하여 온실가스 배출을 줄이는 효과가 발생한다. 이것의 사회적 가치를 측정한 결과, 2018년 국내외 판매량 기준 친환경 윤활기유 및 윤활유를 통한 온실가스 저감성과는 1,315억 원이다.

**차량 경량화 소재(고결정성 플라스틱)**

SK 종합화학은 고강성 플라스틱 개발을 통하여 자동차 무게를 감소시켜 연비를 개선하고 온실가스 감축에 기여한다. 고강성의 경량화 플라스틱을 적용할 경우, 중형차 1대 기준으로 무게를 10kg 감소할 수 있다. 이러한 무게 감소는 자동차의 연비 개선에 영향을 미쳐 최종적으로 이산화탄소 배출을 줄이는(약 4.5% 감소) 효과를 낳는다. 이것의 사회적 가치를 측정한 결과, 2018년 해당 제품을 통하여 45억 원의 사회적 가치를 창출하였다.

### (2) Case 2: 화물차 전용 휴게소(내트럭하우스) 지원

SK 에너지는 2006년 광양 화물차 휴게소를 시작으로 화물차 전용 휴게소인 내트럭하우스 사업을 꾸준히 확대해 화물차 운전자들에게 휴게, 주차, 정비, 주유 등 복합 서비스를 제공해왔다. 이를 통해 화물차 운전자 복리를 증진함과 동시에 교통 사고 발생률 감소, 도로 내 불법 주차 해소, 양질의 휴게 시간 보장, 지역 경제 활성화 등 사회적 가치를 창출하고 있다. 2019년 5월에 열린 〈제22회 한국로지스틱스〉 시상식에서 화물차 운전자의 복지를 향상시킨 가치를 높이 평가받으며 대기업 부문 대상을 수상했다. SK 에너지는 현재 부산, 광양, 인천, 평택 등 전국 주요 항만 및 물류 거점에서 19개 내트럭하우스를 운영하고 있으며 2022년까지 30개소로 확대하는 것을 목표로 하고 있다.

## 1.3. SK E&S

### 1.3.1. 회사 소개

1999년 도시가스사업 지주회사로 출범한 SK E&S는 현재 LNG, 전력, 집단에너지, 신재생에너지를 비롯하여 해외 에너지 사업까지 그 영역을 확장하였다. 2004년 국내 민간발전소 최초로 LNG 직도입을 시작한 이래 LNG 생산, 운송, 공급 등 사업 전반을 아우르는 LNG Value Chain을 완성하였다[99].

SK E&S는 한국 내 8개 지역, 총 430만 가구에 안전하고 깨끗한 도시가스를 공급하는 한국 내 시장 점유율 1위 기업[100]이다. 2018년 말 기준으로 임직원이 총 1,926명[101]이고, 매출액 규모는 6조 4,676억 원이며, 도시가스와 전력/집단에너지를 비롯한 국내외에 총 26개 자회사를 두고 있다.

SK E&S는 경제적 이윤을 창출할 뿐만 아니라 사회적 가치를 창출하는 데에도 심혈을 기울이고 있다. 신재생에너지 발전설비(태양광, 풍력, 연료전지 등)를 통해 온실가스와 미세먼지 배출량을 저감하고, 열병합발전소 등 분산형 전원을 운영함으로써 송전손실과 공공인프라 관련 사회적 비용을 줄이는데 기여하고 있다[102].

또한, SK E&S는 친환경에너지 교육프로그램인 「착한에너지학교」, 소아천식 어린이 지원사업, 1사 1촌 자매결연 등 다양한 사회공헌사업과 구성원들의 자원봉사활동을 이어가고 있고, 나눔의 손길이 필요한 사회 곳곳에 지속적으로 기부와 후원활동을 하고 있다[103].

---

99  [SK E&S] 회사소개, SK E&S[웹사이트]. https://www.skens.com/sk/content/view.do?cate=company

100  한국 내 도시가스 사업 시장 규모 총 256억m3 중 55억m3(21.6%)를 차지하고 있다.

101  자회사 임직원 포함.

102  [SK E&S] 사회적 가치 측정 결과, SK E&S[웹사이트]. (2021년 1월 22일, 기준). https://www.skens.com/sk/content/view.do?cate=sm&m1=socialvalue

103  [SK E&S] 사회적 가치 추구 활동, SK E&S[웹사이트]. (2021년 1월 22일, 기준). https://www.skens.com/sk/content/view.do?cate=sm&m1=contribution

### 1.3.2. DBL 성과 측정 결과

2018년 SK E&S가 창출한 DBL 사회적 가치는 분야별로 경제간접 기여성과 1.1조, 비즈니스 사회성과 -8,497억, 사회공헌 사회성과 90억 원이다.[104]

그림 4-5 2018년 SK E&S DBL 성과

### (1) 경제간접 기여성과

2018년 SK E&S가 창출한 DBL 경제간접 기여성과는 총 1조 1,408억 원이다. 18년 고용인원 2,108명이며[105], 세금 납부액과 배당금 지급액은 전년 대비 각각 23%와 58% 증가하였다.

### (2) 비즈니스 사회성과

비즈니스 사회성과는 -8,497억이다. 생산과정에서 온실가스 및 기타 오염물질을 불가피하게 배출해야 하는 발전산업의 특성 때문에, 총량법으로 측정하는 경우 이 결과와 같이 상당한 규모의 사회적 비용이 측정된다. 따라서, SK E&S는 내부적으로 총량법을 사용하는 동시에 원단위법[106]으로 측정한 SV성과를 관리지표로 활용하여 환경영향 효율개선 노력을 평가하며 관리하고 있다. 또한, 태양광, 풍력, 연료전지 등과 같은 신재생에너지 발전기술을 다양하게

---

104  측정대상은 SK E&S 산하의 자회사 및 합작법인 등 총 14개 법인이다.
105  (인원 수 측정기준) 자회사 및 투자사 임직원 포함.
106  기준점(Baseline) 대비 '생산 1단위당 환경영향'을 일컬음.

개발, 응용, 확대함으로써 전통적인 발전산업의 한계를 뛰어넘어 환경영향을 최소화하는 노력도 하고 있다.

### (3) 사회공헌 사회성과

사회공헌 사회성과는 총 90억으로 측정되었다. 이 중 기업의 사회공헌 프로젝트를 통하여 창출한 사회적 편익은 13억이고, 구성원 자원봉사 성과는 1억이며, 금전 현물 기부 성과는 총 76억이다. 1사 1촌 자매결연, 친환경 에너지 교육프로그램 「착한에너지학교」 등 다양한 사회공헌 프로젝트와 구성원들의 자원봉사활동을 통해 해당 성과를 창출하였다.

표 4-3 2018 SK E&S DBL 사회성과

## 2018 SK E&S DBL 사회성과

단위: 억 원

| 경제간접 기여성과 | 11,408 | | | 고용 | 2,120 | | |
| --- | --- | --- | --- | --- | --- | --- | --- |
| | | | | 납세 | 901 | | |
| | | | | 배당 | 8,387 | | |
| 비즈니스 사회성과 | -8,497 | 환경 | -8,993 | 자원소비 절감 (원재료, 에너지, 용수) | -91 | 프로세스(수자원) | -91.4 |
| | | | | | | 제품(원재료, 에너지, 용수) | 0.7 |
| | | | | 환경오염 저감 (온실가스, 대기오염, 수질오염, 폐기물) | -8,902 | 프로세스 | -8,959 |
| | | | | | | 제품 | 57 |
| | | 사회 | 496 | 삶의 질 | 421 | 공공이익 증대, 불평등 해소, 취약계층, 범죄 예방 등 8가지 세부 지표 포함 | 421 |
| | | | | 소비자 보호 | - | 안전 | - |
| | | | | | | 품질 | - |
| | | | | | | 정보 | - |
| | | | | 노동 | 55 | 노동취약계층 고용 | 31 |
| | | | | | | HRM 관행 개선 | -1 |
| | | | | | | 가족친화제도 | 5 |
| | | | | | | 구성원 안전보장 | 20 |
| | | | | | | 구성원 산업재해 | -0.1 |
| | | | | 동반성장 | 20 | 중소기업 대금지급일수 | - |
| | | | | | | 빈곤지역 공정거래 | - |
| | | | | | | 협력사 안전보장 | 0.3 |
| | | | | | | 금융/기술/인력/기술지원 | 19 |
| | | | | | | 사회공헌 구매 | 0.8 |
| | | | | | | 협력사 산업재해 | - |
| | | 거버넌스 | - | 주주권익 보고 | - | | - |
| | | | | 회계투명성 | - | | |
| | | | | 부정부패행위 | - | | - |
| | | | | 법질서 위반 | - | | - |
| 사회공헌 사회성과 | 90 | 사회 | 90 | 사회공헌 | 90 | 사회공헌 프로그램 | 13 |
| | | | | | | 자원봉사 | 1 |
| | | | | | | 기부 | 76 |

### 1.3.3. 사회적 가치 창출 활동 사례[107]

SK E&S는 "모든 이해관계자의 행복 극대화"라는 목표 하에, 사회문제를 해결하기 위한 여러 사회적 가치 창출 활동을 하고 있다.

#### 1) 신재생에너지 및 분산전원

SK E&S는 전국 각지에서 신재생에너지 발전설비(태양광, 풍력, 연료전지 등)를 운영하고 있다. 이를 통해, 전체 발전시장 평균 대비 단위 발전량 당 온실가스 배출량과 미세먼지 배출량을 각각 $0.4tCO_2e/MWh$와 $9g/MWh$만큼 저감하고 있다.

또한, 전력수요가 많은 수도권 인근에서 열병합발전소 등을 운영하여 분산형 전원[108] 효과를 통해 송전손실을 줄이고 국가의 송·변전설비 추가 건설 비용을 최소화함으로써 공공인프라 관련 사회적 비용 절감에 기여하고 있다.

#### 2) 지역재생 프로젝트

SK E&S는 사회적 가치 추구 활동의 일환으로 Social Innovator가 함께 모여 지역의 사회문제를 함께 고민하고, 창업을 통해 문제를 해결하는 사회 혁신 생태계 구축을 지원하고 있다.

'Local:Rise 군산[109]'은 제조업의 쇠퇴로 지역경기가 침체된 군산에서 Social Innovator를 육성하고, 이들과 함께 지역사회의 문제를 해결하기 위해 시작된 지역재생 프로젝트이다. SK E&S는 창업 공간을 마련하고, 사업화 하는데 필요한 지원금을 제공할 뿐 아니라, 창업 프로그램과 전문가 코칭 등을 지원하고 있다. 2020년 총 26개팀이 군산에 특화된 비즈니스 모델을 발굴/사업을 확장 중이며, 이러한 프로젝트를 통해 군산지역 경제를 활성화시키고, 청년 창업을 유도하는 등 긍정적인 영향을 기대하고 있다.

---

107 [SK E&S] 사회적 가치 추구 활동, SK E&S[웹사이트]. (2021년 1월 22일, 기준). https://www.skens.com/sk/content/view.do?cate=sm&m1=contribution

108 500MW 이하 수요지 발전설비(열병합 발전소 등)와 40MW 이하 소규모 발전설비(태양광, 풍력 등 신재생에너지)을 말한다.

109 해당 프로젝트는 2019년도부터 시작되었으므로 2018년 DBL성과에는 포함되지 않았다.

### 3) Social Awareness 프로그램

SK E&S는 교육 프로그램 운영을 통해 학생들에게 친환경 에너지의 소중함을 체험하는 기회를 제공하고 있다. SK E&S의 대표 Social Awareness 프로그램인 '착한에너지학교'는 2019년 환경부 우수 환경교육프로그램으로 지정되었다. 교육 프로그램은 강의뿐 아니라, 보드게임, 태양광 비행기 날리기, VR 가상현실체험 등 다양한 프로그램으로 구성되어 있으며, 2017년 9월부터 2020년 12월까지 157회에 걸쳐 4,158명의 학생들이 참여하였다. 이를 통해 학생들은 친환경 에너지에 대한 올바른 가치관을 형성하고 깨끗한 환경의 소중함을 배울 수 있다.

### 4) 지역사회 공헌 및 봉사활동

2014년 SK E&S는 강원도 홍천군 북방면 능평리(자회사인 강원도시가스는 소매곡리)와 자매결연을 맺은 이래 자원봉사 활동을 통해 부족한 농가 일손을 돕고, 둘레길을 조성하는 등의 지원을 지속해왔다. 최근에는 주말농장 및 농촌 체험 프로그램을 시행하여 도시와 농촌 간 소통의 기회를 늘리고, 농산물 직거래를 통해 농가 소득 증대에 기여하고 있다.

## 1.4. 한국토지주택공사(LH)

### 1.4.1. 기업 소개

한국토지주택공사(이하: LH 또는 공사)는 국민주거생활의 향상 및 국토의 효율적인 이용을 도모하여 국민경제의 발전에 이바지하기 위해 설립된 공기업[110]이며, 설립목적 달성을 위하여 신도시 개발, 도시재생[111], 분양주택 공급[112], 주택임대 및 기타 정책사업을 수행하고 있다.

2018년 연말 기준 LH의 직원 수는 9,111명이고, (연결재무제표) 매출액과 영업이익은 각각 18조 338억 원과 2조 767억 원이며, 공공기관 경영평가에서 2017–2018년 2년 연속 A등급(우수기관)을 받았다.

---

[110] 한국 공공기관은 상업기능, 규모, 자체수입비율 등의 기준에 따라 공기업, 준정부기관, 기타공공기관으로 구분된다. 그 중, 직원 정원이 50인 이상이고, 자체수입원이 총수입액의 50% 이상인 조직을 공기업이라 한다.

[111] 도시재생(노후산업단지 재생 등), 도시정비(재개발, 빈집정비사업 등), 노후건축물 정비 등

[112] 무주택 서민의 내 집 마련 촉진을 위하여 무주택세대구성원 중 일정소득 및 자산기준 이하인 자, 신혼부부 대상 주택을 분양 및 공급하는 사업

### 1.4.2. 기업의 사회적 가치 창출을 위한 노력

LH는 "사람과 세상을 이어가는 행복터전 with LH"라는 비전하에, 고유사업을 효율적으로 수행하고 사회문제 해결을 적극적으로 지원하는 방향으로 사회적 가치를 실현하기 위해 선도적으로 노력해온 대표적인 공공기관이다.

관리적인 측면에서는 사회적 가치 전담조직을 신설('18.1)하고, 사회적 가치 영향평가 제도를 도입('18.6)하며, 사회적 가치 창출 성과를 측정('18.12)하는 등 사회적 가치 중심으로 업무 체계를 개편하였다.

사업적인 측면에서는 생애단계별 및 소득수준별 임대주택 120.3만 호를 누적 공급('19년 말)하고, 저출산 해소를 위해 출산 및 육아에 특화된 신혼희망타운을 조성(위례, 평택고덕 등)하는 등 국민 주거 안정 실현을 위해 노력하였다.

그림 4-6 LH 사회적 가치 추진 체계

| 미션 | 국민 주거안정의 실현과 국토의 효율적 이용으로 삶의 질 향상과 국민경제발전을 선도 |
|---|---|

| 비전 | 든든한 국민생활 파트너, LH |
|---|---|

| 경영목표 | 주거안정 지원가구 340만호 | 성장사업군 매출비중 58% 달성 | 재난·안전관리 공기업 최고수준 달성 |
|---|---|---|---|
| | 도시재생뉴딜 참여 400곳 | 일자리 231만개 창출 | 고객만족도·청렴도 최고등급 |
| | 수요맞춤형 후보지 128km² 확보 | 동반성장 우수기관 달성 | 이자부담부채 비율 110% |

| 사회적 가치 비전 | 사람과 세상을 이어가는 행복터전 with LH |
|---|---|

| 사회적 가치 요소 | 일자리 · 인권 · 사회적 약자 · 환경보전 · 지역경제 · 안전 |
|---|---|
| | 사회적 책임 · 공공성 · 상생협력 · 보건복지 · 공동체 · 의사결정 · 노동권 |

| CEO 경영방침 | 혁신 · 실행 · 신뢰 · 포용 · 소통 |
|---|---|

| 2019년 추진과제 | 사회적 가치 내재화 및 국민 체감형 성과 창출 |
|---|---|

| 2019년 추진목표 | 혁신 (제도 개선·일자리 창출) | • 사회적 가치 내재화를 위한 임직원 역량 강화<br>• 지속가능한 성과 확산을 위한 제도 운영 내실화<br>• 일자리 좋은 일자리 함께 나누는 희망 with LH |
|---|---|---|
| | 실행 (주거복지 도시·지역발전) | • 인권 국민 누구나 안심하고 생활하는 안정적 주거생활권 보장<br>• 사회적 약자 취약계층의 권익 향상 및 경제적 자립 지원<br>• 환경보전 미세먼지 저감 등 쾌적한 도시생활환경 조성 및 지속성 제고<br>• 지역경제 지역균형발전을 위한 기반시설 확충 및 역량 강화 |
| | 신뢰 (안전강화·투명경영) | • 안전 재난과 사고로부터 안전한 근로 및 주거환경 조성<br>• 사회적 책임성 자발적·적극적 책임 이행으로 공정한 LH 구현<br>• 공공성 사회문제 해결 및 선제적 예방을 위한 공공성 강화 |
| | 포용 (동반성장·생애복지) | • 상생협력 중소기업 동반성장을 위한 성장사다리 제공<br>• 보건복지 건강한 주거생활 및 교육환경 조성 지원<br>• 공동체 커뮤니티 활성화를 위한 공동체 공간·문화 조성 |
| | 소통 (거버넌스·노사상생) | • 의사결정 경영·사업 전반에 시민 참여 및 소통 확대<br>• 노동권 근로자 권익 보호 및 차별 없는 일터환경 조성 |

### 1.4.3. 사회적 가치 측정

LH는 민간회계법인 및 사회적가치연구원(CSES)과의 협업을 통해 공공부문 최초로 경영활동을 통해 발생되는 사회적 가치를 계량화하여 측정하고 그 결과를 대외적으로 공표('19.3월)하였다. 뿐만 아니라, 공공기관 사회적 가치 측정 협의회[113]에 적극 참여하여 공사의 측정 사례를 타 공공기관과 적극 공유하였다. LH의 측정을 통해 다른 공공기관도 화폐화 측정방법을 도입하고 있다는 점에서 공공부문의 사회적 가치 측정 확산에 기여한 사례로 볼 수 있다.

공사는 'Input 사회적 가치'와 'Outcome 사회적 가치'를 각각 화폐화 방식으로 측정하였다. 'Input 사회적 가치'는 LH 주요사업에 투입된 비용 중 사회적 가치 창출에 투입된 비용을 의미하는데, 결산서상의 투입비용을 사업별로 분류하고, 각 비용의 투입 영역을 사회적 가치와 경제적 가치로 분류하여 그 값을 도출하였다. 'Outcome'는 기업활동을 통해 발생되는 사회적 편익을 의미하며, 그중 Outcome 측정이 어려운 일부 영역(환경, 안전 등)은 Input으로 대체하였다.

**그림 4-7 LH 사회적 가치 측정 결과**

| | INPUT 8.2조원 | | OUTCOMES 5.3조원 | |
|---|---|---|---|---|
| 주거복지 | 임대 공급 / 운영 | 0.6조원 | 주거비 절감 | 2.6조원 |
| | 임대주택건설 / 매입 | 4.0조원 | 이사비 절감 | 0.6조원 |
| 상생협력 | 제품 용역 우선구매 | 3.0조원 | 중소기업 성장 효과 | 1.6조원 |
| | 협력대출기금조성 | 0.1조원 | 기업자금난 해소 | 16억원 |
| 좋은일자리창출 | 정규직 전환 | 7억원 | 소득증가효과 | 7억원 |
| | 신규채용확대 | 240억원 | 채용확대효과 | 240억원 |
| 환경 | 녹색제품 구매 | 0.3조원 | 친환경원자재 구매 | 0.3조원 |
| | 임대주택 태양광 / LED | 23억원 | 온실가스감축효과 | 4억원 |
| 안전 | 임대주택 시설개선 | 1,483억원 | 주거안전강화 | 1,483억원 |
| | 건설현장 안전 강화 | 2억원 | 산업재해 감축 | 8억원 |
| 지역사회공헌 | 사회공헌 사업 | 115억원 | 사회공헌사업 | 132억원 |
| | 토지주택박물관운영 | 7억원 | 박물관 무료개방 편익 | 12억원 |

2018년 기준, LH는 총 사업비 15.2조 원 중에서 임대주택 건설·매입, 중소기업제품 우선구매 및 임대주택 시설개선 등 사회적 가치 창출을 위해 8.2조 원의 재원을 투입하였고(Input

---

113 공공기관 사회적 가치 측정 협의회는 사회적 가치 측정 방법을 논의하고 사회적 가치 창출 사례를 공유하기 위해 2018년 12월 출범하였다. 2019년 1년간 5차례 실무자 회의를 개최하였으며, 30여 개 기관의 사회적 가치 담당자가 참석하였다.

사회적 가치), 이를 통해 취약계층 주거비 절감, 중소기업 성장효과 및 임대주택 주거안전강화 등의 분야에서 5.3조 원의 Outcome 사회적 가치를 창출하였다.

그중에서, 주요사업인 주거복지 분야에서 약 4.6조 원을 투입하여, 주거비와 이사비의 절감을 통해 사회적 가치 3.2조 원을 창출하였는데, 이는 각각 전체 투입과 창출성과의 56%와 60%에 해당한다. 투입비율(56%)에 비하여 창출비율(60%)이 더 높게 나타난 사실은 주거복지 사업이 다른 사업 대비 사회적 가치를 더 효과적으로 창출했다는 것을 보여준다.

정성적 요인 등에 근거한 성과 평가체계를 운영해온 LH는 향후 측정기준 및 성과지표의 객관성을 보완하여 전략적 의사결정도구로써의 활용도를 높여갈 계획이다.

본 사례는 LH가 민간기업인 SK의 사회적 가치 측정 방법을 활용하여, 공공기관으로서는 처음으로 사회적 가치의 화폐적 측정을 도입함으로써 공공부문의 다양한 경영활동에서 창출되는 무형의 가치를 구체적이고 객관적으로 측정하려 했다는 점에서 주목할 만하다.

## 2. 중국기업의 사회적 가치 측정 사례

### 2.1. 중국화능그룹

#### 2.1.1. 중국화능그룹유한회사

#### (1) 회사소개

중국화능그룹유한회사 (China Huaneng Group Co., Ltd, 이하 '중국화능' 또는 '화능그룹'으로 약칭)는 국무원의 비준을 거쳐 설립된 중요한 국유 중견기업이다. 중국화능의 등록자본금은 인민폐로 349억 위안이며 주요 경영 업무는 전력 개발, 투자, 건설, 경영 및 관리, 전력(열력) 생산 및 판매, 금융, 석탄, 교통운수, 신에너지, 친환경 관련 산업 및 제품의 개발, 투자, 건설, 생산, 판매, 실업 투자 경영 및 관리이다. 중국 화능은 1985년에 설립되어 30여 년의 발전과정에서 전력 산업의 개혁, 발전과 기술발전에 풍부한 경험을 제공하였다. 이는 전력기업의 관리수준과 경제효율을 향상시키는 데 좋은 모범으로 작용했다. 나아가, 경제 및 사회 발전의 바탕이 되는 전기수요에 대응함으로써 국유자산의 가치 보전과 가치 증가를 실현함에 있어 큰 기여를 하였다.

중국화능은 2016년 8월에 '2016 중국 500강 기업'에서 47위를 차지했다. 2017년 7월 12일에는 국자위의 2016년도 경영 성과 심사에서 A등급을 받았다. 2018년 7월 19일, 〈포춘〉지에 세계 500강 기업이 발표되었는데 중국화능이 289위를 차지했다. 사회적 가치 면에서의 성과도 혁혁하여 2018년 11월 23일, 사회과학원이 발표한 2018년 기업의 사회책임 순위에서 6위에 올랐다. 중국화능은 이후에도 꾸준히 발전일로를 거듭하여 국자위가 업무 평가를 실시한 이래, 연도 경영실적평가 A급 14차례, 임기 평가 A급을 5차례 받았다. 일대일로(一帶一路) 중국 100강 기업 순위에서는 68위, 중국 발전업계에서 처음으로 세계 500강에 들었으며, 2019년에는 세계 500강 기업 순위에서는 286위에 올랐다. 2019년 11월 발표된 기업의 사회책임 순위에서도 6위라는 높은 순위를 유지했다.

### (2) 기업의 사회적 가치 측정 지표체계 관련 데이터

● **측정 사례**

• **지역사회 후원기부**: 2020년 초에 코로나19가 발생한 후 중국화능은 중앙기업의 책임과 사명을 적극적으로 수행하였다. 중국화능과 그 말단 기업 및 각 해외 기구는 능력을 최대한 발휘하여 적극적으로 기부하거나 방역물자를 긴급 구매하여 자국에 보내면서 코로나19 대응에 힘을 보탰다. 2월 28일까지 누적 기부금은 6350만 위안으로, 그중 현금이 6250만 위안, 물자가 100만 위안이다.

표 4-4 회사 기부 상세내역 목록

| 현금 기부 | |
|---|---|
| 그룹회사 | 5000만 위안 |
| 석탄업 회사 | 1000만 위안 |
| 중경지사 | 200만 위안 |
| 섬서지사 | 30만 위안 |
| 하북지사 | 20만 위안 |
| 물자 기부 | |
| 오스트레일리아 주재 화능 대표처 | 방호복 1000벌, 격리복 1900벌, 보호안경 237개, 의료용 일회용 장갑 2400개, P2 마스크 180개 |
| 싱가포르 | 방호복 2000벌, 밀폐 보호안경 100세트, 일회용 장갑 40,000개 등 |
| 영국화능국제전력회사 | N95 마스크 2000개 |
| 캄보디아 세산강 발전회사 | 마스크 2만 개 |
| 파키스탄 사시와르 발전소 | 의료용 일회용 마스크 3만 개, 방호복 500벌, 의료용 일회용 장갑 3만 개, 보호안경 1000개 |

### (1) 소결론

이번 코로나19는 대전(大战)이자 시험(大考)이었다. 중국화능은 전력 보장의 선구자이자 코로나 대응의 선두주자로서 책임감과 저력을 보여주었다. 이번 코로나 사태에서 중국화능은 주도면밀한 조치로 코로나 발생과 확산을 단호하게 막아나섰다. 각 부서에서는 상호 협력하고, 각자가 자신의 자리를 지키며 자체 방역업무를 수행하는 동시에 사회적 책임을 성실히 이행하였다. 적극적으로 현금과 물품을 기부하고, 전력, 열, 연료 등의 공급을 보장하고 각지에 충분한 전력과 열에너지를 공급하였다. 또한 2월 28일까지 코로나 발생 기간에 화능은 누적 6350만 위안을 기부했는데, 그중 현금은 약 6250만 위안, 물자는 약 100만 위안이다. 나아가 중국화능은 '사람을 근본으로 한다(以人为本)'는 이념을 지속적으로 견지하여 직원의 생명안전과 건강을 보장하고 있다. 코로나 예방 및 통제라는 큰 과제 앞에서 전력 발전, 열공, 석탄 생산, 교통운수 등 사회의 많은 항목을 보장하는 일을 해내고 있다. 나아가 회사의 생산경영 및 개혁과 발전을 총괄적으로 추진하고, 새 시대가 부여한 책임과 사명을 끝까지 짊어지고, 세계 일류 에너지 기업인 '3색 3강 3우(三色三强三优)'[114]를 건설하기 위해 지속적으로 노력하고 있다.

### 2.1.2. 화능북경열전기유한책임회사

**(1) 회사 소개**

화능북경열전기유한책임회사(이하 '화능북경열전소'로 약칭)는 화능국제전력주식유한회사의 지주 기업으로서 1999년 8월에 설립되었으며, 화능화북지사가 경영 및 관리를 책임지고 있다. 현재 총 설비용량은 176만 8,000킬로와트로 고효율의 안전하고 친환경적인 열병합 생산 기업이며, 베이징시로부터 수도 동남열전기센터임을 승인받았다.

화능북경열전소는 1기 공사에 러시아산 석탄에너지 발전기 설비 4대를 설치하였는데, 1999년에 모두 가동시켰다. 2기 공사에 '2견인 1' 가스-스팀 복합순환기 설비를 설치하여 2011년 말에 가동시켰다. 3기 공사에 F급 '2견인 1' 가스-스팀 복합순환기 설비를 설치하였는데, 발전 설비용량은 998MW이었으며, 최대 열공급능력이 773MW에 달했고, 116MW

---

114 화능그룹은 화력발전회사에 대한 부정적 인식을 바꾸기 위한 시도로 "중국 화능그룹유한회사발전전략(2020)"에서 '3색 3강 3우(三色三强三优)' 강령을 발표했다. '삼색(三色)'이란, 복지국가 방침과 에너지안전 보장을 통한 중국특색 사회주의 복지 실현을 상징하는 '홍색', 에너지혁명 실행과 생태문명 주력을 통한 인민 생활수요 만족 및 청결 에너지 전력 보급을 상징하는 '녹색', 지구 에너지관리 참여와 '일대일로' 건설을 통한 인류운명공동체 공헌을 상징하는 '남색'을 상징한다. '삼강(三强)'이란, 창의적 리더십의 힘, 가치창조의 힘, 세계경쟁력의 힘을 가리킨다. '삼우(三优)'란, 자산우대, 관리우대, 업적우대를 가리킨다.

가스온수보일러 6대를 동시에 건설하여, 총 열공급능력이 1,469MW에 달했다. 북경시 특유의 배관망 우세로 화능북경발전소의 열공급 능력은 1920백만 kcal/h에 달하고, 열공급 면적은 5,000여만 제곱미터에 달하였으며, 연간 열공급량이 북경시 열 사용량의 3분의 1을 차지하는, 국내에서 열공급능력이 가장 큰 열병합생산기업이다.

### (2) 기업의 사회적 가치 측정 지표체계 관련 데이터

표 4-5 화능북경열전소 지표체계 측정 결과

| 1단계 지표 | 2단계 지표 | 3단계 지표 | 투입 지표 | 성과 (단위: 백만 위안) | 산출지표 | 성과 (단위: 백만 위안) |
|---|---|---|---|---|---|---|
| 거버넌스 | 주주책임 | 리스크 관리 | 리스크 관리 투입 | 6.00 | 리스크 관리 성과 | / |
| | | 법제 준수 | 법제 준수 투입 | | 법제 준수 성과 | / |
| 합계(거버넌스) | | | 투입 지표 | 6.00 | 산출지표 | / |
| 사회 | 거시 경제 | 역주기 조정 | 분야별 기업 투자 | 52500.00 | 납세책임 | / |
| | | | | | 고용 안정 | / |
| | 직원 책임 | 근로생활의 질 | 직원 복지 | 811.54 | 임금 경쟁력 | / |
| | | | | | 초과근무 보상 | / |
| | | | | | 휴가제도 보장 | 18.00 |
| | | 안전·건강·복지 | 안전생산 투입 | 103.19 | 사고상해 및 손실 | / |
| 합계(사회) | | | 투입지표 | 53414.73 | 산출지표 | 18.00 |
| 환경 | 환경 보호 및 개발 | 오염물 배출 감소 | 환경보호 총 투자액 | 805.76 | 배출 감소 성과 | / |
| 합계(환경) | | | 투입지표 | 805.76 | 산출지표 | / |
| 합계 | | | 투입지표 | 54226.49 | 산출지표 | 18.00 |

### (3) 소결론

본 측정에서 화능북경열전소는 5422,649만 위안을 투입하여 1,800만 위안을 산출한 것으로 나타났다.

지난 몇 년 동안 발전소는 석탄 초저배출 개조 작업을 중시하여 친환경 개조에 누적 약 10억 위안을 투자했다. 2006년에 발전소는 석회석-석고 습법탈황개조(濕法脫硫改造)를 완성하였고, 2007년에는 선진 저질소연소기술을 이용하여 요소-SCR 탈질개조를 완성하였다. 발전소의 보일러는 액상 슬래그 배출 및 비산회 재연소 기술을 이용하고, 매 보일러에는 이중 챔버 4필드 고효율 정전기 제진기를 장착하였다. 또한 탈황, 탈질 작업을 위해 2014년부터 2015년까지 발전소는 4대의 석탄보일러 개조를 완성하였으며 풀가동 조건에서 질소산화물, 이산화유황의 배출농도를 각각 30, 10mg/m3 이하로 떨어뜨려 북경지역 가스연소장치 오염물배출기준을 충족시켰다. 2017년에는 8039만 위안을 투자해, 석탄화력발전설비의 연탄 환경설비 효율제고 개조 프로젝트를 가동하였다. 시설을 개조한 후 석탄기계 질소산화물, 이산화유황, 분진의 배출수치는 각각 20, 5, 3mg/m3였다. 수은 및 그 화합물의 배출농도는 0.4μg/m3로써 베이징시 보일러 대기오염물 배출 기준치(DB11/139-2015)와 〈화능화력석탄화력발전설비의 난방공급보장응급예비운행방안에 관한 통지〉(경관함[2018] 487호)등에 규정된 배출 제한치에 부합하였다.

## 2.2. 중국화전그룹

중국화전그룹유한회사(China Huadian Corporation, 이하 '중국화전' 또는 '화전그룹'으로 약칭)는 2002년 말에 국가의 전력체제개혁으로 설립된 국유 독자 발전기업으로서 국무원 국자위가 감독 관리하는 특대형 중앙기업에 속한다. 주요 경영업무는 전력생산, 열에너지 생산 및 공급, 전력 관련 석탄 등 1차 에너지 개발과 관련 전문 기술 서비스 등이 있다. 최근 몇 년간 중국화전은 당중앙과 국무원의 각종 정책 배치와 국가 에너지전략을 철저하게 이행해왔다. 기업 내부에서는 구조조정을 가속화하고, 질적 성장을 위해 힘썼다. 나아가 개혁 혁신을 심화하고, 당건설을 강화하였다. 그 결과 기업의 종합적 역량이 지속적으로 증강하고, 업계에서의 지위가 뚜렷이 향상되어 2019년 세계 500강 기업 386위에 올랐다.

### 2.2.1. 화전에너지주식유한회사

#### (1) 회사 소개

화전에너지주식유한회사는 1993년 2월에 설립되었으며 흑룡강성 정부 및 전력공업부의 첫 번째 주식제 시범기업이다. 회사의 주요 업무는 발전소의 건설 및 운영, 발전소의 유지 보수 및 수리, 공사 청부, 열 공급, 탄광의 개발과 건설 및 운영, 전기기기 및 계량기 생산이다.

1996년 4월과 7월에 회사에서 발행한 1억 주의 B주와 4,000만 주의 A주가 상해증권거래소에서 상장했다. 1997년 6월에 B주 8,000만 주를 추가 발행하였다. 2000년 7월에 흡수 합병하는 방식으로 A주 6,808만 주를 정향적으로 발행하였다. 2000년 12월에 A주를 4,500만 주 추가 발행하였다. 2003년 6월에 전환사채 800만 좌를 발행하였다. 2009년 12월에 5억 9,760만 주의 A주를 비공개로 발행하였다. 현재 회사의 총 주식자본은 약 19억 7,000만 주이며 중국화전그룹유한회사가 44.80%, 기타 A주 주주가 33.23%, B주 주주가 21.97%의 주식을 보유하고 있다.

2018년 말 기준 발전설비 용량 670만KW, 총 열공급 면적이 1억 1,400만 제곱미터에 달하는 명실상부 흑룡강성 최대의 발전 열공급 기업이다.

### (2) 기업의 사회적 가치 측정 지표체계 관련 데이터

표 4-6 화전에너지주식유한회사 지표체계 측정 결과

| 1단계 지표 | 2단계 지표 | 3단계 지표 | 투입지표 | 성과 (단위: 백만 위안) | 산출지표 | 성과 (단위: 백만 위안) |
|---|---|---|---|---|---|---|
| 거버넌스 | 주주 책임 | 중대한정보 공시 | 사회적 책임 관리 | 1.00 | | |
| | | 리스크 관리 | 리스크 관리 투입 | / | 리스크 관리 성과 | / |
| | | 법제 준수 | 법제 준수 투입 | / | 법제 준수 성과 | 1.00 |
| 합계(거버넌스) | | | 투입지표 | 1.00 | 산출지표 | 1.00 |
| 사회 | 고객 서비스 | 고객 서비스 품질 | 서비스보장 투입 | / | 서비스 가치 개선 | / |
| | | | | | 서비스 가치 창출 | 116.60 |
| | 거시 경제 | 역주기 조정 | 분야별 기업 투자 | / | 납세책임 | / |
| | | | | | 고용 안정 | / |
| 합계(사회) | | | 투입지표 | / | 산출지표 | 116.60 |
| 환경 | 환경보호 및 개발 | 오염물배출 감소 | 환경보호 총 투자액 | / | 배출감소 성과 | / |
| | | 자원 절감 | 에너지 절약 기술의 연구 개발 및 응용 | / | 자원 절감 성과 | / |
| | | 환경 재생 | 환경 재생 투입 | / | 환경 재생 성과 | / |
| 합계(환경) | | | 투입지표 | / | 산출지표 | / |
| 합계 | | | 투입지표 | 1.00 | 산출지표 | 117.60 |

### 2.2.2. 화전내몽골에너지유한회사

**(1) 회사소개**

2003년 4월 1일, 화전내몽골에너지유한회사(이하 '화전내몽골회사'로 약칭)가 정식으로 설립되었다. 무(無)에서부터 시작하여 각고의 노력으로 16년간의 침전, 축적, 혁신, 업데이트를 거쳐 '혁신적이고 진취적이며 완벽한 창조자' 정신을 발휘하여 화력발전 위주의 풍력발전, 광전기, 열공급, 석탄 등 다양한 업무 영역을 포괄하는 지역성 종합 에너지공급업체로 발전하였다. 2017년 7월 화전내몽골회사는 자회사들의 '실제화' 요구를 이행할 수 있게끔 4개 신에너지기업을 집중 관리 통제에 포함시켰다. 현재 회사의 총 설비 용량은 808.38만 KW에 달하는데, 화력발전 486만 KW, 풍력발전 2865,300KW, 태양광발전 359,000KW이다. 신에너지 설비가 약 40%를 차지하며 석탄 생산능력 240만 톤, 열공급 면적 2,900여 만㎡가 된다. 프로젝트는 내몽골자치구의 동쪽에서 서쪽으로 2,500여km 횡단선에 널리 분포되어 있으며, 내몽골 서쪽 전력망의 두 번째로 큰 발전기업으로 자리잡았다.

**(2) 기업의 사회적 가치 측정 지표체계 관련 데이터**

## 표 4-7 화전내몽골회사 지표체계 측정 결과

| 1단계 지표 | 2단계 지표 | 3단계 지표 | 투입지표 | 성과 (단위: 백만 위안) | 산출지표 | 성과 (단위: 백만 위안) |
|---|---|---|---|---|---|---|
| 거버넌스 | 주주 책임 | 중대한 정보 공시 | 사회적 책임 관리 | / | / | / |
| | | 리스크 관리 | 리스크 관리 투입 | / | 리스크 관리 성과 | / |
| | | 법제 준수 | 법제 준수투입 | / | 법제 준수 성과 | / |
| 합계(거버넌스) | | | 투입지표 | / | 산출지표 | / |
| 사회 | 고객 서비스 | 고객 서비스 품질 | 서비스 보장 투입 | / | 서비스 가치 개선 | 0 |
| | | | | / | 서비스 가치 창출 | / |
| | 사업 파트너 | 공정시장 환경 | 신의성실 | / | 공정거래 | / |
| | | | 미지급금 | / | 채무연체 | / |
| | | 상생협력 | 공동 협력 | / | 산업 생태계 | / |
| | | | 혁신 인큐베이션 | / | 협동혁신 | / |
| | | | 공급망 안전 투입 | / | 공급망 안정성 | / |
| | | | 기업 관리 교육지원 | / | 경영 노하우 및 표준 공유 | / |
| | | 공개 입찰 구매 | 공개 입찰 구매 | / | 공개 입찰 구매 위반 | / |
| | 거시 경제 | 역주기 조정 | 분야별 기업 투자 | / | 납세책임 | 0 |
| | | | | / | 고용 안정 | 235.56 |
| | 직원 책임 | 고용 다양성 | 여직원 교육 투입 | / | 공평한 대우 | / |
| | | | 소수민족 직원 교육 투입 | / | | |
| | | 근로생활의 질 | 직원 복지 | / | 임금 경쟁력 | / |
| | | | | / | 초과근무 보상 | 0 |
| | | | | / | 휴가제도 보장 | 0 |
| | | 안전·건강·복지 | 안전생산 투입 | / | 사고상해 및 손실 | 0 |
| | 지역사회 | 지역사회 투입 | 지역사회 기부 | / | 지역사회 관리 능력 향상 | / |
| | | 소비 빈곤구제 | 빈곤지역 상품구매 | / | 빈곤지역 소득 증가 | 0.34 |
| | | 산업 빈곤구제 | 산업 빈곤구제 투입 | / | 산업 빈곤구제 종합기여 | 1.03 |
| | | | 투자개발 빈곤구제 | / | 투자개발 경제성과 | 0 |
| | | | 특색산업 빈곤구제 | / | 특색산업 경제성과 | 0.45 |
| | | 취업교육 빈곤구제 | 지역주민 교육 투입 | / | 취업 교육 소득 증진 | 0.07 |
| 합계(사회) | | | 투입지표 | / | 산출지표 | 237.45 |
| 환경 | 환경 보호 및 개발 | 오염물 배출 감소 | 환경보호 총 투자액 | / | 배출 감소 성과 | / |
| | | 자원 절감 | 에너지 절약 기술 연구개발 및 응용 | / | 자원 절감 성과 | / |
| | | 환경 재생 | 환경 재생 투입 | / | 환경 재생 성과 | / |
| 합계(환경) | | | 투입지표 | / | 산출지표 | / |
| 합계 | | | 투입지표 | / | 산출지표 | 474.90 |

### (3) 소결론

본 측정에서 화전내몽골에너지유한회사의 산출은 47490만 위안이다.

화전내몽골에너지유한회사는 당의 지도하에 당의 건설을 강화하고 당의 18차 전원회의와 19차 당대회 정신을 성실히 관철하여 실행에 옮겼다. 회사 당건설의 질을 개선하고 방향을 잡아 전반 국면을 관리하고 당을 엄하게 다스려 책임을 수행하였다. 전력을 생산하고, 열을 공급하는 기본 업무는 물론, 사회적 책임을 충분히 이행하였다. 그 예로 안전책임제를 전면 실시하여 안전제도와 규범시스템을 보완하였다. 안전 및 친환경 기본 업무를 꾸준히 강화하여 지속적으로 안전한 기업을 건설하는 데 힘썼다. 전반적인 국면에서 책임감 있게 서비스를 제공한 결과, 좋은 이미지를 확립하게 되었다. 개혁 추세와 산업법칙에 따라 발전 중의 난제를 해결하고 경영 결함을 제거하고 지속적으로 혁신과 개혁을 심화하여 기업의 동력을 불어넣었다.

## 2.3. 차이나모바일

### 2.3.1. 중국이동통신그룹유한회사

### (1) 회사소개

중국이동통신그룹유한회사(China Mobile Communications Group Co., Ltd, 이하 '차이나모바일'로 약칭)는 국가의 전신체제개혁의 총체적 배치에 따라 2000년에 설립된 중앙기업이다. 2008년 5월에 중국철통그룹유한회사 전체가 차이나모바일에 합병되었다. 2017년 12월에 중국이동통신그룹회사는 체제를 개혁하여 기업유형을 전민소유제 기업에서 국유독자회사로 변경하고 중국이동통신그룹유한회사로 명칭을 바꾸었다.

차이나모바일은 세계적 수준의 통신업체로, 현재 세계에서 인터넷 및 고객규모가 가장 크다. 또한 이윤 창출 능력이 막대하며, 시가 순위상에서도 선두를 달리고 있다. 등록 자본은 3000억 위안, 자산 규모는 1조 7400억 위안, 직원은 50만 명에 달한다. 차이나모바일은 19년 연속 〈포춘〉의 세계 500강 기업에 선정되었으며 2019년에는 56위에 올랐다. 15년 연속 국자위의 경영 성과 평가에서 A등급을 받았다. 중국기업평가협회 '2019 중국기업 사회적 책임 500우수' 순위 4위에 올랐으며 '중국기업 사회적 책임 10대 모델기업' 칭호를 수여받았다. CCTV '2019 중국브랜드강국 축제 10대 연도 모범 브랜드'를 수상했다.

차이나모바일은 중국이동(홍콩)그룹유한회사의 지분 전액을 보유하고 있다. 중국이동유한회사는 중국 내 31개의 성, 자치구 및 직할시와 홍콩에 전액출자 자회사가 있으며, 홍콩 및 뉴욕 거래소에도 상장했다. 주된 경영 분야로 이동통신, 데이터, 광대역, IP전화, 멀티미디어 업무가 있으며, 컴퓨터 정보망 국제 인터넷기구 경영권과 국제 통신업무 출입국 경영권을 갖고 있다.

### (2) 기업의 사회적 가치 측정 지표체계 관련 데이터

● **측정 사례**

· **사회적 책임 관리**: 차이나모바일은 설립 초기부터 사회적 책임 이행을 기업 전략의 필수적 요소로 삼았다. '양질의 연결로 경제와 사회의 지속가능발전을 추진하고 전방위적으로 종합가치를 창출한다'는 것은 줄곧 차이나모바일의 전략적 발전 및 중앙기업 책임 이행의 토대였다. 2007년에 중국 정보통신업계의 첫 사회적 책임보고를 발표한 이후 지금까지 연속 14년 지속가능발전보고를 작성하여 발표하였다. 12년 연속 기업 사회적 책임 우수 실천 평가 업무를 전개하여 누적 820여개의 실천 사례를 수집했다. 그중 184개 성과가 표창을 받았으며 각계 회사의 사회적 책임 실천 혁신활동을 격려하였다. 차이나모바일은 2006년부터 '천하의 성실함으로 자신과 인간과 사물의 본성을 다한다(以天下之至诚而尽己之性,尽人之性,尽物之性)'는 기업 책임관을 제시하고 전략적으로 기업의 사회적 책임 관리를 실시하였다. 2008년 초에는 그룹 차원에서 회사 이사장이 주임을 맡는 기업 사회적 책임 지도위원회(현재 지속가능발전 지도위원회로 명칭을 바꾸었음)를 설립하였다. 전체적인 기업의 사회적 책임 관리체계를 확립하고 책략 관리, 집행 관리, 실적 관리, 소통 관리 4개 모듈을 포함한 폐환식 관리구조를 구축했으며 사회적 책임 관리 10항 '규정 동작'을 보편화시켜 전년에 걸쳐 추진하였다.

· **고객 서비스**: 정보 통신 네트워크와 서비스는 도로, 급수, 전기 공급 등 공공 인프라시설과 같이 사회 운영, 경제 발전과 일상 생활에 없어서는 안 되는 요소이다. 정보 통신 인프라시설의 연결규모와 품질은 우리 삶의 질과 사회 생산효율에 큰 영향을 미친다. 연결 서비스 제공자로서 차이나모바일은 '고객 근본, 서비스 근본' 이념으로 광범위한 고품질의 안정적인 연결

을 제공하여 지속가능발전 목표에 기여했다. 2019년 말까지 회사의 서비스를 제공받는 모바일 고객수는 9억 500만, 가정 광대역 고객수는 1억 7200만 가구, 정부기업 고객수는 1028만, 기업 인터넷 고객수는 8억 8400만에 달했다.

이밖에 차이나모바일은 '책임 이행, 자원 분명화, 위험 통제, 적시 대응'이라는 네트워크 보장체계를 끊임없이 보완하고, '그룹과 성급 회사' 간 2단계 연동, 부서 간 협력활동을 통해 상시화 업무 메커니즘을 강화하고, 긴급대처능력을 전면적으로 향상시켰다. 2019년 한 해의 통신 긴급통신처리 횟수는 6800회, 긴급통신차량을 7931회 파견하고, 긴급 통신설비 27755세트를 투입했으며, 긴급처리 인원 259807명을 동원하여 '네트워크 장애 제로, 네트워크 보안 사고 제로, 고객 불만 제로' 서비스 목표를 달성했다.

### 사례 1 · 중화인민공화국 창건 70주년 경축행사 통신 보장

2019년 10월 1일, 중화인민공화국은 창국 70주년을 맞이했다. 경축행사의 통신보장사업을 원만히 수행하기 위해서 차이나모바일은 2019년 연초부터 국가 네트워크 보장계획 및 건설공사에 투입되었다. 약 600개의 기지국, 100개의 전송기점 및 콘텐츠 네트워크, 인터넷 텔레비전 시스템을 확장하였고, 43개 기지국을 새로 건설했으며, 지역을 나누어 중점 지역마다 '한 기점에 한 대비책(一地点一预案)', '한 기지국에 한 대비책(一站点一预案)' 조치를 취하여 천안문 지역의 네트워크가 원활하게 작동되도록 하였다. 천안문 핵심 관례구역에는 응급차 5대와 조명 기지국, 응급 기지국 등 임시 기지국을 늘려 네트워크용량을 3.5배로 늘렸으며, 세계 최초로 2G/4G/5G 주파수 대역 구간과 모든 전파를 수신할 수 있는 개방 영역 최고 단위밀도 네트워크 용량을 보장했다. 이러한 여러 가지 창조적이고 독창적인 기술은 네트워크 능력을 최대한으로 향상시켰다. 국경절 당일 천안문 광장에서 행사를 관람하는 모바일 사용자들에게 안정적인 네트워크 서비스를 제공하였다. 이 기간 동안 근 2,000명에 달하는 지원팀을 파견하여 7×24시간 윤번으로 당직을 서며 보장임무를 완수하였다.

> **사례 2** 　코로나 발생 후 24시간 끊기지 않는 지속적인 고객 서비스 제공
>
> 　코로나19에 직면하여 차이나모바일은 가장 빠른 시간에 고객서비스 보장 대비책을 가동하여 코로나19 대응에 참가한 의료진에게 통신비 감면 서비스를 제공하여 3만여 명 의료진의 통신비용을 감면해주었다. 코로나 예방 및 통제 지휘 소조, 최전방 의료진, 코로나 대거 발생지역 및 격리지역의 고객에게 무중단 서비스를 제공하였다. 회사는 또 로밍지 조회 서비스를 제공하여 고객 스스로 과거 행적 조회가 가능하도록 하였다. 고용주, 지역사회의 유동인원 행적추적 관리를 협조했다. 3월 5일까지 전국 행적 조회 인원수는 누계 1억, 조회 횟수는 1억 6500만을 넘었다. 회사는 '화역보(和易报)', '코로나19 통계' 등 지능 온라인 데이터 수집 도구를 출시하여 정부 부서, 기업, 학교, 의료기구, 지역사회 등 기구의 인원 정보 수집, 통계, 분석 등 코로나19 대응 수요를 만족시켰다. 31개 성의 239개 지구와 시를 망라하는 약 1,000만 명에 달하는 사람들이 '화역보(和易报)'를 통해 코로나19 관련 정보를 수집하였다. 회사는 지능 음성 로봇의 도움으로 코로나19 상황을 지능적으로 조사하였으며, 이를 통해 정부 부서는 효율적으로 무접촉 통지 및 조사 업무를 진행할 수 있었다.

- **사업파트너의 성장**: 차이나모바일은 사업파트너와의 상생협력 이념을 바탕으로 적극적으로 공정한 사회를 조성하고, 성실한 가치체인을 구축하고, 국제 지속가능발전 제안과 행동에 참여하여 국제 전신운영업체, 산업 관계자와 함께 산업생태의 건전하고 지속가능한 발전을 추진하였다. 회사는 공급업체에 대한 협력요구를 명확히 하고 심사 및 평가 절차를 보완하여 책임 조달/관리 능력을 높였다. 회사의 1단계 공동구매에서 협력관계를 확립한 공급업체가 검증을 접수한 비율은 100%이다. 회사는 지속적으로 합리적으로 관리 메커니즘을 보완하고, 끊임없이 제품 책임을 강화하였으며, 공급체인의 강화 및 지속가능발전관리를 이끌고, 기업 자체 발전과 업계의 건전한 발전을 추진하였다.

**사례 1** 　차이나모바일 광동회사 공급망 금융 플랫폼 프로젝트

중소기업은 중국기업 총수의 99%를 차지하며, 60% 이상의 GDP를 창조하고 있다. 그러나 신용결핍, 융자난 등 원인으로 인해 현금 유동 긴장과 생산자금 부족의 문제가 존재한다.

표 4-8 광동 모바일 공급업체의 자금 문제

| 광동모바일<br>공급업체 유형 | 계약금액<br>(주문서 포함) | 선불금 | 자금 압력 |
|---|---|---|---|
| 주설비 | 약 50억 위안/연 | 물자준비 선불금 | 물품 준비 시<br>자금 압력 큼 |
| 화물류 | 약 116억 위안/연 | 물자준비 선불금 | 물품 준비 시<br>자금 압력이 큼 |
| 서비스류 | 약 209억 위안/연 | 인건비 선불금 | 자금압력은 상대적으로 적으나<br>사회적 영향이 큼 |

이를 위해 국가는 '인터넷+금융'을 추진하며, 중소기업 미수금 담보 융자를 권장한다. 유엔의 지속가능발전 목표도 공동원칙, 가치관, 비전을 바탕으로 포용적인 파트너십 발전을 제창한다. 이러한 배경에서 차이나모바일 광동회사는 공급망 금융 플랫폼 프로젝트를 구축하여 약 5,000개의 중소기업에 공급망 금융 서비스를 제공하여 중소기업의 부담을 줄이고 공급 측면 개혁을 지원했다.

이 플랫폼을 기반으로 차이나모바일은 은행에 계약거래 등의 데이터를 신용정보로 제공하고, 공급업체는 미수금을 기반으로 협력은행으로부터 융자대출을 받는다(플랫폼융자 연 이율은 6~8%, 중소기업의 사회융자 원가는 일반적으로 12~24%). 융자기간에 차이나모바일 광동회사는 1%의 공급망 금융 플랫폼 서비스 비용을 감면하여 공급업체의 융자 원가를 낮추고 중소기업의 발전을 지원하였다.

### 그림 4-8 차이나모바일 광동회사의 공급망 플랫폼

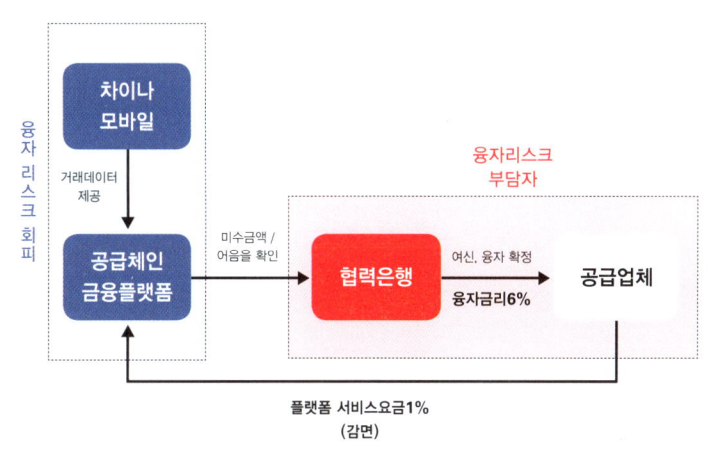

　차이나모바일 광동회사 공급망 금융 플랫폼을 통해 누계 46개 공급업체가 융자를 받았고, 저금리 융자 주문액이 48억 1400만 위안에 달했다. 공급망 금융 플랫폼이 기업의 부담을 덜어준 금액은 플랫폼 연이자율 6%, 사회 융자 연이자율 12%로 계산하여 48.14 × (12% − 6%) = 2.89억 위안이다.

　공급망 금융 플랫폼 프로젝트는 공급업체에 간편하고 빠른 융자경로를 제공하여 융자난을 해소하였다. 이를 통해 차이나모바일은 공급 및 시공 주기를 단축하고 전체적인 구매 원가와 계약 위험을 낮추었으며, 은행은 고품질 고객 자원 및 위험부담이 낮은 대출항목을 획득하였다. 이로써 공급업체, 은행, 모바일 3자 모두가 이익을 얻었다.

**사례 2** '따뜻한 봄 행동'으로 도움을 주어 어려움을 함께 극복하기

차이나모바일은 코로나19의 영향을 받은 50만 개 채널 협력파트너를 상대로 '따뜻한 봄 행동(暖 春行动)'을 출범하고 4가지 '따뜻함 보내기(送暖)' 활동으로 파트너가 작업을 재개하고 생산손실을 줄이는 데 도움을 주었다.

첫째는 '특별 항목 지원(专项扶持送暖)'이다. 단말기 마케팅 자원과 능력을 개방하고, 단말기 생산업체, 채널 협력파트너와 협력하여 단말기 판촉행사를 전개하여 5G 단말기의 판매력을 강화하였다. 또, 코로나19 영향으로 처리가 불가능한 업무에 대하여 예약 사례금을 지급했는데 신용도가 높은 채널 파트너에 대해서는 사례금을 지급하는 주기를 단축시켰다.

둘째는 '채널 보장(渠道保障送暖)'이다. 채널 파트너의 업무 권한을 확대하여 파트너에게 방호물자, 방역지식 및 업무지식의 원격 교육을 제공하고, 업무처리 절차와 과정을 간소화하여 고객과의 교류 시간과 빈도를 줄였다.

셋째는 '창조적 능력 부여(创新赋能送暖)'이다. 채널 파트너에게 '휴대폰 영업장 앱, 클라우드 스토어, 코드숍, 애플릿' 등 인터넷 경영도구와 '편민조수(便民助手)', '평안 커뮤니티(平安 社区)' 등 편의도구를 제공하여 코로나 발생 기간의 채널 서비스 능력을 향상시켰다.

넷째는 '자금 감면(资金减免送暖)'이다. 차이나모바일의 부동산을 임대한 채널 합작 파트너의 임대료를 적당한 수준에서 감면하고, 채널 업무 평가기준을 최적화하고, 단말기 산업 체인을 조율하여 융자 서비스와 결산기 서비스를 제공하여 채널 합작 파트너의 자금회전 부담을 덜어주었다.

- **고용 평등**: 양성 평등은 유엔 2030 지속가능발전목표의 하나이며, 세계 10대 목표 원칙에도 '고용 및 업무에서 차별을 철폐한다'고 명시되어 있다. 차이나모바일은 직원들에게 평등한 취업 및 교육 기회를 제공하고, 평등한 작업환경을 조성하기 위해 기업 차원의 노력을 기울였다. 그 결과 2019년 말 전체 직원 중 여직원 비율이 53.94%를 차지하였다. 회사는 여직원의 '4기간' 권익 보호를 강화하고, '여성 권익 보호' 행동을 활발히 추진하고, 여직원들이 법에 근거하여 권익을 지킬 수 있는 능력을 향상시켰다. 단체계약, 여직원 특정 계약을 성실히 이행하여 근로계약과 노동보호 법률/법규가 실제로 이행되도록 하였고, 여직원의 요구와 권익 향상에 주목하였다. 2019년 본사 여직원이 출산 후 직장에 복귀한 비율은 100%이다.

- **빈곤구제와 공익**: 정보통신기술은 발전수준의 격차를 줄이고, 교육과 의료 자원의 균형을 유지하고, 사회 공익의 힘을 모으고 빈곤을 해소하는 측면에서 독특한 장점을 갖고 있다. 차이나모바일은 어려움을 극복하고, 변방 빈곤지역에 발달 지역과 비등한 수준의 4G 네트워크를 구축하고, 전신 서비스 보편화 공사에 최선을 다해 현지 경제발전과 지역사회의 성장을 위해 앞장섰다. '조혈(造血)' 빈곤구제 이념을 구현하고, 빈곤구제 특별 자금과 인력을 투입하여 맞춤형 지원과 지정 빈곤구제 지역을 위한 산업지원, 교육훈련, 의료위생 등 다양한 빈곤구제 프로젝트를 전개하여 빈곤계층의 생산과 소득을 늘리고 생활조건이 개선되도록 도왔다. 동시에 자체 업무 장점을 살리고 공익 지원의 마지막 단계의 난제 해결에 초점을 맞추어 자체의 자원과 특색 플랫폼을 이용해 빈곤계층과 지원자를 연결시켜 공익지원의 효과성을 향상시켰다.

## 사례 1    차이나모바일의 빈곤구제 업무

　　빈곤구제는 2단계 지표 '지역사회'의 핵심 영역이다. 차이나모바일은 상급의 관련 요구사항을 적극적으로 이행하였으며 '인터넷 + 빈곤구제'를 중심으로 여러 측면에서 빈곤구제 업무를 체계적으로 추진하여 좋은 성과를 거두었다. 회사는 빈곤지역의 통신 인프라 구축을 지속적으로 추진하여 총 127,000개 농촌마을에 전화를 개통하고, 72,000개 농촌마을에 유선 광대역을 보급했다. 서류에 기록된 빈곤지역 광대역 서비스 이용율은 96%이다. 빈곤지역에 4G 및 케이블 광대역 네트워크를 구축하였는데 전국 행정촌의 4G 네트워크 범위가 98%에 이르렀다. 제4차 '전신 서비스 보편화 공사'를 통해 4564개 행정촌에 4G 네트워크를 보급했다. 서류에 기록된 고객을 상대로 '빈곤구제 패키지'를 출범하여 995만 명 고객에게 혜택을 주었다. 소륵(疏勒), 백사(白沙) 등 현의 가난한 사람들에게 자사 브랜드 휴대전화를 기증했으며 중국인터넷발전기금회와 손잡고 장족어, 중국어 이중 언어 휴대폰 기부 프로젝트를 연속 2년 실시하여 3만 5000명의 가난한 장족 사람들에게 혜택을 주었다.

　　회사는 자금을 빈곤이 극심한 지역과 '两不愁三保障(두 가지 걱정과 세 가지 보장문제)'이 두드러진 지역에 편중하여 2019년 한 해 각종 빈곤구제에 2억 9,000만 위안을 기부하고, 5,500만 위안의 물자를 기부하였다. 여기에 신규로 11억 위안을 출자하여 누적 16억 위안을 투자하였으며, 중앙기업 빈곤지역 산업투자 기금에도 동참했다. 흑룡강성의 화남현, 탕원현, 신강의 아극도현, 소륵현, 락포현, 해남성의 백사현 이 6개 현은 회사가 지정한 빈곤구제현('지정 6현(定点六县)'으로 약칭)이다. 그중 신강(新疆), 해남(海南)의 4개 현은 극심한 빈곤 지역에 속한다. 2019년에 회사는 지정 6현에 1억 8,000만 위안의 지원자금을 투입하고 1373만 위안의 지원자금을 유치했으며 6,712명의 간부와 군중을 훈련시키고, 빈곤지역의 농산수산물 구매와 판매를 지원하기 위해 1억 위안이 넘는 돈을 기부하였으며, 지정 빈곤구제 책임자로서의 모든 지표를 초과 완수하였다. 그 결과 1년간 지정 6현에서 서류에 기록된 빈곤인구 중 7만 8,000명이 줄었다. 화남현, 탕원현은 2019년 5월에 정식으로 빈곤상태에서 벗어났고 소륵현, 백사현 또한 빈곤 탈출 절차를 가동하고 있다.

**사례 2**  '애심(愛心)' 행동—선천성 심장병 빈곤어린이 구조 프로그램

　　차이나모바일은 2011년부터 '애심(愛心)' 행동 프로젝트를 지속적으로 전개하여 빈곤구제 마지막 단계의 난제를 해결했다. '이동식 의료' 시스템을 탑재한 유동 선별검사차량을 변경지역과 빈곤가정 주변으로 보내 아이들의 선천성 심장병 선별검사를 무료로 해주고, 확진 환자는 무료로 수술 및 치료를 받도록 했다. 2019년 말까지 본 프로젝트는 내몽골, 랴오닝, 하남, 산서, 청해, 광서, 닝샤, 하북, 귀주, 운남 10개 성과 자치구에 보급되었고, 누계 1억 786만 위안을 기부하여 54,968명의 빈곤어린이에게 무료로 선천성 심장병선별검사를 제공했으며, 5973명의 빈곤환자들에게 무료 수술치료를 제공했다.

**사례 3**  차이나모바일의 코로나19 기부 상황

　　코로나19가 발생한 후 차이나모바일은 최선을 다해 코로나 대응에 필요한 통신정보 서비스를 보장하고, 국무원 국자위의 전용 계좌를 통해 호북성 자선총회에 현금 5,000만 위안을 기부하여 코로나 대처에 사용하도록 하였으며 훠선산, 레이선산의 2G, 4G, 5G 네트워크 구축에 약 6,000여만 위안의 자금을 투입하고 무한 등 중점 지역의 지정 병원, 중요한 전염병 예방 통제 항목에 9000대의 인터폰을 무료로 제공하였다.

- **에너지 절약 및 오염물 배출 감소 관리**: 차이나모바일은 에너지 절약 및 오염물 배출 감소를 핵심으로 하는 기후전략을 제정하고 2007년부터 "녹색행동계획"을 지속적으로 실시하여 환경관리 능력을 향상했다. 녹색 발전을 추진하여 오염 통제가 철저하게 이루어지도록 최선을 다했다. 2019년, 차이나모바일 오염 통제 및 에너지절약 사업 시노팀을 설립하여 관련 업무를 착실하게 추진하여 단위당 정보 흐름량 종합 에너지 소모를 전년 대비 43% 감소시키고, 연간 22억 1000만 도의 전기를 절약했다. 이는 온실가스 배출량을 141만 5000톤 감소시킨 효과와 맞먹는다. 이 수치들은 '탄소정보공개프로젝트(CDP, Carbon Disclosure Project)'의

세계기후변화 대응에 앞서는 수준으로 차이나모바일이 중국 내 최고 등급 기업임을 입증한다.

2019년에 회사는 1,000개가 넘는 기존 통신기계실, 데이터센터의 에너지절약 및 녹색화 개조 공사를 전개하였는데, 기계실 에어컨시스템 및 기류조직의 최적화, 자연 냉원 응용 개조, 스위치 전원의 휴면기능 사용 또는 고효율 스위치 전원 개조 등이 이에 포함된다. 재생 에너지 사용을 위해 자연자원이 풍부하고 전통적으로 전력이 부족한 지역에 태양열, 바람, 에너지, 수소 에너지 등 새로운 에너지를 보급하는 일을 적극 추진하였다. 강서 회사의 신여 지사는 회사 옥상의 공유건물을 이용하여 105kWp의 분산형 태양에너지발전시스템을 건설하여 2019년에 8만 2,000도의 태양에너지 전기를 생산했다. 5G 기지국 건설에서 회사는 5G 네트워크의 에너지소모를 미리 연구하여 네트워크 건설 초기에 에너지절약 등급 기업표준을 갱신하였다. 강소성에서 액체냉각 기술을 혁신적으로 사용하여 기지국 PUE가 약 1.1로 낮아졌으며, 전통 기지국과 비교하였을 때 에너지를 35%나 절약했다.

### 사례 1  녹색 데이터 센터 건설

안휘성에 위치한 차이나모바일 회남데이터센터는 화동지역에서 단일 지점 규모가 가장 큰 데이터센터로서 지역 에너지 소모량이 크다. 녹색데이터센터는 자주적 혁신과 연구개발을 적극 진행하여 가을과 겨울철 대기의 자연 냉각원으로 전기냉각을 대체하고 절정기를 피해 점심 시간대에 냉기를 방출함으로써 연간 1,200만 도가 넘는 양의 전기를 아낄 수 있었다. 또 수냉에어컨 순환수질에 대해 온라인 모니터링, 연화, 자동 처리를 하여 시스템의 열교환 효율을 상승시켰으며, 연간 전력 소모를 190만 도 감소하고 2만 m3의 오수 배출을 줄였다.

**사례 2**  광모뎀 재활용을 통한 순환경제 발전 촉진

광모뎀은 광섬유 전송 설비로 광섬유 광대역 업무에 필요한 저가 소모품이다. 사용량이 많고, 사용이 끝난 광모뎀은 보통 폐기물로 처리되기에 자원낭비를 초래한다. 차이나모바일 호북(湖北)회사는 '광모뎀 재활용' 프로젝트를 실시하여 전문적인 광모뎀 리모델링 기구를 설립하고 스캔 등록, 선별 검사, 청결, 수리, 리모델링, 상표 붙이기, 포장 등에 대해 회수 리모델링 조작 지침을 제정하여 리모델링 과정을 규범화하였다. 동시에 품질 검사 기준을 제정하여 리모델링을 거친 매 제품이 정상적으로 작동하도록 확보하였다. 2019년 말까지 호북회사는 리모델링 광모뎀 38만 7,600대, 셋톱박스설비 18만 대를 교부하여 누적 광모뎀 관련 소모품 구매자금 6,216만 위안을 절약했다.

### (3) 소결론

차이나모바일은 '무한 통신세계를 창조하며 정보사회의 기둥이 되자'는 기업 사명과 초심을 잊지 않고 국민을 중심으로 하여 발전하며 다방면에서 회사전략과 지속가능발전을 밀접하게 융합시켰다. 자신의 업무와 자원 특성을 기반으로 국민의 아름다운 삶을 디지털화하는 데 필요한 사회적 가치를 끊임없이 창출했다.

현재 5G를 대표로 하는 신세대 정보기술은 체계적이고 혁명적이며, 집단 기술돌파와 산업 변혁을 가속화하고 있다. 5G는 경제 발전에 새로운 활력을 불어넣는 동시에 차이나모바일의 사회적 책임 이행 및 사회적 가치 창출에 넓은 공간을 열어주었다. 인류가 공동으로 지속가능발전 도전에 대응하도록 더 많은 해결 방법과 방안을 제공하였다. 차이나모바일은 5G 네트워크 건설의 주도자, 5G 백업 추진자, 5G 대중 서비스 선구자 역할을 두루 수행하며 세계 일류 기업을 건설하고자 한다. 나아가 인터넷 강국, 디지털 중국, 스마트 사회 건설의 주력군으로서 실제 행동으로 유엔의 지속가능발전 목표를 실현하기 위해 적극 기여할 것이다.

## 2.4. 동풍자동차

### 2.4.1. 동풍자동차그룹유한회사

### (1) 회사 소개

동풍자동차그룹유한회사(Dongfeng Motor Corporation, 이하 '동풍그룹'으로 약칭)는 국가가 단독으로 출자하여 법에 따라 설립한 유한책임회사이다. 중화인민공화국 국무원 국유자산감독관리위원회는 투자자 의무를 이행하는 기구로서 법률, 행정법규 및 국무원의 권한에 따라 국무원을 대표하여 회사에 대하여 투자자 직책을 맡고 있다. 2017년 11월 4일에 국가 공상행정관리총국은 원래는 동풍자동차회사(东风汽车公司)였던 명칭을 동풍자동차그룹유한회사(东风汽车集团有限公司)로 변경한다고 공고했다. 2018년, 〈포춘〉의 세계 500강 순위 65위를 차지했다. 2019 중국 제조업 500강 기업 중 4위이며 2019년 10월 16일에 발표된 중국 기계 500강 기업 명단에서는 2위를 차지했다. '일대일로(一帶一路)' 중국기업 100강 순위에서 33위에 등극했다.

### (2) 기업 사회적 가치 측정 지표체계 관련 데이터

표 4-9 동풍그룹 지표체계 측정 결과

| 1단계 지표 | 2단계 지표 | 3단계 지표 | 투입지표 | 성과 (단위: 백만 위안) | 산출지표 | 성과 (단위: 백만 위안) |
|---|---|---|---|---|---|---|
| 회사 관리 | 주주 책임 | 중대한 정보 공시 | 사회적 책임 관리 | 1.00 | | |
| | | 리스크 관리 | 리스크 관리 투입 | 560.64 | 리스크 관리 성과 | / |
| | | 법제 준수 | 법제 준수 투입 | 1319.93 | 법제 준수 성과 | 0 |
| | 합계(거버넌스) | | 투입지표 | 1881.57 | 산출지표 | 0 |
| 사회 | 고객 서비스 | 고객 서비스 품질 | 서비스보장 투입 | 12336.00 | 서비스 가치 개선 | 7.02 |
| | | | | | 서비스 가치 창출 | 605181.00 |
| | 사업 파트너 | 공정한 시장환경 | 신의성실 | / | 공정거래 | / |
| | | | 미지급금 | / | 채무연체 | / |
| | | 상생협력 | 공동 협력 | / | 산업 생태계 | / |
| | | | 혁신 인큐베이션 | / | 협력과 혁신 | / |
| | | | 공급망 안전 투입 | / | 공급망 안정성 | / |
| | | | 기업 관리 교육지원 | / | 경영 노하우 및 표준 공유 | / |
| | | 공개 입찰 구매 | 공개 입찰 구매 | / | 공개 입찰 구매 위반 | / |
| | 거시 경제 | 역주기 조정 | 분야별 기업 투자 | 9850.00 | 납세 책임 | 0 |
| | | | | | 고용 안정 | 0 |
| | 직원 책임 | 고용 다양성 | 여직원 교육 투입 | 26.19 | 공평한 대우 | 0 |
| | | | 소수민족직원 교육 투입 | 2.71 | | 0 |
| | | 근로생활의 질 | 직원 복지 | 851.33 | 임금 경쟁력 | 644.732 |
| | | | | | 초과근무 보상 | 0 |
| | | | | | 휴가제도 보장 | 518.64 |
| | | 안전·건강·복지 | 안전생산 투입 | 701.95 | 사고생해 및 손실 | / |
| | 지역사회 | 지역사회 투입 | 지역사회 기부 | 68.46 | 지역사회 관리능력 향상 | 73.48 |
| | | 소비 빈곤구제 | 빈곤지역 상품 구매 | 4.68 | 빈곤지역 소득 증가 | 4.68 |
| | | 산업 빈곤구제 | 산업 빈곤구제 투입 | 25.41 | 산업 빈곤구제 종합 기여 | 43940.26 |
| | | | 투자개발 빈곤구제 | 55.27 | 투자개발 경제성과 | 618.78 |
| | | | 특색산업 빈곤구제 | 3.35 | 특색산업 경제성과 | / |
| | | 취업교육 빈곤구제 | 지역주민 교육 투입 | 1.10 | 취업 교육 소득 증진 | 1.40 |
| | 합계(사회) | | 투입지표 | 23926.45 | 산출지표 | 650989.99 |
| 환경 | 환경보호 및 개발 | 오염물 배출 감소 | 환경보호 총투자액 | / | 배출 감소 성과 | / |
| | | 자원 절감 | 에너지 절약 기술의 연구 개발 및 응용 | / | 자원 절감 성과 | / |
| | | 환경 재생 | 환경 재생 투입 | / | 환경 재생 성과 | / |
| | 합계(환경) | | 투입지표 | / | 산출지표 | / |
| | 합계 | | 투입지표 | 25808.02 | 산출지표 | 650989.99 |

### (3) 소결론

본 측정에서 동풍그룹은 25,808.02만 위안을 투입하여 650,989.99만 위안을 산출했다. 동풍그룹기업 사회적 가치 측정 지표체계 관련 데이터 또한 풍부한 편이다. 그러나 2단계 지표인 사업파트너 영역에서 측정 내용이 부족하며, 1단계 지표의 환경영역 관련 내용도 부족하다. 투입지표와 산출지표는 모두 사회 지표 수치가 가장 크고, 거버넌스지표가 그 다음이며, 환경지표는 측정이 완료되지 않았다. 코로나19 발생 기간에 동풍그룹은 산하기업과 함께 호북에 3600만 위안을 기부하였다.

## 2.5. 중국건재

중국건재그룹유한회사((China National Building Materials Group Corporation, 이하 '중국건재'로 약칭)는 국무원의 비준을 거쳐 중국건축재료그룹유한회사와 중국중재그룹유한회사를 구조 조정하여 이루어진 국무원 국자위가 직접 관리하는 중앙기업이다.

중국건재는 과학연구, 제조, 유통을 모두 갖춘 세계 최대의 종합 건재산업그룹이며 세계적으로 앞선 종합 서비스업체로서 9년 연속 〈포춘〉의 세계 500강 기업 순위권에 들었다. 자산 총액은 6,000억 위안, 직원은 20만 명, 연간 영업수입은 약 3,500억 위안이다. 상장회사 13개를 갖고 있으며, 그중 해외 상장회사는 2개이다. 시멘트클링커 생산능력은 5억 3,000만 톤, 콘크리트 상품 생산능력은 4억 6,000만m3, 석고판 생산능력은 27억m2, 유리섬유 생산능력은 265만 톤, 풍력발전기 날개 생산능력은 16GW로서 모두 세계 1위를 차지한다. 국가 과학연구설계원 26개, 과학기술 연구 개발 인원 3만 8,000명, 국가 업계품질검사센터 33개, 특허1만 2,000여 개, 국가실험실과 기술센터 11개, 표준위원회 19개를 갖고 있다.

중국건재의 전략적 비전은 글로벌 경쟁력을 갖춘 세계 일류의 종합 건축자재 및 신소재 산업 투자그룹으로 부상하는 것이다. 업계 통합의 선두주자, 산업 업그레이드의 혁신자, 국제 생산능력 협력의 개척자가 되어 기초 건축자재 플랫폼, 국제 생산능력 협력 플랫폼, 3신산업 발전 플랫폼, 국가 재료 과학 연구 플랫폼, 국가 광산자원 플랫폼, 금융 투자 운영 플랫폼 등 6가지 주요 업무 플랫폼을 중점적으로 구축한다.

### 2.5.1. 중국연합시멘트그룹유한회사

#### (1) 회사 소개

중국연합시멘트그룹유한회사('중국연합시멘트'로 약칭)는 1999년에 설립된 중국건재 핵심 기업으로서 시멘트, 상품 콘크리트, 사석골재, 시멘트 제품 등의 제조 및 연구개발, 에너지 절약과 환경보호 및 종합이용을 일체화한 국가의 중점 지원을 받는 대형 시멘트기업그룹이다.

중국연합시멘트는 중국 건축자재의 '자원을 활용하여, 서비스를 건설한다(善用资源,服务建设)'는 핵심 이념을 계승하여 '혁신, 성과, 조화, 책임'의 핵심 가치관을 제창한다. '글로벌 우수 시멘트 및 콘크리트 전문 서비스 업체'를 비전으로 시멘트 업무를 확장하고 조직 간소화(精健), 관리 정밀화(精细), 경영 정밀화(精益)라는 "삼정(三精)" 관리 이념을 이행하며 기업을 '혁신 추진형, 품질 효율형, 제조 서비스형, 사회적 책임형'을 포함한 "4형(四型)"으로 건설하여 고객에게 고품질 친환경 건축자재 제품을 제공한다. 전문 제조기술과 체계적인 관리 수단으로 고품질의 상품을 꾸준히 생산하고 있다. 또한 완벽한 시장 보장 시스템과 정보화 서비스 이념으로 지속적으로 소비자에게 책임을 지고 있다. 환경적 측면에서는 저탄소 생산 경영방식을 추진하고 녹색환경보호 산업을 구축하며 시민기업의 사회적 책임을 이행하고 있다. 기업의 건전한 발전을 도모하는 동시에 직원의 건강과 복지에도 관심을 기울이며 기업과 직원의 공동 성장을 실현하고 있다.

### (2) 기업의 사회적 가치 측정 지표체계 관련 데이터

**표 4-10 중국연합시멘트 지표체계 측정 결과**

| 1단계 지표 | 2단계 지표 | 3단계 지표 | 투입지표 | 성과 (단위: 백만 위안) | 산출지표 | 성과 (단위: 백만 위안) |
|---|---|---|---|---|---|---|
| 거버넌스 | 주주책임 | 중대한 정보 공시 | 사회적 책임 관리 | 1.00 | / | |
| | | 리스크 관리 | 리스크 관리 투입 | / | 리스크 관리 성과 | 0 |
| | | 법제 준수 | 법제 준수 투입 | / | 법제 준수 성과 | 0 |
| | 합계(거버넌스) | | 투입지표 | 1.00 | 산출지표 | 0 |
| 사회 | 고객 서비스 | 고객 서비스 품질 | 서비스보장 투입 | / | 서비스 가치 개선 | 0 |
| | | | | | 서비스 가치 창출 | 85.55 |
| | 사업파트너 | 공정한 시장환경 | 신의성실 | / | 공정거래 | 0 |
| | | | 미지급금 | / | 채무연체 | 0 |
| | | 상생협력 | 공동 협력 | 16.28 | 산업 생태계 | 1.00 |
| | | | 혁신 인큐베이션 | / | 협동혁신 | 4.50 |
| | | | 공급망 안전 투입 | 1.50 | 공급망 안정성 | 14701.25 |
| | | | 기업 관리 교육지원 | 1.20 | 경영 노하우 및 표준 공유 | 10.00 |
| | | 공개 입찰 구매 | 공개 입찰 구매 | / | 공개 입찰 구매 위반 | 0 |
| | 거시 경제 | 역주기 조정 | 기업투자 | / | 납세책임 | 0 |
| | | | | | 고용 안정 | 18.61 |
| | 직원 | 고용 다양성 | 여직원교육 투입 | 4.14 | 공평한 대우 | 0 |
| | | | 소수민족직원 투입 | 0.46 | | 0 |
| | | 근로생활의 질 | 직원복지 | 29.75 | 임금 경쟁력 | / |
| | | | | | 초과근무 보상 | / |
| | | | | | 휴가제도 보장 | / |
| | | 안전건강복지 | 안전생산 투입 | 94.78 | 사고생해 및 손실 | / |
| | 지역사회 | 지역사회 투입 | 지역사회 기부 | 1.39 | 지역사회 관리능력 향상 | / |
| | | 소비 빈곤구제 | 빈곤지역 상품 구매 | 0.48 | 빈곤지역 소득 증가 | / |
| | | 산업 빈곤구제 | 산업 빈곤구제 투입 | 3.02 | 산업 빈곤구제 종합 기여 | / |
| | | | 투자개발 빈곤구제 | 3.02 | 투자개발 경제성과 | / |
| | | | 특색산업 빈곤구제 | / | 특색산업 경제성과 | / |
| | | 취업교육 빈곤구제 | 지역주민 교육 투입 | 1.00 | 취업 교육 소득 증진 | / |
| | 합계(사회) | | 투입지표 | 157.02 | 산출지표 | 14820.91 |
| 환경 | 환경보호 및 개발 | 오염물 배출 감소 | 환경보호 총 투자액 | 495.61 | 배출 감소 성과 | / |
| | | 자원 절감 | 에너지 절약 기술의 연구 개발 및 응용 | 167.84 | 자원 절감 성과 | 526.32 |
| | | 환경 재생 | 환경 재생 투입 | 6.92 | 환경 재생 성과 | / |
| | 합계(환경) | | 투입지표 | 670.37 | 산출지표 | 526.32 |
| | 합계 | | 투입지표 | 828.39 | 산출지표 | 15347.23 |

● **측정 사례**

- **고객서비스 품질:** 중국연합시멘트그룹유한회사(이하 '중국연합시멘트'라 약칭)는 고객 서비스를 매우 중시하며 〈서비스 관리기준〉, 〈고객불만신고 관리기준〉, 〈시멘트 적재 서비스 관리기준〉을 제정하였다. 높은 자질을 갖춘 판매 서비스 인원을 대량 보유하여 지속적으로 고객에게 판매 전, 판매 중, 판매 후 전방위적인 고품질 서비스를 제공하였다.

- **공개 입찰 구매:** 중국연합시멘트는 알리바바회사와 합작하여 중국연합시멘트 인터넷구매 플랫폼을 구축하고 인터넷플랫폼을 통해 기업의 자체구매, 원연재료 물자에 대해 온라인 공급원찾기구매, 가격비교구매를 한다. 이처럼 기업의 구매입찰 업무를 전면적으로 중국연합시멘트물자 공동구매 플랫폼에 올린 결과, 각 기업의 구매입찰 온라인화율이 안정적으로 상승했다. 반 년 동안 플랫폼 구축과 운영을 통해 공급원 찾기, 입찰, 내부상가, 구매참모, 공급업체 관리 등의 기능은 제 모습을 갖췄고, 구매자의 업무 효율을 크게 향상시키고 구매원가를 낮추었다. 또한 제3자 구매플랫폼을 사용함으로써, 구매 입찰 업무가 더 투명해지고, 규정에 부합하게 되었다.

- **상생협력:** 중국연합시멘트는 각 전문위원회에 의존하여 적극적으로 과학기술혁신을 이루었다. 하남성 운영관리구 중련에너지절약공정회사는 중국건재 시멘트 분야에서 유일하게 에너지절약 오염물 배출 감소 서비스기구로 지정되었다. 각 기업은 자체로 또는 관련 과학연구기구와 협력하여 19개의 각 유형 기술센터를 설립하였다. 이는 2018년에 비해 4개가 증가된 것이며 과학기술혁신 시스템 또한 더욱 완벽히 개선되었다. 기업은 중국건재그룹 기술혁신상 평가 업무를 적극적으로 조직하였다. 2019년에 총 290개 항목의 기술혁신상 평가를 조직하였는데, 2018년보다 15개 늘어난 항목이다. 이미 19개 항목에서 1등상으로 선정되었다. 2019년 상반기에 완성한 특허출원은 10건, 그중 발명특허는 1건이고, 등록특허는 17건이다. 누계로는 624건의 특허를 보유하고 있으며, 그중에서 발명특허는 53건이다. 국가표준 수정 1항, 업계표준 제정 4항 프로젝트에 참여하였다.

곡부중련은 현재 중국건재 본원, 서북공업대학, 정주대학, 중국광업대학, 제남대학 등 여러 대학교 및 과학연구기구와 협력하여 과학기술인재를 대량 양성하고 유치하였다. 기술위원회 주임, 부주임, 구성원, 기술자의 심사를 모두 통과하고 모두가 책임지도록 하여 회사는 점차 고효율, 우수한 실행 능력 및 강력한 활력을 가진 기술혁신 주체를 형성했다. 현재 곡부중련에는 연구개발실험인원 및 외부에서 초빙된 전문가 110여 명이 있으며 중고급 직함 인원이 40%를 차지한다. 그중 석박사 15명, 엔지니어 50명이 있다. 인재 관리 면에서 볼 때 각 차원의 기술인력 배치가 합리적이고 연구원들의 전문 수준이 높으며 기술력이 우수하다. 회사는 인재 격려 메커니즘을 구축하여 인재대오의 전문기능과 자질을 양성하고 기업에 적극적인 과학기술혁신 분위기를 조성했다.

석천중련은 〈과학기술혁신 장려 방법〉을 제정하여 직원들이 각종 기능경기에 적극적으로 참여하도록 격려하였다. 구체적으로 과학기술혁신프로젝트, 특허출원, 합리화 건의 활동을 전개하여 자금을 지원하고 정기적으로 표창 장려하였다.

낙양중련시멘트유한회사는 과학기술혁신기금을 설립하고 과학기술연구개발, 신기술 응용에서 중대한 기여를 한 부서와 개인에 대해 〈일반 혁신 및 프로젝트 개진 관리 규정〉에 따라 특별 심사를 했다. 기여를 보상받은 직원들은 기술혁신에 대한 적극성이 높아졌으며 이로써 윈윈 효과를 이루었다.

- **오염물 배출 감소**: 중국연합시멘트의 푸른하늘 수호 3년 행동계획. 중국연합시멘트는 시진핑 총서기가 19대 보고에서 제기한 '녹수청산이 바로 금산은산이다'라는 발전 이념을 적극적으로 이행하고 자원 절감과 환경보호에 대한 기본 국책을 준수하며 중국건축자재그룹의 '자원 활용, 서비스 건설'의 핵심 이념과 송지평 회장의 '푸른하늘에 책임진다'는 행동 선언을 실현하기 위해 〈중국연합시멘트의 푸른하늘 수호 행동계획(2019-2021)〉을 제정하여 발표하였다. 3년의 노력을 거쳐 자원, 에너지 재활용 효율을 높이고 제품 품질을 향상시켰다. 또 제품 생산과정에서 과립물질, 질소산화물, 이산화유황 등 오염물과 온실가스 배출을 줄이고 녹색광산과 생태적인 공장 건설을 진행하여 국제 일류 수준의 생태문명 시범 기업을 건설함으로써 고품질 발전을 추진했다.

중국연합시멘트는 2019년에 4억여 위안을 투입하여 원자재 보조재 창고, 현장 환경정비, 초저배출, 전기 집진 등의 개조를 하였다. 시멘트, 콘크리트 기업의 무질서 배출에 대해 완전 폐쇄식 관리를 했다. 하남성 지역에서 초저배출을 달성한 데 이어 하북성 형대시 정부의 초저배출 및 오염관리 가속화 상황에 근거해 형대 중련, 임성 중련, 복석 중련에 대해 초저배출 개조를 실시했다. 개조 후 과립물, 이산화유황, 질소산화물 배출농도가 각각 목표치 10mg/m3, 50mg/m3, 50mg/m3를 초과하지 않았으며 기타 기업의 초저배출을 위해 기반을 닦아 놓았다.

### (3) 소결론

본 측정에서 중국연합시멘트그룹은 8만 2,839위안을 투입하여 153만 4,723만 위안을 산출했다. 중국연합시멘트그룹유한회사는 고객서비스를 매우 중시하며 〈서비스 관리기준〉, 〈고객불만신고 관리기준〉, 〈시멘트 적재 서비스 관리기준〉을 제정하였다. 또한 서비스 인프라건설 투입을 중요시하여, 높은 자질을 갖춘 판매 서비스 인원을 대량 보유하고 있으며 서비스 종류가 다양하며 지속적으로 고객에게 판매 전, 판매 중, 판매 후의 전방위적인 고품질 서비스를 제공하였다. 공개 입찰 구매를 위해 알리바바회사와 합작하여 중국연합시멘트 인터넷 구매 플랫폼을 구축하고 인터넷플랫폼을 통해 기업의 자체구매, 원연재료 물자에 대해 온라인 공급원 찾기 구매, 가격비교구매를 진행하여 조달직원의 업무효율을 높이고 구매원가를 낮추었으며 제3자 구매플랫폼을 사용해 구매입찰이 규정에 부합되고 더욱 투명해졌다. 여러 전문위원회에 의존하여 적극적으로 과학기술혁신을 하고 인재격려 메커니즘을 구축하여 인재대오의 전문 기능과 소질을 양성하고 기업에 과학기술혁신 분위기를 조성하였다. 시진핑 총서기가 제19차 전국대표대회 보고에서 제기한 '녹수청산이 바로 금산, 은산이다'라는 발전 이념을 이행하기 위해 자원 절감과 환경보호의 기본 국책을 준수하며 중국연합시멘트는 푸른하늘 수호 3년 행동계획을 세웠다. 3년의 노력을 거쳐 자원, 에너지 재활용 효율 및 제품 품질을 향상시키고 과립물, 질소산화물과 이산화유황 등 오염물과 온실가스 배출을 줄이고 녹색광산과 생태문명 공장 건설을 진행하여 국제 일류 수준의 생태문명 시범 기업을 건설하고 중국연합시멘트의 고품질 발전을 추진했다.

### 2.5.2. 중국건재검사인증그룹주식유한회사

### (1) 회사 소개

1950년 문을 연 중국건재검사인증그룹주식유한회사 (China Building Material Test &

Certification Group Co., Ltd., 이하 '국검그룹'으로 약칭) 는 중국경제의 발전과 더불어 건실하게 성장하였다. 70여 년간 이어진 적극적인 연구와 끊임없는 노력을 거쳐 국내 건축과 인테리어 재료 및 건설공사 분야에서 규모가 큰 종합성 제3자 검사 및 인증 서비스기구로 발전하였다.

국검그룹 본부는 북경에 있고 화북, 화남, 화동, 서북, 서남 등 지역에 25개 지사를 두고 있다. 산하 25개 국가 및 업계 제품품질검사센터는 검사측정, 인증업무, 보안 서비스, 측정 연구개발, 연장 서비스로 5대 업무 플랫폼을 구성했다. 2016년 11월 9일, 국검그룹은 상해증권거래소 메인보드에 성공적으로 상장하여 A주에 처음으로 '중국'을 써넣었으며, 검사와 인증 과정을 일체화한 상장회사가 되었다.

## (2) 기업의 사회적 가치 측정 지표체계 관련 데이터

### 표 4-11 국검그룹 지표체계 측정 결과

| 1단계 지표 | 2단계 지표 | 3단계 지표 | 투입지표 | 성과<br>(단위: 백만 위안) | 산출지표 | 성과<br>(단위: 백만 위안) |
|---|---|---|---|---|---|---|
| 거버넌스 | 주주책임 | 중대한 정보 공시 | 사회적 책임 관리 | 1.00 | | |
| | | 리스크 관리 | 리스크 관리 투입 | 0.61 | 리스크 관리 성과 | / |
| | | 법제 준수 | 법제 준수 투입 | | 법제 준수 성과 | 0 |
| | 합계(거버넌스) | | 투입지표 | 1.61 | 산출지표 | 0 |
| 사회 | 고객 서비스 | 고객 서비스 품질 | 서비스보장 투입 | 6.39 | 서비스 가치 개선 | / |
| | | | | | 서비스 가치 창출 | / |
| | 사업파트너 | 공정한 시장환경 | 신의성실 | 1.00 | 공정거래 | / |
| | | | 미지급금 | 21.24 | 채무연체 | / |
| | | 상생협력 | 공동 협력 | 74.17 | 산업 생태계 | / |
| | | | 혁신 인큐베이션 | 0 | 협동혁신 | / |
| | | | 공급망 안전 투입 | 336.12 | 공급망 안정성 | / |
| | | | 기업 관리 교육지원 | 0.39 | 경영 노하우 및 표준 공유 | / |
| | | 공개 입찰 구매 | 공개 입찰 구매 | 3.36 | 공개 입찰 구매 위반 | / |
| | 거시 경제 | 역주기 조정 | 분야별 기업 투자 | / | 납세책임 | / |
| | | | | | 고용 안정 | / |
| | 직원 책임 | 고용 다양성 | 여직원 교육 투입 | 1.51 | 공평한 대우 | / |
| | | | 소수민족직원 교육 투입 | | | / |
| | | 근로생활의 질 | 직원 복지 | 0.37 | 임금 경쟁력 | / |
| | | | | | 초과근무 보상 | / |
| | | | | | 휴가제도 보장 | / |
| | | 안전·건강·복지 | 안전생산 투입 | 0.54 | 사고생해 및 손실 | 0.05 |
| | 지역사회 | 지역사회투입 | 지역사회 기부 | 0.68 | 지역사회 관리능력 향상 | / |
| | | 소비 빈곤구제 | 빈곤지역 상품 구매 | 0.28 | 빈곤인구소득증대 | / |
| | | 산업 빈곤구제 | 산업 빈곤구제 투입 | / | 산업 빈곤구제 종합기여 | / |
| | | | 투자개발 빈곤구제 | / | 투자개발 경제성과 | / |
| | | | 특색산업 빈곤구제 | / | 특색산업 경제성과 | / |
| | | 취업교육 빈곤구제 | 지역주민 교육 투입 | 0.35 | 취업 교육 소득 증진 | / |
| | 합계(사회) | | 투입지표 | 445.40 | 산출지표 | 0.05 |
| 환경 | 환경보호 및 개발 | 오염물 배출 감소 | 환경보호 총 누자액 | 0.04 | 배출 감소 성과 | / |
| | | 자원 절감 | 에너지 절약 기술의 연구 개발 및 응용 | / | 자원 절감 성과 | / |
| | | 환경 재생 | 환경 재생 투입 | 0.04 | 환경 재생 성과 | / |
| | 합계(환경) | | 투입지표 | 0.08 | 산출지표 | / |
| | 합계 | | 투입지표 | 447.09 | 산출지표 | 0.10 |

● 측정 사례

• **중대한 정보 공시**: 국검그룹은 2016년 11월 9일 자본시장에 성공적으로 등록되어, 상해 증권거래소에 상장되었다. 관련 법규의 요구에 따라 상장회사는 규정된 시간에 회사의 경영상황과 실적을 반영하는 정기보고서를 작성하고 공표해야 한다. 이밖에 회사는 상장회사의 주식가격에 큰 영향을 미칠 수 있는 사건에 대해 제때 공개해야 한다. 큰 영향을 미칠 수 있는 사건으로는 이사회, 감사회, 주주 총회의 결의, 응당 공개해야 할 거래 및 관련 거래, 중대한 소송 및 중재 등의 사항이 포함된다. 회사는 투자자와의 의사소통과 연락을 유지하고 양호한 기업의 이미지를 수립하고 사회적 영향력을 확대해 기업의 가치를 높이기 위해 회사의 실제 상황에 근거하여 회사의 법정 공개정보 이외의 기타 중대한 정보를 자발적으로 공시 범위에 포함시키고 매년 〈국검그룹 정보공개지침〉을 작성하여 정보공개의 기본 요구, 정보의 범위와 공개 절차를 정하였다. 2016년 상장 이후, 국검그룹은 정기보고서를 총 11회 발표하고, 임시공고(자발적 정보공시 포함)를 203건 발표했다.

국검그룹은 국유지주의 독립적인 제3자 첨단기술 서비스기구로서 독특한 지위를 점한다. 업무의 상세내용을 살펴보면 건축자재 제품과 건축공사 검사인증 업무에 종사하며, 사회에 제품, 관리 시스템 또는 서비스 만족 기준, 기술법규 등 특정 요구가 제기되는 신용증명을 제공하였다. 업무의 핵심은 '신뢰 구축, 신뢰 전달, 서비스 발전'이다. 사회적 책임 이행은 회사의 검사인증 활동의 본질적인 요구이자 의무이며, 공신력을 보장하여, 지속가능발전의 내재적 수요를 실현시켰다. 또한 국내 건축자재 검사 및 인증 영역에서 규모가 가장 큰 제3자 인증기관으로서 '공정하게 사회를 위해 봉사한다(公正为本, 服务社会)'는 핵심 이념과 '우리의 삶을 더 아름답게 만들자("让人类生活更美好")'는 사명을 가지고 기업의 경제성장과 사회적 책임의 유기적 통일을 적극적으로 추진했다. 구체적인 노력의 일환으로 적극적으로 사회적 책임 업무 시스템을 개선하고 각 성원기업에 회사의 사회적 책임 이념을 전파하여 직원들의 사회적 책임 의식을 높였다. 2011년에 처음으로 〈중국건재검증인증그룹주식유한회사 사회적 책임 보고〉를 발표하였고, 그 후 해마다 정기적으로 연도별 〈사회적 책임 보고〉를 발부하고 있다.

- 리스크 관리:

### 1)리스크 관리 조직기구 설치

회사는 회계감사부를 설치하였다. 회계감사부는 회사 내부 감독기구로서 회사의 재무 수지, 법규 집행 상황, 재산, 물자, 자금 안전과 완성 상황, 회계감사 문제의 소통 및 감독 정돈, 회사내부 관리제도의 건전성과 유효성에 대한 심사를 책임진다. 회사는 2011년에 리스크 관리 지도부와 리스크 관리 사무실을 설립했으며, 회사 사장은 지도부 부장이며 고위 관리들은 부원이다. 감사부와 리스크 관리 지도부는 사무실을 병행운행하며 회사의 내부 리스크 관리를 강화하였다.

### 2)리스크 관리 계획

연도 위험평가 업무를 수행하기 위해 전년도 말에 리스크 관리사무실 부원들은 관련 부서와 협조하여 집단 토론을 통해 다음해의 위험요소를 분석한다. 각기 다른 유형의 위험을 진단하여 해결방안을 마련한다.

### 3)리스크 관리 연도 총화

회사는 연도별로 리스크 관리 업무의 총결을 진행한다. 연도별 리스크 관리보고서를 작성하여 책임 주체와 각 경영 주체를 연결한다. 리스크 관리를 계열사까지 이어지게 하여 일상 경영 관리 책임과 통합시키고, 이를 연말 경영 성과 심사에 반영하여 더 나은 리스크 관리 통제 효과를 거두었다.

중점적으로 대비해야 할 위험을 명확하게 진단하고, 실제 업무와 결부시켜 이에 상응한 조치를 취하고, 위험대비 성과에 대해 논평하고, 끊임없이 중대위험 감독 및 제어를 강화하고, 위험정보를 수집하고, 메커니즘을 보고 및 처리하며, 회사발전 전략 목표가 실현되도록 보장하고 있다.

### 4)내부 감사 시스템 운영 상황

국검그룹 회계감사부는 2012년 4월에 설립되었다. 직책상 그룹회사 이사회 회계감사위원회가 수직적 조직 체계로 감독하며, 행정상 재무총감이 직접 관리한다. 그룹회사의 건전하고 지속적인 발전을 촉진하기 위해 내부 관리와 자금통제를 규범화하고 회계감사기능을 적극적으로 이행하며 확인, 평가, 자문 업무를 전개한다. 주요 업무는 ① 회계감사 업무 관련 관리제도를 제정한다. ② 기본 업무로 재무제표의 보고상황을 검사하고 재무제표의 합리성과 정확성에 대한 검사와 감독을 강화한다. 상장회사의 정보공개요구에 따라 정기 재무제표의 내부 심사를 완수하여 정보의 진실성과 정확성을 확보한다. ③ 연도 회계감사를 추적 평가하며 연도 내부통제보고를 제시한다. ④ 내부 통제의 적합성을 평가하고 모집자금 관리, 입찰 응찰 관리, 특별 회계감사 등 업무절차를 지속적으로 개선한다.

- **법제 준수:** 법규를 준수하는 것은 국유 상장회사의 필수적인 책임이며, 회사가 신속하고 안정적인 발전을 유지하는 데 중요한 기반이다. 회사는 〈회사법〉과 국무원 국자위의 요구를 준수하여 이사회, 경영관리층으로 구성된 현대 회사의 관리구조를 구축하였다. 이사회는 거버넌스의 핵심적 지위에 있으며, 〈회사규정〉에 따라 직권을 행사하며, 운영 메커니즘을 보완하여 이사회 운영의 고효율, 규범화, 질서를 실현한다. 회사는 엄격하게 국가 관련 법률법규와 정책의 요구에 따라 관련 업무를 전개해 왔다.

- **고객서비스:** 건축자재 검증 업계 경쟁이 날로 치열해지는 실정을 반영하여 '업무고객 단위 동태적 마케팅관리 검증기법'을 국검그룹 섬서회사에 적용하였다. 그 결과 최근 2년 국검그룹 섬서회사의 업무관리 효율이 현저히 높아졌다. 또한 검증 및 테스트 업무가 안정되면서 고객 이탈율이 감소하고 업무 부서의 내부 소비가 감소하는 추세를 보였으며, 잠재 고객과 관련한 문제가 개선되고, 직원들의 잠재력이 발굴되고, 업무 확장에 대한 적극성과 주체성이 동원되었다. 경제효익과 업무량 또한 현저히 증가했다. 2015년의 업무량이 지난해 같은 시기에 비해 약 12% 증가함과 동시에 회사의 기타 분야 판매 실적도 지속적으로 상승했다.

국검그룹 특색을 담아낸 중점 공사의 친환경 종합 서비스모델을 창조하여 국내 다수의 중점 공사 검증 업무를 수행하였다. 국검그룹은 2008년 북경올림픽용 건축자재를 '올림픽공사 환경보호 지침—녹색 건축자재'로 편성하고, 우수한 기술 전문가팀을 구성하여 올림픽 건축자재 녹색 평가, 검증, 감독, 자문 등 업무에 뛰어들었다. 제3자 서비스 품질을 확보하고 시스템 운영 효율을 유지하기 위해 국검그룹은 최고의 기술 전문가들을 조직하여 올림픽 공사 현장에 투입시킴으로써 올림픽 환경보호 지침의 실시상황을 조사하고, 빠른 응답시스템을 구축하여 올림픽공사에 최고의 서비스를 제공하고, 이후 같은 유형의 서비스 모델 구축에 튼튼한 기반을 닦았다. 올림픽공사에 이어 잇달아 2014년 북경APEC회의 주요 회의장, 2016년 항주 G20 주요 회의장, 2017년 샤먼 브릭스 정상회담의 주요 회의장 등 여러 중점 공사의 친환경 종합 서비스의 검증임무를 맡았다. 국검그룹은 안서호회의센터 보고청, 정품호텔 연회청, 북경 안서호(雁栖湖)국제전시센터의 공사재료 생산 시공 통제 및 친환경 성능 평가 사업의 유일한 담당 기구로서 제22차 APEC회의장 건설공사의 생산재료 시공통제 및 친환경 성능 평가 업무를 순조롭게 완수하였으며, 2014년에 아태경제협력체회의 베이징 준비사업 지도부에서 수여한 명예증서를 획득했다. G20 주요 회의장 인테리어 친환경공사에서 국검그룹은 《항주국제박람센터 회의장 개조 및 인테리어공사 중점 구역 실내 장식용 재료 친환경 통제 기술규범(杭州国际博览中心会议场馆 改造及裝修工程重点区域室内裝修用材环保控制技术规范)》 계약을 체결하였으며, 인조판, 제품, 도료, 접착제, 가구 등 13개 종류의 25가지 인테리어 재료의 친환경 규범을 준수했다. 동시에 주요 장소의 디자인 방안에 따라 현장 시공업체가 제공한 시공방안에 대해 체계적인 평가를 진행하여 2016년 9월에 중국공산당 항주시 위원회 인민정부가 수여한 '서비스보장 부문 G20 항주 정상회담 선진기술(服务保障G20杭州峰会先进集体)' 상과 항주국제박람센터에서 수여한 'G20 항주정상회의 서비스보장 부문 특수 공로상(G20杭州峰会服务保障突出贡献奖)'을 받았다. 국검그룹은 샤먼 브릭스 회의 실내 인테리어 친환경 공사에서 샤먼 국제회의센터, 국제전시센터, 백로주서원(白鹭洲书苑), 하상냉동창고, 민남대극장, 소식발표센터까지 총 6개 중점 장소의 실내 인테리어 관리 업무를 맡았다. 이는 2008년 올림픽, 2014년 APEC회의와 2016년 G20회의에 이어 담당한 국가 중대 공사의 일환이다. 국검그룹 프로젝트팀은 촉박한 시간, 도킹 문제, 낮은 편리성과 같은 어려움에도 불구하고 높은 수준으로 임무를 완수했다. 회의조직위원회와 각급 지도자로부터 친환경 관리 성과에 대하여 표창을 받았다.

### (3) 소결론

본 측정에서 국검그룹은 4만 4,709만 위안을 투입하여 10만 위안을 산출했다. 국검그룹은 관련 법규의 요구에 따라 정기적으로 회사의 경영 상황과 성과를 반영하는 정기 보고서를 작성하여 공포하였다. 또한 회계감사부 등 리스크 관리 조직기구를 설치하고, 매년 말에 회사의 다음 해 위험요소를 분석하고 각 위험별로 대응방안을 제정하고, 연도별로 리스크관리 업무를 총정리하여 보고서를 작성하였다. 그와 동시에 〈회사법〉과 국무원 국자위의 요구에 따라 이사회, 경영진으로 구성된 현대식 거버넌스 구조를 구축하였다. 이사회는 거버넌스의 핵심적 지위에서 〈회사정관〉에 따라 직권을 행사하고, 메커니즘 작동을 보완하여 회사의 능률적이고 규범적인 운영을 실현시켰다. '제12차 경제 사회발전 5개년 계획(十二五)'[115] 기간에 국검그룹은 '우수한 서비스, 강력한 브랜드'라는 기업전략 발전목표를 제정하고, 시장 검증 및 개척을 진행하고, 내부 관리체제를 최적화하여 종합업무관리 시스템을 구축하고 보급했다. 국검그룹은 초기에 업계 고객 수요 조사를 진행하여 신설 서비스 모델 설립을 전개하였다. 자체 기술, 현지화 서비스를 통해 브랜드 이미지를 구축하였고, 검증 업계에서 경쟁력을 높였으며, 고객 수요에 따라 검증 업무 관리를 혁신하였다.

### 2.5.3. 북신건재

**(1) 회사 소개**

북신건재는 덩샤오핑의 지도하에 설립된 국무원 국자위 직속 중앙기업인 중국건재 산하의 A주 상장회사이다. 현재 중국 최대의 신형 건재산업그룹이자 세계 최대 석고판산업그룹이며, 세계 최대의 신형 주택산업그룹으로 발전하고 있다.

북신건재는 북경시의 승인을 받은 국가 중관촌 과학기술단지 북신소재원이자 건설부의 승인을 받은 첫 국가 주택산업화기지이며, 과학기술부 및 위원회가 공동으로 승인한 국가 혁신형 기업이다. 세계 석고협회로부터 특수 공헌상을 수여받았다.

북신건재는 10년 동안 경영 성과 지표상 30% 정도의 안정적인 성장을 꾸준히 유지하고 있다. 특히 최근 5년간 해마다 본사에 순이익을 창출하고, EVA(경제 증가 가치)를 30% 정도 성장시켰다. 매년 분배가능한 이윤의 30% 이상을 현금으로 배당하고 있다. 북신건재의 전략적 목표는 독립적인 브랜드로서 지적재산권을 구축하여 세계적 수준을 갖춘 다국적 회사로 발

---

115 정확한 명칭은 〈中华人民共和国国民经济和社会发展第十二个五年规划纲要〉이다. 1953년을 시작으로 5년 단위로 경제개발 사회발전 중단기 계획을 추진하고 있으며, 十二五 기간은 2011-2015년도를 가리킨다.

전하는 것이다.

북신선새는 중국의 신형 에너지 절약과 친환경 건재 규모화 생산과 응용의 선도자이다. 지속적으로 업계의 건전한 발전을 추진하며 '녹색 미래 구축'을 산업 이념으로 삼아 녹색건축의 6가지 요소를 실현한다. ①안전(방화, 내진, 재해 감소), ②에너지절약(재료생산과 건축운행 에너지 소모 줄이기), ③환경보호(무독, 무해, 무오염), ④저탄소(탄소 저배출), ⑤쾌적함(온도와 습도가 적합하고 깨끗함), ⑥생태(인간, 건축과 자연이 조화롭게 공존)

## (2) 기업의 사회적 가치 측정 지표체계 관련 데이터

### 표 4-12 북신건재 지표체계 측정 결과

| 1단계 지표 | 2단계 지표 | 3단계 지표 | 투입지표 | 성과 (단위: 백만 위안) | 산출지표 | 성과 (단위: 백만 위안) |
|---|---|---|---|---|---|---|
| 거버넌스 | 주주책임 | 중대한 정보 공시 | 사회적 책임 관리 | 1.00 | | |
| | | 리스크 관리 | 리스크 관리 투입 | 27.12 | 리스크 관리 성과 | |
| | | 법제 준수 | 법제 준수 투입 | 0.01 | 법제 준수 성과 | 1.18 |
| 합계(거버넌스) | | | 투입지표 | 28.13 | 산출지표 | 1.18 |
| 사회 | 고객 서비스 | 고객서비스품질 | 서비스보장 투입 | 38.00 | 서비스 가치 개선 | 1.17 |
| | | | | | 서비스 가치 창출 | / |
| | 사업파트너 | 공정한 시장환경 | 신의성실 | 21.65 | 공정거래 | 0 |
| | | | 미지급금 | 773.39 | 채무연체 | 0 |
| | | 상생협력 | 공동 협력 | 274.40 | 산업 생태권 | 0 |
| | | | 혁신 인큐베이션 | 393.12 | 협동혁신 | 0 |
| | | | 공급망 안전 투입 | 1.95 | 공급망 안정성 | 8466.74 |
| | | | 기업 관리 교육지원 | 0.65 | 경영 노하우 및 표준 공유 | 3.00 |
| | | 공개 입찰 구매 | 공개 입찰 구매 | 1.44 | 공개 입찰 구매 위반 | 0 |
| | 거시 경제 | 역주기 조정 | 분야별 기업 투자 | 0 | 납세책임 | 0 |
| | | | | | 고용 안정 | / |
| | 직원 책임 | 고용 다양성 | 여직원 교육 투입 | 0.38 | 공평한 대우 | 0 |
| | | | 소수민족직원 교육 투입 | 0.04 | | 0 |
| | | 근로생활의 질 | 직원 복지 | 25.20 | 임금 경쟁력 | 0 |
| | | | | | 초과근무 보상 | 0 |
| | | | | | 휴가제도 보장 | 8.04 |
| | | 안전·건강·복지 | 안전생산 투입 | 1.54 | 사고생해 및 손실 | 0.11 |
| | 지역사회 | 지역사회 투입 | 지역사회 기부 | 5.55 | 지역사회 관리능력 향상 | 6.65 |
| | | 소비 빈곤구제 | 빈곤지역 상품 구매 | 0 | 빈곤지역 소득 증가 | 0 |
| | | 산업 빈곤구제 | 산업 빈곤구제 투입 | 1.42 | 산업 빈곤구제 종합 기여 | / |
| | | 취업교육 빈곤구제 | 지역주민 교육 투입 | 0.30 | 취업 교육 소득 증진 | / |
| 합계(사회) | | | 투입지표 | 1539.03 | 산출지표 | 8485.71 |
| 환경 | 환경보호 및 개발 | 오염물 배출감소 | 환경보호 총투자액 | 386.94 | 배출 감소 성과 | 9.01 |
| | | 자원 절감 | 에너지 절약 기술의 연구개발 및 응용 | 463.52 | 자원 절감 성과 | / |
| | | | | | | 13.53 |
| | | | | | | 9.74 |
| | | 환경 재생 | 환경 재생 투입 | 0 | 환경 재생 성과 | 0 |
| 합계(환경) | | | 투입지표 | 850.46 | 산출지표 | 23.27 |
| 합계 | | | 투입지표 | 2417.62 | 산출지표 | 8510.16 |

● 측정 사례

- **주주책임**: 2018년에 이사회와 감사회는 주주, 경영진과의 의사소통을 통해 능률적으로 조직을 운영하였다. 2018년에 2차례의 주주총회, 6차례의 이사회 회의, 14차례의 이사회 전문위원회 회의, 5차례의 감사회 회의를 개최하였다. 2018년 중국 10대 상장회사 메인보드 관리단체로 등극하였으며, 2018년 중국 상장회사 연도 우수이사회 등의 상을 받았다.

- **리스크 관리**: 보고 기간 동안 회사는 회사규약, 내부 관리제도, 내부 회계감사제도 등을 개정하였다. 2018년, 내부 관리제도를 구축하고 위험 통제와 내부 감독을 강화하여 회사의 규범적 운영수준을 향상시켰다. 감사회는 회사의 재무상황 및 이사와 고위경영진의 직무수행을 철저히 감독하는한편으로 내부 회계 감사를 강화하였다. 회계감사에 비공개 영역을 없앨 것을 명시하였고, 회계감사를 통해 각 사항의 합법성, 유효성에 대해 감독과 검사를 실시했다. 또한 회계감사부서가 감독평가 대상의 영향을 받지 않도록 경영관리 부서에서 독립시킴으로써 독립적이고 객관적인 회계감사 의견을 얻을 수 있게 하였다.

- **중대한 정보 공시**: 보고 기간에 북신건재는 감독관리 요구와 정보공시 제도, 핵심정보 내부 보고제도 등 규정에 따라 정보공시의무를 성실하게 이행하고, 회사의 2018년 대외 투자, 대외 담보, 관련 거래, 권익 분배, 모집자금 사용 등 중대한 사항에 대한 정보를 공시하였다. 또한 주주와 기타 이해관계자의 의사 결정에 영향을 미칠 수 있는 정보를 공시하여 내용의 진실성, 정확성, 완벽성을 확보하고, 주주의 알권리를 수호하여 투자자에게 충분한 투자 정보를 제공하였다. 2017년도 정보공개 업무는 심수증권거래소에서 A급 평가를 받았으며, 2018년에는 정기보고, 임시공고, 기타 각종 정보 공시 문서를 도합 92부 발표했다.

- **고객서비스**: 고객 서비스 품질을 보장하기 위해 고객에게 더욱 안정적이고 안전한 고품질의 제품을 제공하였다. 2018년에 회사는 '기초 관리의 해(基礎管理年)' 행사를 진행하여 연초에 생산경영 목표를 제정하고, 각항 업무계획을 실시하고, 품질관리와 안전관리를 추진하여 기업의 품질과 안전관리 수준을 전면적으로 향상시켰다. 직원들의 품질과 안전에 대한 의식을 높이기 위해 각항 업무의 기초를 다졌다. 회사는 제품 품질을 엄격히 통제하고, 생산공장은 원자재의 입고검수 및 제품의 출고검사를 엄격히 관리하여 제품의 출고검증 합

격율을 100%로 유지하였다. 또한 회사 품질감독관리부서의 기업관리부는 제품 표본 검사 제도를 실시하였다. 2018년에 고객신고 133건을 처리하여 처리율이 100%에 달했다.

- **안전·건강·복지**: 회사는 기업이 자발적으로 책임을 실현하는 것을 최우선 과제로 삼아 품질안전 환경보호 책임제를 지속적으로 실시하였다. 본사는 지사 및 계열사와 제품품질, 안전생산, 환경보호책임 협약서를 체결하여 단계별로 세분화하여 작업을 진행했다. 각 생산경영업체, 직무별 직원의 책임, 사업목표와 임무를 명시화하여 품질, 안전, 환경보호, 소방, 교통 등을 강화하여 이를 성적 심사에 반영시켰다.

- **지역사회 기부**: 회사는 사천 남충시 가릉구 사가묘촌(四川南充市嘉陵区谢家庙村)에 현금 50위안과 39만 9,300위안의 건재제품을 후원하였다. 전액출자 자회사 진강북신건재유한회사(镇江北新建材有限公司)는 구용시(句容市) 자선총회 산하 자선분회에 2만 위안을 기부했다. 2018년에 전액출자 자회사 태산석고유한회사(泰山石膏有限公司)는 빈곤층 지원을 위해 누적 27만 위안을 기부했으며, 태안시(泰安市) 기업연합회와 태안시 공업경제연합회가 이끄는 은행 및 기업연합회에서 '태안시 사회적 책임 실천 애국기업'이라는 영예로운 칭호를 수여받았다.

- **산업 빈곤구제**: 2018년 회사의 정밀 빈곤구제 사업은 주로 인프라 건설, 기부 등의 형식으로 전개하였다. 산업 빈곤구제에 141만 9,100위안을 투입하고, 전임 간부의 임금과 보조에 30만 위안을 투입하여 성과를 거두었다.

- **환경보호 및 개발**: 회사는 순환경제를 지속적으로 발전시키고, 설비 및 기술을 업데이트하여 에너지절약 및 오염물 감소 조치를 실시하였다. 또한 에너지 이용효율을 높이고, 오염물 배출을 줄이고, 생산폐기물을 재활용하고, 노동환경을 개선하여 노동자의 건강안전을 우선시하고, 기업의 지속가능발전을 적극 추진하였다. 2018년 기업의 오염물 배출 감축을 위한 친환경 총 투자액은 38,694.45위안이다.

### (3) 소결론

본 측정에서 북신건재는 241,762위안을 투입하여 851,016만 위안을 산출하였다. 북신건재는 지속적이고 안정적인 발전으로 주주들에게 보답하였다. 〈회사법〉 등 관련 규정에 따라 법인관리구조를 보완하고, 규범적 운영수준을 높여 주주의 합법적 권익을 보호하고, 정보공개와 투자자 관리를 규범화하여 주주의 알권리를 보호하였다. 또 법에 근거하여 주주의 권리를 보장하고, 중소투자자의 이익을 중시하였다. 한편으로 기업의 자발적인 책임을 최우선 과제로 삼고 품질안전 환경보호 책임제를 실시하였으며 제품품질을 엄격히 통제했다. 생산공장은 원자재의 공장진입 검수 및 제품 출하검사를 엄격히 관리하여 제품출하 합격율을 100%로 끌어올렸다. 회사의 업무 특징에 비추어 자선사업, 취약계층 돌봄(와)과 빈곤구제 등 측면에서 중점적으로 공익활동을 실시하여 좋은 사회적 이미지를 수립하였다. 이외에도 순환경제발전, 설비 및 기술공정 업데이트, 에너지절약 및 오염물 배출 감소 조치를 지속적으로 실시하여 에너지 이용율을 높이고, 오염물 배출을 줄이고, 생산폐기물을 재활용하고, 노동자의 건강과 안전을 위해 노동환경을 끊임없이 개선하여 기업의 지속가능발전을 힘써 추진하였다.

## 2.6. 중국교통건설

중국교통건설주식유한회사(China Communications Construction Company Limited, 이하 '중국교통건설'로 약칭)는 세계적으로 앞선 특대형 인프라시설 종합 서비스 업체로서 주로 교통인프라시설의 투자건설운영, 장비제조, 부동산 및 도시 종합 개발 등 업무에 종사하며 고객에게 투자융자, 자문계획, 설계건축, 관리운영의 일괄적 해결방안과 일체화 서비스를 제공한다. 중국교통건설은 홍콩, 상해 두 곳에 상장했으며, 회사의 이윤 창출능력과 가치 창출능력은 세계적인 수준이다. 2019년 중국교통건설은 〈포춘〉지 세계 500강 기업 93위에 올랐고, 국무원 국자위 경영 성과 평가에서 14년 연속 A급을 받았다.

### 2.6.1. 중국항만공사유한책임회사

**(1) 회사 소개**

중국항만공사유한책임회사(China Harbour Engineering Company Ltd., 이하 '중국항만'으로 약칭)는 1980년대에 설립되었으며 세계 500강 기업 중국교통건의 자회사로서 중국 교통건설을 대표하여 해외 시장을 개척했다. 현재 중국항만은 세계 각지에 90여 개 지사와 사무소를 두고 있으며, 1만 5,000여 명 이상의 직원이 그 안에 소속되어 있다. 또한 프로젝트는

100여 개 나라와 지역에 분포하고 있으며, 건설 중에 있는 프로젝트 계약금액은 300억 달러를 상회한다.

중국항만은 산업 선도 전략으로 '5가지 업체를 구비한 중국교통건설'의 해외 진출을 적극 추진하여 해사공정, 준설공사, 도로교통, 궤도교통, 항공허브, 시정 환경보호, 플랜트 등 영역에서 전체 산업체인을 포괄하는 투자, 건설, 운영 일체화 능력을 갖추었다. 자금, 기술, 마케팅, 인재, 설비 등의 우세를 바탕으로 중국항만은 전 세계 고객에게 고품질 서비스를 제공하고 있으며, 세계적으로 영향력을 지닌 여러 건물을 건축하였다. '중국건축공사 로반상', '중국토목공사 첨천우상', '국가우질공사 금상', '브루넬상', 'ENR 글로벌 우수 프로젝트상' 등 중요한 상을 잇따라 수상하하여, CHEC는 국제 공사업계의 유명한 브랜드로 도약하게 되었다. '일대일로(一帶一路)' 이니셔티브의 지도하에 중국항만은 국가 정부와 경제사회를 이어주는 매개체이자, 지역경제발전의 참여자, 정부 공공서비스 우수 판매제공자 역할을 훌륭히 수행했다. 나아가 '책임 감지, 양질의 서비스 제공, 협력 상생'을 핵심가치관으로 삼고 기업의 사회적 책임을 적극 이행하여, 소재 국가와 지역경제사회의 발전을 위해 적극적으로 기여하여, 운명공동체로서 함께 발전을 도모했다.

## (2) 기업의 사회적 가치 측정 지표체계 관련 데이터

표 4-13 중국항만 지표체계 측정 결과

| 1단계 지표 | 2단계 지표 | 3단계 지표 | 투입지표 | 성과 (단위: 백만 위안) | 산출지표 | 성과 (단위: 백만 위안) |
|---|---|---|---|---|---|---|
| 거버넌스 | 주주책임 | 중대한 정보 공시 | 사회적 책임 관리 | 0 | | |
| | | 리스크 관리 | 리스크 관리 투입 | / | 리스크 관리 성과 | / |
| | | 법제 준수 | 법제 준수 투입 | / | 법제 준수 성과 | / |
| 사회 | 고객 서비스 | 고객 서비스 품질 | 서비스보장 투입 | / | 서비스 가치 개선 | / |
| | | | | | 서비스 가치 창출 | / |
| | 사업파트너 | 공정한 시장환경 | 신의성실 | / | 공정거래 | / |
| | | | 미지급금 | / | 채무연체 | / |
| | | 상생협력 | 공동 협력 | / | 산업 생태권 | / |
| | | | 혁신 인큐베이션 | / | 협력과 혁신 | / |
| | | | 공급망 안전 투입 | / | 안정적 공급체인 | / |
| | | | 기업 관리 교육지원 | / | 경영 노하우 및 표준 공유 | / |
| | | 공개 입찰 구매 | 공개 입찰 구매 | / | 공개 입찰 구매 위반 | / |
| | 거시 경제 | 역주기 조정 | 분야별 기업 투자 | / | 납세책임 | / |
| | | | | | 고용 안정 | / |
| | 직원 책임 | 고용 다양성 | 여직원 교육 투입 | / | 공평한 대우 | / |
| | | | 소수민족직원 교육 투입 | / | | / |
| | | 근무, 삶의 질 | 직원 복지 | / | 임금 경쟁력 | / |
| | | | | | 초과근무 보상 | / |
| | | | | | 휴가제도 보장 | / |
| | | 안전건강복지 | 안전생산 투입 | / | 사고생해 및 손실 | / |
| | 지역사회 | 지역사회 투입 | 지역사회 기부 | / | 지역사회 관리 능력 향상 | / |
| | | 소비 빈곤구제 | 빈곤지역 상품 구매 | / | 빈곤지역 소득 증가 | / |
| | | 산업 빈곤구제 | 산업 빈곤구제 투입 | / | 산업 빈곤구제 종합 기여 | / |
| | | | 투자개발 빈곤구제 | / | 투자개발 경제성과 | / |
| | | | 특색산업 빈곤구제 | / | 특색산업 경제성과 | / |
| | | 취업교육 빈곤구제 | 지역주민교육 투입 | / | 취업 교육 소득 증진 | / |
| | 합계(사회) | | 투입지표 | / | 산출지표 | / |
| 환견 | 환경보호 및 개발 | 오염물 배출감소 | 환경보호 총투자액 | / | 배출 감소 성과 | / |
| | | 자원 절감 | 에너지 절약 기술의 연구 개발 및 응용 | / | 지원 절감 성과 | |
| | | 환경 재생 | 환경 재생 투입 | / | 환경 재생 성과 | / |
| | 합계(환경) | | 투입지표 | / | 산출지표 | / |
| 합계 | | | 투입지표 | 0 | 산출지표 | |

● **측정 사례**

- **주주 책임**: 중국항만은 사회적 책임 보고와 지속가능발전 보고 등 중대한 정보를 공시하지 않았기에 이 지표는 0으로 계산하였다. 리스크 관리 방면에서 중국항만은 전면적인 리스크 관리, 총 법률고문 제도, 언론 감시 통제 등 조치를 강화하여 잠재적 처벌이나 경제손실을 회피하였다. 중국항만은 법제 준수를 매우 중시했다. 그 구체적인 예로 기업 책임자가 법치체계에서 제1책임자를 맡게 하여 장기효과 메커니즘을 확립하였고, 법에 근거하여 기업관리와 규범적 관리능력을 끊임없이 향상시켰다. 또 회사 내 법률고문팀을 설치하고, 총 법률고문 체계를 3급 자회사까지 연결시켜 연도 법률고문 교육을 실시하고, 법률고문의 직업능력과 수준을 향상시켰다. 직원들을 대상으로 한 법률교육 보급을 강화하고, 제7차 5개년 법률보급계획을 실행하여 헌법영상강좌, 법률보급지식경연 등 활동을 전개하여 직원들의 법률의식을 향상시켰다. 한편으로 중국항만은 리스크 관리 시스템을 구축하고, 리스크 관리 감독을 강화했으며, 각종 위험방비활동을 조직하여 위험 대응 능력을 지속적으로 강화하였다. 회사의 안정적인 발전을 위해 튼튼한 방어선을 구축하였다. 회사는리스크 관리 강도를 높이고, 리스크 대응조치를 다양하게 취하여 각종 위험을 최소화하였다. 경제분쟁 안건 관리에 대한 지시사항을 하달하고, 경제분쟁 안건 연도분석보고서를 발부하여 중대한 분쟁사건에 대한 관리를 강화하고〈경제분쟁의 전형적 사례 선집(典型经济纠纷案例选编)〉을 편집하였다. 해외 법률위험예방통제 업무에도 집중하여 35개 나라의 해외 법률위험 대비 데이터베이스 구축을 가동하였으며, 몰디브, 방글라데시 등 10개 나라에 대해 '일대일로' 부패 위험 국가별 연구를 진행하고, 외국 주재 기구의 부패를 방지하도록 지도하였다.

- **직원 책임**: 중국항만은 "오상중교(五商中交)[116]"의 해외 진출을 추진하고 있다. 지속적으로 발전을 모색하는 동시에 전통적 가치인 '도의, 평등, 공생'을 추구하여 세계 경제 및 문화 외교사절단으로서 외국과의 교류를 이끌어냈다.

---

116  2006년 시장출범 이후 중국교통건설은 '五商中交' 전략을 내세웠다. 이는 다섯 개의 상(商) (1. 공사 하청업체, 2. 도시복합체 개발사업자, 3. 특화된 토지 개발사업자, 4. 기반시설 종합투자자, 5. 해양 중장비와 항만기계 제조 및 시스템 통합 하청업자)을 조성하여 업무, 시장, 자원을 최적화하는 것이다.

국제 인재 유입, 양성 및 채용을 중시하고, '일체양익(一体两翼)[117]'과 전문회사 간의 우수한 해외 인재와의 교류를 통해 해외 인재양성을 강화하였다. 투자융자, 상무관리 등을 포함한 교육 시스템을 구축하여 해외 복합형 인재의 유형 전환 발전을 가속화하였다. 파퓨아뉴기니 도로건설 프로젝트에서 중국항만은 현지에 800여 개의 일자리를 창출하고, 기술노동자들을 훈련시켰다. 한편 스리랑카 항구도시 프로젝트를 추진, 현지에 8만 3000개가 넘는 일자리를 창출하여 건설 후 20만이 넘는 사람들이 이곳에서 일을 할 수 있게 하였다. 스리랑카 수도 콜롬보에 새로운 중앙비즈니스구역(CBD)을 조성하기도 했다.

- **지역사회**: 중국항만은 해외 진출 과정에서 발전과 책임 두 가지 면을 모두 중요시하였다. '전략적 지도와 재량하에 합법적으로 발전을 추진한다(战略引导,量力而行,合法合规,推动发展)'는 원칙에 따라 사회적 책임을 적극 이행하여 책임감 있는 공민기업으로서 이미지를 수립하였으며, 경제적 성과와 사회적 성과를 모두 거두었다.

---

117  일체양익(一体两翼)이란 몸 하나에 두 개의 날개란 뜻으로, 여기서는 중국회사를 본체로 하고 세계 여러 나라의 인재유입을 통해 양 날개를 달아 도약한다는 의미이다.

**사례 1**

　　스리랑카 니곰보 지역 어민들은 생활에 어려움을 겪고 있었다. 어민의 생활조건을 개선하기 위해 콜롬보 항만시티는 사회적 책임감을 갖고 자발적으로 어민생계개선 프로젝트를 제안하고 5억 루피(약 330만 달러)를 프로젝트 실행 경비로 지원하여 어민의 생활조건 개선에 사용하도록 했다. 이에 따라 스리랑카 정부는 '어민생계개선협의회'를 설립하여 경비가 온전히 어민들에게 사용되도록 비용사용계획을 수립하고 집행하였다. 어민들의 생계개선 프로젝트가 시행되고 나서 니곰보 어민들은 열렬히 환호하였다. 그들은 초기에 프로젝트의 모래채취에 대해 거부감을 보였으나 기업의 진심 어린 서비스와 복지 제공으로 인하여 중국항만에 대해 긍정적 인식을 가지게 되었다. 이 프로젝트에는 지금까지 약 1억 4200만 루피(약 93만달러) 규모의 자금을 투입되었다. 구체적인 추진 상황은 다음과 같다.

　어민 가정에서 더 많은 소득을 얻도록 자금을 지원하여 지금까지 37개 어업기구에 7400만 루피(약 98만 달러)를 지급했으며, 후속지출액까지 포함하면 1억 5000만 루피(약 98만 달러)에 이를 것으로 보인다.

　니곰보 어업 지역의 약 10,000명 어민들에게 보험을 제공하게 될 예정이며, 현재 3,842명 어민들에게 보험을 제공해주었다.

　'어민생계개선 프로젝트' 건강캠프활동을 10차례 성공적으로 개최하여 1,000명 이상 어민가정에 의료자문, 검진, 약물과 치료를 제공했으며 어민가정에 건강 서비스와 무료 약품을 지원했다.

　해변 정리 공사에 어민, 교회, 경찰, 학생 등 사회단체를 조직하여 참여시킴으로써 백사장 환경을 개선하고 환경보호 의식을 강화하였다.

　현재 추진 중인 어민생계개선 프로젝트에는 자외선 차단 가리개 설치, 인공 간척 공사, 신호등 설치 공사, 지역사회센터 신축 개축, 건어물 가공공장 신축, 어시장 오수처리 시스템, 어민 지식 교육 프로그램 등이 포함되어 있다.

전 단계의 프로그램 실시를 통하여 니곰보 지역 어민들의 생활시설은 크게 개선되었다. 의료, 건강교육 및 방문의료서비스를 받은 어민들은 건강의식을 수립하였다. 어민들은 생계개선 프로그램을 통해 기존의 소득을 늘렸을 뿐 아니라 더 나은 어업 인프라를 구축하여 안전 및 건강의식과 소득창출 능력을 향상시켰다. 회사는 지속적으로 프로그램을 추진하여 수익을 얻는 어민협회는 10개 이상이, 어민은 10,000명 이상이 되도록 할 것이다.

### 사례 2

중국항만은 인도네시아에서 시장을 개척하고 발전시켰다. 인도네시아 사회에 대한 답례 차원에서 기업의 사회적 책임을 이행하고 있으며, 2010년 3월 중국항만 설립 30주년을 맞아 현지 교육사업에 기여하기 위해 인도네시아 대통령대학에 '중국항만 장학금'을 설립하는 한편 인도네시아 Gedung Yayasan Kasih Orang Tua PNIEL 복지원과 양해계약을 체결하여, 복지원 출신 10명의 아동들에게 고교 졸업까지 등록금을 지원해주었다. 이로써 매년 15명의 대통령대 대학생이 중국항만 장학금을 받게 되었고, 이러한 장학금은 앞으로 10년 동안 지급된다. 또한 복지원 아동들에 대한 지원도 역시 10년 동안 지속된다. 중국항만 장학금 총액은 10억 인도네시아 루피에 달한다. 즉, 매년마다 1억 인도네시아 루피를 재학생 15명에게 발급하는데, 각각 1등상 1명에게는 상금 2,000만 인도네시아 루피, 2등상 2명에게는 상금 1,000만 인도네시아 루피, 3등상 12명에게는 상금 500만 인도네시아 루피를 발급한다. 이에 더하여 복지원 아동 10명의 등록금으로 연간 3천만 인도네시아 루피를 제공한다.

### 사례 3

코로나19 발생 후 그룹의 지휘와 조율, 외국 주재 중국 대사관, 영사관, 중국기업자본 협회의 호소에 따라 중국항만 외국 주재 기구는 적극적으로 돈을 기부하고 부족한 의료 물자를 구입하여 전염병 발생지역을 지원하였다. 지금까지 중국항만 각 외국 주재 기구는 약 103만 4,000위안의 인민폐, 약 382만 5,000위안의 물자를 기부하여 전염병 대처에 적극적으로 기여했으며 회사의 높은 사회적 책임감을 보여주었다. 무한시에 방역물자가 부족하다는 것을 알게 된 중동지역관리센터 이집트회사는 그룹의 위탁을 받고 이집트에서 방호복 4,000벌, 보호안경 6,000개 등 긴급물품을 재빠르게 구매하였다. 세관의 검거, 항공편 운항 중단 등 어려움을 극복하고 7,000여 km를 거쳐 정해진 기한 내에 무한에 보냈으며, 인민일보 클라이언트는 이를 생방송으로 보도했다. 이처럼 모든 자원을 총동원하여 인력, 재력, 물자를 지원하는 중국항만의 모습은 중앙기업의 책임감을 여과없이 보여주었다. 중국항만은 또 주도적으로 대사관, 지역 매체와 연계하여 중국의 코로나19 대응 조치를 중계하여 여론 방향을 정확하게 인도했다. 남부 아프리카 지역의 회사들은 코로나19에 맞서 싸운 중국의 경험과 회사의 방역 정책을 앙골라 현지 직원들에게 중계하여 그들의 이해와 지지를 얻었다. 콜롬보 항구도시 프로젝트 회사는 스리랑카 주요 미디어 Rupavahini National TV와 직접 연계하여 기자에게 회사의 코로나19 효과적 예방 통제 조치를 상세하게 소개하였으며, 중국 주재 스리랑카 대사관에도 이를 중계 전송하였다.

스리랑카의 주류 매체 〈매일금융보〉, 〈매일경보〉에 서명과 입장을 발표함으로써 코로나로 촉발된 해당 지역 민중의 중국에 대한 의혹과 부정적인 인식을 감소시켰고, 중국기업의 사회적 책임 이미지를 수립하며, 중국 정부와 인민이 코로나를 극복할 수 있다는 자신감을 형성하였다.

중국항만은 매년마다 10명의 복지원 아동들의 등록금 3,000만 인도네시아 루피(인민비약 15,000위안)를 지원하는데, 이러한 지원은 10년간 지속된다. 이와 더불어 매년 복지관을 찾아 독거노인을 만나고, 아동들의 1년 치 등록금 및 기타 비용과 어린이와 노인들에게 필요한 음식을 보내줌으로써 중국항만 사람들의 관심과 사랑을 전달한다.

- **환경보호**: 중국항만은 교통 인프라 시설의 계획, 디자인, 건설, 운영, 정비 전 과정에서 녹색 저탄소 이념을 실시하였다. 지속가능발전을 위해 친환경 기술을 보급하고, 에너지 절약 및 친환경 장비의 이용을 확대하였다. 신에너지, 재생가능 에너지, 청정에너지를 개발하여 청정에너지의 이용율을 높였다. 공사 현장에서 태양에너지, 지열에너지, 공기에너지, 전력, 천연가스 등 청정에너지로 석탄, 연료의 보편적인 사용을 대체하고, 여러 프로젝트에서 공기 열펌프 또는 태양열온수 시스템을 이용하였다. 건설 시공 현장의 비산먼지를 막기 위해 방벽 설치, 출입도로 경화, 흙 덮기, 세척시설 또는 무포장비 설치, TSP 온라인 모니터링 설비 장착 조치를 통해 대기오염을 방지했다. 중국항만이 총도급을 맡고, 2항국이 시공을 맡은 이스라엘 아슈도드항 프로젝트는 1개월 앞당겨 방파제 접합 공사를 마무리하였다. 이스라엘 아슈도드항 프로젝트는 중교그룹이 선진국에서 건설을 맡은 최대 항구공사로서 계약금은 약 9억 5000만달러, 건설기간은 93개월이다. 이 프로젝트는 최초로 보행식 해상 작업플랫폼을 건설했고, 대량의 강재와 디젤유를 절약하였으며, 시공선박의 오수처리 시스템을 개조하여 폐수를 순환시켰다. 통계에 따르면 순환경제의 효익은 약 2,000만 위안에 달한다.

### (3) 소결론

주주 책임의 측면에서 중국항만은 리스크 관리, 총 법률고문 제도, 민정 모니터링 등 리스크 관리 조치를 강화하여 처벌과 경제적 손실을 면하였다. 중국항만은 법제 준수를 중시하여 기업의 책임자가 법치체계 제1책임자를 맡아 장기적 메커니즘을 형성하여 법에 따라 기업관리를 실행하였다. 중국항만은 국제 인재의 도입, 양성, 채용을 중시하고, '일체양익'과 전문회사 간 우수 해외 인재 교류를 확대하였다. 투자융자, 비즈니스 관리 등을 포함한 다차원 훈련 시스템을 구축하여 해외 복합형 인재의 배양을 가속화하였다. 지방 지역사회에서 중국항만은 해외 진출 과정에서 발전과 책임을 모두 중시하고, 전략적 방향에 따라 합법적으로 발전을 추진하고, 기업의 사회적 책임을 적극 이행하여 책임을 지는 기업공민의 이미지를 수립하여 높은 수준의 경제적 성과와 사회적 성과를 거두었다. 환경보호의 측면에서 중국항만은 녹색 서탄소 이념을 교통 인프라시설 계획, 설계, 건설, 운영, 보수 전 과정에 보급하였다.

코로나19 대응에서 중국교통건설은 국무원 국자위를 통해 호북성에 현금 4,000만 위안을 기부하였고, 호북성 소재지 회사 산하에도 1,000만 위안을 기부하여, 총 5,000만 위안을 기부하였다.

## 2.7. 중국석유화학

### 2.7.1. 중국석유화학공업그룹유한회사

**(1) 회사 소개**

중국석유화학공업그룹유한회사((China Petrochemical Corporation, 이하 '중국석유화학'으로 약칭)의 주요 업무는 석유와 천연가스의 탐사 채굴, 수송관 운수, 판매, 석유 정제, 석유화학공업, 석탄화학공업, 화학섬유, 화학비료 및 기타 화학공업 생산과 제품 판매, 저장 운수, 석유, 천연가스, 석유제품, 석유화학공업 및 기타 화학공업제품과 기타 상품, 기술의 수출입, 대리 수출입 업무, 기술, 정보의 연구, 개발, 운용 등이다. 회사 본부는 북경에 위치하고 있으며, 75개 국가와 지역에 분포되어 68만 5000명의 직원을 두고 있다.

중국석유화학은 국가의 현대화와 인류공동을 추진함은 물론, 글로벌 발전을 촉진하는 역량 있는 기업으로 자리매김하고 있다. 2019년, 중국석유화학은 〈포춘〉의 세계 500강 기업 중 2위를 차지했다. 2018년에는 정유능력부문 세계 1위, 방향족탄화수소 생산능력 세계 1위, 에틸렌 생산능력 세계 4위, 합성고무 생산능력 세계 2위, 주유소 수 세계 2위를 차지하였다.

**(2) 기업의 사회적 가치 측정 지표체계 관련 데이터**

● 측정 사례

· 고객 서비스: 2008년에 중국석유화학은 정식으로 비석유 업무부서를 설립하고, 편의점 브랜드 '이첩(易捷)'을 출시했다. 10년 동안 '이첩'은 자동차와 차주의 수요를 위한 핵심 상품을 육성하고 서비스기능을 늘렸다. 현재 업무에는 주로 편의점, 즉석식품, 자동차 서비스, 전자상거래, 광고 등이 포함되며 주유, 쇼핑, 음식, 자동차 서비스 등 기능을 갖춘 다기능 단말기 판매망을 구축하고 있다. 최근 이첩은 '인터넷 + 판매 + 서비스' 모델을 중심으로 온/오프라인 채널을 확장하고, 새로운 소매 업무를 개척하여 정보화 시대에 맞추어 소비자의 요구를 만족시키고 있다. 2018년까지 이첩 편의점은 2만 6000개가 개설되었고, 11억 위안에서 519억 5000만 위안으로 성장했으며, 중국 판매/유통업계 100강에서 6위에 올랐다.

중국 최대 공업품 전자상거래 플랫폼 이파이커(易派客)를 업그레이드하여 표준 체계를 구축하였고, 세계 글로벌 서비스 품질과 수준을 향상시켰다. 2018년에 이파이커 플랫폼의 거래

금액은 2,862억 위안으로 전년동기대비 117% 성장했다. 거래 주문은 34만 건으로 전년동기대비 60% 증가했다. 온라인 지불 금액은 1,078억 위안으로 전년동기대비 174% 성장했다. 국제 업무 플랫폼은 1,207개 거래처에 9,705종의 제품을 온라인으로 공급하였다. 신규 가입자는 3만 9,000명이고 누적 가입자는 16만 6,000명이다.

- **지역사회**: 중국석유화학은 1988년부터 서장, 감숙, 신강 등 7개 성 12개 현의 빈곤구제 개발 임무를 맡기 시작했는데 누적 24억 위안을 투입했다. 67개 직속 기업이 전국 709개 촌의 빈곤구제를 맡았고, 전체 계열사에서 빈곤구제를 위해 간부 1945명을 파견했다. 전문 판매장, 전시판매회, 농목축산물 주문회를 15회 열고 특정 빈곤구제현의 농산물을 195만 9,700위안어치 구매했다. 안휘, 신강, 감숙 등지에서는 1,982만 8,000위안어치 농산물 판매를 도와주기도 했다. '두 가지 걱정 줄이고, 세 가지를 보장(兩不愁三保障)' 목표실현을 위해 산업, 소비, 건강, 교육, 구제, 인프라시설 건설을 포괄하는 다차원의 빈곤구제 모델을 형성하여 특정 빈곤구제 지역과 1:1 지원 빈곤퇴치 임무를 완수하기 위해 최선을 다했다.

**사례 1**  동향현 퀴노아, 논밭에서 식탁으로

2018년 중국석유화학은 동향현 부릉구(东乡县布楞沟) 유역 군중들의 빈곤구제를 가속화하기 위해 감숙성 농업과학원 및 지방정부와 함께 퀴노아를 시험재배하여 수확에 성공하였다. 2019년에 중국석유화학은 퀴노아 재배 교육훈련을 강화하여 농작물 기계화 수준을 높였다. 동향현 부릉구 유역의 5개 향진과 용천진의 퀴노아 재배 면적은 20묘[118](亩)에서 4,000묘로 신속히 증가하였고, 총생산량은 490톤에 달하고 묘당 생산량은 110kg에 달할 것으로 예상된다.

중국석유화학의 도움으로 전 향 6개 촌의 220가구에서 도합 927묘의 퀴노아를 재배하였는데, 그중 교로촌(乔鲁村) 55호 촌민들은 가구당 평균 4.8묘를 심어 이미 숙성된 상태였다. 묘당 165kg의 생산량을 기준으로 계산하면 묘당 수익이 2,000위안 이상, 가구당 수입이 9,600위안, 재배호의 일인당 수익은 1,846위안으로 감자, 옥수수 등 전통 작물보다 수익율이 훨씬 높다.

동향의 퀴노아가 빠른 속도로 산업화, 규모화, 브랜드화의 우세를 형성하도록 도와주었다. 빈곤구제 산업의 지속가능발전을 보장하기 위하여 중국석유화학은 자발적으로 퀴노아의 가공, 포장, 판매, 브랜드 등 산업화 요소를 도와 동향 퀴노아의 브랜드 능력과 제품가치를 높이고 '이첩' 오프라인 판매 플랫폼, 전자상거래플랫폼, 저가 물류 플랫폼 등 경로를 통해 동향 퀴노아의 대외 판매경로를 원활히 개통하여 동향퀴노아의 산업체인을 구축했다.

---

118  중국식 토지면적의 단위이다. 1묘는 약 666.7제곱미터이다.

**사례 2**    코로나19 예방 및 통제에 전력을 다하다

  2020년 초에 코로나가 발생한 후 중국석유화학은 책임을 지고 신속하게 행동하여 코로나를 예방/통제하는 동시에 안전생산을 조직하여 석유가스공급을 확실하게 보장하고 정상적인 생산 경영 질서를 보장하였다. 호북성에 5,000만 위안과 소독제 200톤을 기부하여 코로나 대응 업무가 실속있게 진행되도록 하였다.

  휘발유와 천연가스 공급을 보장하기 위해 무한석유 176개 주유소와 호북석유 1,800여 개 주유소가 정상 영업을 유지했다. 중국석유화학천연가스 지사는 코로나 발생 기간에 호북성에 일 평균 약 500만m3의 천연가스를 공급하였다. 그중 무한시에 일 평균 260만m3의 천연가스를 공급하였고, 레이션산(雷神山) 병원에는 무료로 천연가스를 공급하였다.

  의료물자 공급을 보장하기 위해 약 2억 위안을 투자하여 10개의 MB부직포[119]생산라인을 건설하였다. 본 프로젝트는 매일 4톤의 N95 MB부직포 또는 6톤의 의료용 평면마스크 MB부직포를 생산할 수 있는데, 그 원료로 120만 개의 N95마스크 또는 600만 개의 의료용 평면마스크를 생산할 수 있다.

  주유소에서는 마스크를 판매하거나 증정하였다. 북경의 주유소 50곳에서 일회용 보호마스크를 판매하였는데 매일 약 3만 개 마스크를 공급했다. 주유소에서는 '직원 쉼터' 169개와 '환경 미화원 쉼터' 22개를 만들었고, 근처에서 근무하는 교통경찰과 미화원에게 마스크 1개씩을 무료로 증정함으로써 방역기간에 일자리를 지키며 공공 서비스를 제공하는 영웅에게 지지를 보냈다.

  생활물자의 공급을 보장하기 위해 주유소 170여 곳의 이첩(esay joy) 편의점에서 쌀, 기름, 식량 등 생필품과 손세척제, 소독제 등 위생 방역 물자를 공급하여 무한 시장의 물품 공급을 보장하였다. 그중 62개 가게에 160여 종 물자를 배치해 무한 시민들이 필요한 물자를 충분히 구매할 수 있도록 했으며, 이첩 편의점의 모든 상품은 가격을 올리지 않겠다고 약속했다. 동시에 각지의 방역 수요를 고려하여 북경에서 '야채안심구매(安心买菜)' 사업을 추진하여 시민들에게 안전하고 신선한 채소를 합리적인 가격으로 제공하였다.

---

119  MB부직포에서 MB는 Melt-blown을 의미하며, MB부직포는 일회용 마스크의 핵심 소재이다. 코로나19기간 일회용 마스크 공급부족 현상이 발생한 이유 중에 하나는 MB부직포 부족이다.

- **환경보호**: 중국석유화학은 '녹색기업 행동계획'을 전면적으로 가동하고, '청정, 고효율, 저탄소, 순환' 요소를 추진하여 녹색기업을 건설했다. 정제유의 품질 향상을 적극 추진하여 전국 범위에서 국육(国六)[120] 수준의 청결한 석유제품을 공급하였다. "2+26[121]"지역 주재 기업의 대기오염 예방과 장강 연안 기업의 오염퇴치를 추진하고, 주유소 지하 오일탱크의 침투 방지 개조를 실시하여 오염을 방지하고 환경보호를 위해 힘썼다. '에너지 효율 향상' 프로그램을 지속적으로 추진하여 에너지 이용율이 지속적으로 상승했으며, 연간 70.5만 톤의 표준석탄을 절약하였다. 연속 8년째 탄소 단속 검사를 전개하여 2018년에 탄소 거래량을 172만 톤, 거래액을 3,632만 위안수준으로 줄이며 실질적인 온실가스 배출 감소를 촉진하였다.

### 사례 1  중국석유화학 중원유전

2018년의 신축 천연가스 생산력은 5억 6,100만m3, 청정에너지는 65억 5,300만m3이다. 매장석유 구조 조정, 수직형 최적화설비, 지면시설 개조 등 분야에서 한 해 동안 '에너지효율 제고' 프로젝트 44개를 실시하고, 지열, 여열난방, 태양광 발전 기술을 보급하여 연간 표준석탄 12,550톤을 절약하였다. 대형 유황 회수장치의 열질소 분사 유황 송출 기술과 주머니식 오염방지장치 등 청정생산기술을 혁신적으로 사용하였다. 가스전 생태 추적 모니터링 메커니즘을 구축하여 보광가스전 정화공장 주변의 가스, 물, 토양, 식생의 추적검측을 지속적으로 실행하여 3만 5,000여 개의 데이터를 획득하였다. 보광가스전은 2018년 사천성 '녹색공장' 영예칭호를 수여받았다.

---

120  국육이란 일반적으로 국가의 6단계 자동차 오염물질 배출 표준을 가리킨다.
121  '2+26구역'에서 '2구역'은 대기오염 이동통로인 베이징과 텐진을 가리키며, '26구역'은 이러한 이동통로로 인해 대기오염의 수준이 심각한 베이징, 텐진, 하북성 스좌좡, 탕산, 랑팡 등을 포함하는 26개 지역을 가리킨다.

**사례 2**   중국석유화학 진해정화

중국석유화학 진해정화는 기지 건설을 전면적으로 배치하고, 가공절차를 최적화하여 가용성높은 내부 산업체인 폐기물 제로배출 내부순환 경제모델을 구축하였다. 또한 시스템 내에코크스화 밀폐식 초점제거 개조를 완성하였다. 또한 에너지절약 및 오염물 감축을 지속적으로 실시하여 연간 에너지효율 향상 프로젝트 14개를 완수하였다. 구체적으로 살펴보면 표준석탄 26,496만 톤 정도의 에너지를 절약하였고, 에텐 연소에너지 소모량을 국가의 에너지소모 기준수치보다 낮추었다. 특히 물의 중복 이용율이 98.59%에 달하여, 국가 에텐 업계의 유일한 물효율 '선두주자' 기업으로 선정되었다. 중국석유화학은 제1기 국가 및 석유화학업계의 녹색제조 시범공장으로 선정되었다.

**사례 3**   중국석유화학 강소석유

중국석유화학 강소석유는 3개월 앞당겨 휘발유와 디젤유를 국육표준으로 업그레이드하였다. 휘발유, 배기가스 처리액, 엔진오일 판매량이 산업내에서 앞섰다. 전국 최초 무인 슈퍼마켓(easy joy), 스마트 주유소와 충전소를 건설하였다. 무인 순환수세차기를 120대 투입하여 매년 40여 만 톤의 물을 절약하였다. '환경미화원 쉼터' 프로젝트는 국자위로부터 우수 자원봉사항목에서 상을 수여받았고, 발전개혁위원회로부터 '지속가능발전 목표 실현 2018 중국기업 우수 실천'상을 수여받았다.

### (3) 소결론

코로나19 발생 기간에 중국석유화학 당조직은 중국석유화학 판매 호북(湖北)석유지사 우해평(于海平)총경리와 당위원회 서기 향호평(向浩萍)에게 위탁하여 호북성 적십자회에 현금 5,000만 위안을 기부하였다.

중국석유화학은 '아름다운 내일을 위해 힘내자'는 기업 사명을 견지하여 지속가능발전과 사회적 책임을 이행하고, 세계 일류 에너지화학공업회사 건설하겠다는 기업 비전을 실현하기 위해 주주, 직원, 고객, 파트너 등 이해관계자와 손잡고 상생협력하여 지속가능발전의 가치를 창출했다.

국가의 발전 동력을 보장하고, 인민의 생활수요를 충족시키기 위하여 청정에너지와 녹색제품을 제공하여 인민의 의(衣), 식(食), 주(住), 행(行), 용(用)에 기여했다. 사회적 책임을 기업의 문화 및 관리 운영과 융합하고, 책임이미지를 구축하여 기업의 건전하고 지속가능한 발전을 추진했으며 경제, 사회 및 환경부분에서 종합적인 가치를 창출하였다.

제 5장

# 시사점 및 전망

# 제5장

# 시사점 및 전망

## 1. 시사점

본 연구를 통해 한-중 공동연구팀은 이론적 기초에 대해 깊이 연구함은 물론, 다양한 논의와 토론을 이어갔다. 그 결과 기업의 사회적 책임과 비교하였을 때 기업의 사회적 가치가 보다 진보된 개념이라는 결론에 도달하였다. 동시에 사회적 가치에 대한 연구 과정에서 새로운 이론을 주장하고, 기존 사회적 가치 이론체계를 보완하여 국제 각 연구단체와 기업의 '기업의 사회적 가치'에 대한 연구에 기여하고자 한다. 본 연구에서 얻은 시사점은 다음과 같다.

### (1) 기업의 사회적 가치는 기업의 사회적 책임보다 진보된 개념이다

기업의 사회적 책임이라는 개념과 비교하였을 때 기업의 사회적 가치는 보다 진보된 개념이다. 내부 및 외부 communication효과, 성과 평가, 기업의 효율적 자원배분 측면에서 보다 풍부한 의미를 갖고 있기 때문이다.

첫째, 내부 communication의 측면에서 '기업의 사회적 책임'은 기업의 다소 정형화된 활동으로 인식된다. 예를 들면 사회책임활동 자체를 강조하고, 이에 대한 자원의 투입이나 주관적 의미를 강조하는 표현 등이 모호하기 때문에 그 성과를 표현하거나 목표를 정할 때 정량적으로 표현해야 할 필요가 있다. 이에 반해 기업의 사회적 가치는 정량, 화폐화 등 사전에 정해진 측정 방법론을 통해 그 성과를 구체적인 수치로 전환시킴으로써 성과평가와 목표설정에 대한

communication이 더 용이해진다. 기업의 다양한 성과를 통합하여 표현할 수 있는 화폐화된 지표는 한층 직관적이고 이해하기 쉽다.

둘째, 대외 communication효과의 측면에서 볼 때 기업의 사회적 책임은 일반적으로 '기업 자신'에 초점을 두어 기업의 특정 활동에 대한 '투입'과 '노력'을 강조한다. 반면 기업의 사회적 가치는 발생하는 '효과'를 더욱 강조한다. 따라서, 이해관계자의 입장에서 자신과 밀접한 관계가 있는 실제 혜택 또는 가치 증진, 특히 화폐가치 증진을 보다 쉽게 받아들일 수 있다.

셋째, 성과평가의 측면에서 기업의 사회적 책임은 투입에 치중하기 때문에 효과를 제대로 평가하기 어렵다. 또한 효율성이 제대로 측정되지 않으면 적절한 전략적 의사결정이 어려워진다. 기업의 사회적 가치는 투입-산출의 비교 분석에서 출발하여 기업 사회적 가치 업무의 성과와 효율을 최대화하며, 기업이 사회적 가치를 창출하는 데 가장 좋은 전략을 선택하도록 유도한다. 예를 들면 코로나19 상황에서 중국석유화학 주유소의 일부 사이트에서는 무접촉 야채 구매 서비스를 확대하여 고객의 편리성을 높이고 쇼핑위험을 낮추었다. 이러한 사례는 기업이 다른 활동으로 코로나 문제에 대응하는 것에 비해 투입대비 성과가 큰 것으로 평가된다.

넷째, 기업의 효율적 자원배분에 대한 역할 측면에서 기업은 경제 주체로서 반드시 원가와 효율에 더욱 신경을 써야 한다. 기업의 사회적 책임은 대부분 투입에 치중하여 효과와 투입-산출의 비율을 경시하는 경향이 있었다. 반면 기업의 사회적 가치는 투입-산출의 측면에서 투입 효율을 판단할 수 있어 기업이 가치의 극대화를 추구하는 데 유리하다. 또한, 기업이 사회적 자원을 보다 사회적 가치가 높게 창출되는 곳에 투입하게 함으로써 사회적 최적화에도 큰 기여를 할 수 있다.

## (2) 투입-산출 지표체계를 활용하면 기업이 최적의 전략을 선택하여 사회적 가치를 창출하는 데 효과적이다

기업의 본질은 효율적인 운영을 위해 설립된 경제조직이다. 이러한 특징은 기업으로 하여금 사회적 가치를 창출하는 과정에서 필연적으로 원가와 생산성에 관심을 갖게 한다. 중국기업의 사회적 책임 이행은 기업의 투입을 더욱 강조한다. 기존 SK DBL은 현재 기업의 사회적 가치를 투입과 산출 면에서 모두 모색하고 있지만 아직 양자를 연결하지 않고 있다. 본 연구과정에서 공동연구팀은 투입-산출로 지표를 세분화하고 투입-산출 대응 지표체계를 구축하여 원가와 효익을 동시에 반영하였다. 이러한 이론적 기초는 다음과 같은 장점을 가진다.

첫째, 기업의 사회적 가치 투입을 명확히 반영하여 사회적 가치 원가를 평가하는 데 필요한 자료를 제공한다. 기업은 전략적 의사결정에 있어, 사회적 가치를 창출해낸다는 확실한 증거가 있어야만 투입을 실행한다. 따라서, 투입 의사결정은 사회적 가치 창출에 대한 의도와 미래 예측을 반영한 것이다. 명확한 원가정보를 획득하는 것은 기업이 사회적 가치를 창출하는 데 근원이 되는 활동을 파악하는 것이며, 기업이 사회적 가치 투입 계획을 보완하고 전략적 대응 수준을 향상시키는 데 유용하다.

둘째, 화폐화로 나타낸 성과는 기업 사회적 가치의 산출을 반영하여, 기업이 사회적 가치 성과를 이해관계자 입장에서 종합적으로 평가하는 데 기본틀을 제공한다. 기존 기업의 사회적 책임 연구는 주로 가치 공급자 관점(기업 입장)의 가치를 파악하는 데 집중돼 있다. 산출 성과에 대한 연구는 이해관계자의 입장에서 권익의 변화를 더 잘 반영한다. 산출 측면의 평가는 기업 사회적 가치의 창출 효과를 반영하고, 화폐적으로 표현되기 때문에 기업이 이를 분석하여 미래를 대비하는 데 더욱 유리하다.

셋째, 기업의 사회적 가치 관리 최적화와 최적의 전략 의사결정을 위한 분석수단을 제공한다. 투입-산출을 기반으로, 기업은 사회적 가치의 창출 효율을 명확히 판단하고 나아가 투입 영역, 운영방법, 산출형식 등을 분석하고 문제점과 개선방법을 찾을 수 있다.

### (3) 기업은 경제적 가치와 사회적 가치를 모두 고려한 '포괄적인 가치'의 극대화를 추구해야 한다

기업에 있어서 사회적 가치를 창출하는 것은 그 자체로 지속가능성을 추구하는 것이다. 하지만 사실상 기업의 근본적인 목표는 경제적 가치를 창출하는 것이다. 기업은 각기 다른 환경, 다른 단계에 놓여 있으므로 개별 기업마다 사회적 가치를 창출하려는 의도와 수행 능력, 외부 환경이 모두 상이하다. 그러므로 사회적 가치 창출을 획일적으로 평가하고 규제할 경우 기본 경제 질서를 위반하고 기업의 발전을 방해할 가능성이 높다. 그러므로 "포괄적인 가치"의 극대화 개념은 다음과 같은 시사점을 준다.

첫째, 기업의 자체 상황에 근거하여 경제적 가치와 사회적 가치 비중을 합리적으로 배분하여 "포괄적인 가치"를 극대화해야 한다. 《맹자》에는 '궁할 때는 자신만을 돌보게 되고, 형편이 좋을 때 천하를 구제한다(穷则独善其身, 达则兼济天下'는 말이 있다. 이처럼 기업의 발전단계에 따라 사회적 가치 창출 수요의 총량이 달라질 수 있다. 예를 들면 기업이 초창기에 있으면 반드시 경제적 가치를 더욱 중시하여 기업의 생존과 발전을 우선적으로 도모해야 한다. 만약 초창기의 기업에 사회적 가치를 대거 창출할 것을 법이나 제도로 요구하면 잠재력이 우수한 기업도 초기단계에서 사멸될 수 있다. 이와 반대로 성숙기의 기업은 더 많은 사회적 가치를 창출하여 "이해관계자" 권익의 전체적인 향상을 선도하여야 한다.

둘째, 기업의 외부 환경을 고려하여 기업의 경제적 가치, 사회적 가치 구조 및 비중을 결정함으로 기업과 이해관계자가 동시에 지속가능하게 성장할 수 있는 가능성을 극대화해야 한다. 기업 외부의 경제, 사회, 환경 조건도 기업의 사회적 가치 창출 수요에 영향을 미친다. 만약 기업이 선진국에 있다면 다시 말해 경제적 기반이 좋거나, 경제 성장 속도가 낮거나, 환경적인 부담이 클 경우 사회적 가치 창출과 환경, 취업 등의 사회문제를 해결하는 데 치중해야 한다. 기업이 개발도상국에 있다면 빈곤과 경제문제 해결에 더 치중해야 하고 사회적 가치 부분에서는 지역사회 발전, 직원 이익을 중심에 두어야 할 것이다.

셋째, 기업의 사회적 가치를 기업의 전략적 관리체계와 결합시켜 그 지속가능성을 보장해야 한다. 즉, 기업의 사회적 가치 창출을 반드시 기업의 사업 전략 수립에 내재화해야 한다. 예를 들면 SK그룹은 사회적 가치 이념을 그룹 정관에 기재하고 관련 위원회, 조직기구, 연구원 등을 설립하여 기업의 사회적 가치 창출이 체계적으로 이루어지도록 기반을 갖추었다.

### (4) 사회적 가치 측정관련 기준에 대한 연구를 보완해야 한다

본 연구 평가 과정에서 각각의 측정체계에 존재하는 주요 보완점을 확인할 수 있었다. 중국의 국유기업은 유형이 다양하고 업무범위가 차이가 매우 큰 까닭에 사회적 가치에 대한 평가에 합리적이고 효과적인 기준이 결핍되어 일치성을 보장하기 어렵다. 한국의 SK DBL 지표체계는 비교적 일찍 연구되었지만 여전히 전면적인 기준 설정에 대한 논란이 내외부적으로 존재하고 있다. 유럽과 미국 기업들은 이미 BAP(Better Alignment Project) 등 글로벌 차원의 사회적 가치 평가/보고 표준화를 추구하는 추세에 있다.

한-중 양측은 기업의 사회적 가치에 대한 연구가 아직 시작단계에 있으므로 기존 회계제도를 참조하여 평가기준을 조속히 제정/보완하고 산업별, 유형별, 지역별 기업 평가 참조기준치를 설정하여 사회적 가치 평가 기준에 대한 합의를 이루고 여러 나라, 여러 유형의 기업들의 응용과 활용에 기여하여야 한다는 것을 함께 인식하였다.

## 2. 전망

이번 연구에서 현저한 성과를 거두었지만, 기업의 사회적 가치 이론에 여전히 부족한 점이 남아있다. 따라서 이를 보완함은 물론, 향후 발생할 문제점을 개선하기 위해 지속적인 노력이 필요하다고 인식하였다.

첫째, 사회적 가치 이론체계를 한층 더 보완하여야 한다. 둘째, 양국 내부에서 사회적 가치 평가 참조기준을 연구/보완하여 양국 기업의 평가에 표준기준을 제공해야 한다. 셋째, 전형적인 사건, 중점 분야 등에 대해 연구를 진행하고 기업과 사회발전의 관계를 연구해야 한다. 넷째, 연구성과를 공유하고 국제협력연구를 강화하며 더 많은 나라의 리더들과 공동으로 국제 연구 협력을 진행하여 더 많은 기업들이 사회적 가치를 더 많이 창출하도록 동기부여를 해야 한다. 다섯째, 국제표준화에 대한 연구를 추진하여 기업의 사회적 가치 창출에 대한 정보가 사회에 정확하게 제공되도록 해야 한다.

기업과 사회는 분리된 적이 없다. 기업의 발전은 반드시 사회의 지지를 받아야 한다. 동시에 기업은 반드시 사회의 발전을 위해 기여해야 한다. 세계 과학기술의 발전 속도가 빨라지는 동시에 국제 경제 위험이 증가하고, 빈부 격차가 날로 커져가고, 환경 문제가 심각해지고 있다. 기업은 발전 성과를 공유하고 사회의 공동 발전을 이끌 책임이 있다. 2020년 세계경제포럼(WEF, World Economic Forum)은 "전 세계가 힘을 합쳐 지속가능발전을 실현하자(凝聚全球力量, 实现可持续发展, Stakeholders for a Cohesive and Sustainable World)는 주제를 제기했는데, 그 취지는 새로운 '이해관계자' 이념을 확립하고 빈부 격차와 사회 분열, 기후 위기에 대처하기 위한 것이었다. 한-중 양국 간의 기업의 사회적 가치에 대한 탐구 역시 '이해관계자' 이념에서 출발하여 기업이 발전 성과를 보다 잘 공유하도록 촉진하고 국제사회의 지속가능발전을 위해 참고할 수 있는 도구를 제공했다.

큰 길로 길으면, 친히기 공평무사해진다(大道之行, 天下为公). 우리는 기업이 국제사회에서 보다 빠르고 훌륭한 발전을 추진하는 중요한 주체 중 하나라고 생각한다. 기업의 사회적 가치 이념을 통해 기업과 사회가 유기적 관계를 형성하고, 지속가능발전을 실현할 수 있을 것이라 믿는다. 나아가 글로벌 발전과 전인류의 행복한 생활에 기여함으로써 미래 세계의 새로운 장을 열어 나갈 것이라고 기대한다.

# 한-중 기업 사회적 가치 연구 여정

# 참여 연구진 명단

# 참고 문헌

# 한-중 기업 사회적 가치 연구 여정

### 2019년 2월 25~27일 (중국)

- **Kick-off 및 학술교류행사**
  - 양국의 사회적 가치 기존 연구 및 사례 공유
- **중국 국유기업 1차 현장 방문**

양측 Champion 면담
(左) 이형희 SK SV 위원회 위원장
(右) 평화강 중국 국유자산감독관리위원회 비서장

Kick-off 및 학술 행사
행사 참여자 전체사진

국유기업 1차 방문

### 2019년 8월 5~8일 (중국)

- **양측 연구진 SV측정 세미나 및 중국 국유기업 2차 현장 방문**
  - SV지표체계 소개(연구진) 및 지표체계에 대한 기업입장 발표

국유기업 2차 방문

### 2019년 8월 19~22일 (한국)

- **국자위 평화강 비서장과 중국연구진 이천포럼 참여**
  - 사회적 가치 공동연구 세미나
    - SK관계사 및 국유기업 간 SV 측정 경험 공유 및 이슈 논의
  - 한-중 기업간 사회적 가치 창출 사례 발표 및 토론
    - 한국 공기업 4개사, 중국 국유기업 3개사, SK 관계사 3개사 참여

■ **한국 공기업 방문 및 교류**
  • 한국 공기업의 사회적 가치 창출 사례 공유

이천포럼 개회사(펑화강 비서장)

사회적 가치 공동연구 세미나

한국토지주택공사(LH) 더스마티움 홍보관 방문

### 2019년 11월 17일 (중국)

■ **한국 연구진 북경100인포럼 참석 및 중국 연구진과 실무교류**
  • 연구결과 활용방안 및 2단계 연구방향 논의

북경100인포럼 참석
(左) 나석권 사회적가치연구원장
(右) 오준환 사회적가치연구원 측정센터장

### 2020년 7월 30일 (한국, 중국)

■ **한-중 기업 사회적 가치 연구 완료식**
  • 연구 결과 발표, 2단계 연구계획 및 중국 내 SV Lab 설립 논의

한-중 기업 사회적 가치 연구 완료 의견서

공동연구 완료 의견서에 사인한 양측 Champion
(左) 펑화강 중국 국유자산감독관리위원회 비서장
(右) 이형희 SK SV 위원회 위원장

## 참여 연구진 명단

| | 한국 | 중국 |
|---|---|---|
| **Champion** | 이형희<br>SK SV위원회 위원장 | 펑화강(彭华岗)<br>국자위 비서장 |
| **Steering Committee** | 제리우<br>SK China CEO | 왕쉬안원(王选文)<br>국자위 국제협력국 국장 |
| | 리신밍<br>SK China 고급 부총재 | 마지앤(麻 健)<br>국자위 연구센터 당위서기 |
| | 정현천<br>SK SV위원회 SV추진팀장 | 라이팅(来 婷)<br>국자위 고과배분국 부국장 |
| | 최준<br>SK Global성장위원회<br>Global성장지원팀장 | 장샤오훙(张晓红)<br>국자위 과학기술혁신 및 사회책임국 부국장 |
| | 강동수<br>SK SV위원회 SV추진팀 담당 | 셰후이(谢晖)<br>국자위 국제협력국 부국장 |
| | 구영모<br>SK SV위원회 SV추진팀 담당 | 두궈궁(杜国功)<br>국자위 연구센터 부서기, 고급회계사 |
| | 나석권<br>사회적가치연구원 원장 | 중훙우(钟宏武)<br>중국사회과학원 기업사회책임연구센터 주임 |

|  | 한국 | 중국 |
|---|---|---|
| Research Team | 오준환<br>사회적가치연구원 측정센터장 | 정둥화(郑东华)<br>국자위 연구센터 부주임, 연구원 |
| | 박성훈<br>사회적가치연구원 V-lab 실장 | 쉬츠(徐驰)<br>국자위 국제협력국 부처장 |
| | 김진기<br>사회적가치연구원 전 측정센터장 | 티앤샹칭(田相庆)<br>국자위 고과분배국 조사연구원 |
| | 허승준<br>사회적가치연구원 측정협력팀장 | 왕저청(王泽程)<br>국자위 과학기술혁신 및 사회책임국 부처장 |
| | 홍단<br>사회적가치연구원 수석연구원 | 장민샹(张闽湘)<br>중국사회과학원 기업사회책임연구센터 주임비서 |
| | 박소희<br>사회적가치연구원 수석연구원 | 치웨(戚悦)<br>국자위 연구센터 자본운영연구처<br>부처장, 부연구원 |
| | 문명재<br>연세대학교 행정학 교수 | 리한스(李寒湜)<br>국자위 연구센터 기업개혁연구처<br>부처장, 부연구원 |
| | 라준영<br>가톨릭대학교 경영학 교수 | 저우지앤쥔(周建军)<br>국자위 연구센터 국제협력연구처<br>부처장, 부연구원 |
| | 김인선<br>중국 대외경제무역대학 교수 | 푸잉제(付颖杰)<br>국자위 국제협력국 직원 |
| | 전복희<br>SK China SV 추진실 실장 | 저우취앤성(周泉生)<br>시노팩 기업문화부 브랜드실 주임 |
| | 박의섭 팀장<br>SK China SV 추진실 팀장 | 리둥쉐(李冬雪)<br>화능그룹 기획부 사회책임처 부처장 |
| | 류양<br>SK China SV 추진실 Project Leader | 원쉐리앤(文雪莲)<br>차이나모바일 발전전략부 전략기획처 경리 |
| | 박천규<br>SK SV위원회 SV추진팀 Project Leader | 예윈(叶云)<br>동풍자동차 당위행정실 브랜드홍보처<br>사회책임업무 주임 |
| | 김형진<br>SK SV위원회 SV추진팀 Project Leader | 장시(张曦)<br>중국교통건설 당위선전부 홍보처 주관 |
| | 한옥경<br>SK SV위원회 SV추진팀 Project Leader | 왕웨이(王玮)<br>중국화전 당건설부 신문처 처장 |
| | 김수진<br>한국사회가치평가 이사 | 량샤오(梁霄)<br>중국건재 기업관리부 고급경리 |
| | 양희<br>한국사회가치평가 수석연구원 | |

# 참고 문헌

## 국내 참고문헌

1. 강영기. (2012). 사회적 기업과 기업의 사회적 책임의 관련성에 관한 소고. 안암법학, 39, 1-38.

2. 곽관훈. (2006). 기업의 사회적 책임(CSR)과 자본시장에 미치는 영향. 상사법연구, 25(3), 113-149.

3. 기영화. (2017). 사회적 경제 차원의 사회적기업과 기업의 사회적 책임의 비교연구. 사회적경제와 정책연구, 7(3), 79-108.

4. 김균목, &고동완. (2011). 관광산업에서 사회적 책임 활동과 사회적 기업의 연계 방향. 관광연구, 26(5), 43-61.

5. 김병균, & 서민교. (2012). 중국진출 한국기업의 사회적 책임(CSR)에 관한 사례연구. 국제경영리뷰, 16(3), 235-265.

6. 김수현, & 최은정. (2014). 소비자 관점의 착한 기업 세부 구성요소 발굴을 위한 탐색적 연구: ZMET 방법론 이용. 고객만족경영연구, 16(1), 65-88.

7. 김윤영. (2004). 공익 연계 마케팅이 기업이미지 개선에 미치는 영향.

8. 김인재. (2005). 노동분야의 「기업의 사회적 책임(CSR)」과 노동법적 과제. 노동법연구, (18), 267-303.

9. 김진태. (2013). 기업의 사회적 책임활동이 조세부담에 미치는 영향에 관한 연구. 경영교육연구, 28(2), 105-132.

10. 김창호. (2007). 기업의 사회적 책임 경영 (ISO 26000)에 관한 소고. 한국경영학회 통합학술발표논문집, 2007(8), 1-33.

11. 라준영. (2018). 우리나라 사회영향투자 시장의 현황과 과제. 중소기업연구, 40(1), 85-112.

12. 배현미, 이준일, & 우소영. (2007). 기업의 경제적 사회책임활동과 기업이미지에 관한 연구. 국제지역연구, 11(3), 867-890.

13. 배현미. (2008). 기업의 사회책임활동(CSR)이 기업 이미지와 명성에 미치는 영향. 국내박사학위논문 중앙대학교, 서울

14. 윤각, & 류지영. (2014). CSR신뢰가 고객충성도에 미치는 영향에 관한 이중매개효과모형: CSV인식과 기업태도, 소비자-기업 동일시의 역할. 광고학연구, 25(6), 7-26.

15. 윤각, & 서상희. (2003). 기업의 사회공헌활동과 기업광고가 기업이미지와 브랜드태도 형성에 미치는 영향력에 관한 연구. 광고연구, 61, 47-72.

16. 이기훈, & 최선. (2004). 환경경영, 사회적 책임경영, 그리고 지속가능성 경영. 환경경영연구, 2(1), 61-79.

17. 이병훈. (2007).기업의 사회적 책임(CSR)과 노동조합운동: 해외 노조단체들의 대응전략을 중심으로. 산업노동연구, 13(2), 307-336.

18. 이상민. (2002). 기업의 사회적 책임. 한국사회학, 36(2), 77-111.

19. 이상민. (2006). 기업의 사회책임과 주주행동주의. 한국사회학,40(5), 99-136.

20. 이상석, 김종성. (2007). 지역사회의 지속가능발전을 위한 기업의 사회적 책임 수행 연구: POSCO 광양제철소를 사례로. 한국경제지리학회지, 10(4), 444-460.

21. 임종혁, & 전달영. (2018). 공유가치창출(CSV)에 관한 국내 문헌 분석 및 제언. 사회적 경제와 정책연구, 8(1), 53-87.

22. 장성희. (2014). 기업가지향성, 시장지향성, 기업의 사회적 책임이 사회적 기업의 성과에 미치는 영향. 한국콘텐츠학회논문지, 14(6), 355-366.

23. 정재관, 2015. CSR 논의의 전개 과정. 出处: 사회적 책임, 사회적 기업. 동아시아연구원, pp. 11-35.

24. 정희철. (1974). 이른바 기업의 사회책임과 법적 제문제. 서울대학교 법학연구소, 15, 217-237.

25. 최아름, & 구지현. (2016). 기업의 국제화에 영향을 주는 요인에 관한 연구 – 사회적 책임활동을 중심으로. 디지털융복합연구, 14(6), 109-118.

26. 최지호, 이성근, & 문연희. (2007) "CSR 활동이 소비자의 기업 평가에 미치는 영향: 사회책임 범주와 사회적 이슈 모형 비교." 상업교육연구 17, 471-90.

27. 카와모토 이치로. (1974). 「법과 사회」에 관한 세미나 중 미기업의 사회책임"회

28. 허원무, 우정, & 정의파. (2007). 기업 이미지가 소비자 동일시, 브랜드 친숙도, 신제품 평가에 미치는 영향. 광고연구, (76), 143-171.

29. 허인혜. (2012). 인도 진출 한국 기업의 사회적 책임활동: 민주적 거버넌스 관점에서의 평가. 국제지역연구, 16(3), 175-201.

## 외국 참고문헌

30. Archie, B, Carroll. The Pyramid of Corporate Social Responsibility: Toward the Moral Management of Organizational Stakeholders, Business Horizons, 1991.

31. Bai Gao, Economic Ideology and Japanese Industrial Policy: Developmentalism from 1931 to 1965, Cambridge: Cambridge University Press, 2002, p57.

32. Edith Penrose, The Theory of the Growth of the Firm,Oxford: Blackwell, 1959.

33. George Serafeim, T. Robert Zochowski, Jen Downing. (2019). "Impact-Weighted Financial Accounts: The Missing Piece for an Impact Economy", Harvard Business School Impact-Weighted Accounts Project

34. Hillman, A. and Keim, G., Shareholder Value, Stakeholder Management, and Social Issues: What's the Bottom Line? Strategic Management Journal, 2001, No.22

35. Moskowitz, M, Choosing Socially Responsible Stocks. Business & Society Review, No.1,1972.

36. Oliver Sheldon,"The Social Responsibility of Management",The Philosophy of Management,London:SirIsaac Pitmanand SonsLtd.,1924.

37. Porter, M. E., & Kramer, M. R., Creating Shared Value. Harvard Business Review, 2011.January-February.

38. Roman R. M, S. Hayibor and B. R. Agle, The Relationship between Social and Financial Performance: Repainting a Portrait, Business and Society,1999, Vol.38, No. 1

39. Sen, S. Bhattacharya, C.B. Doing better at doing good: When, why, and how consumers respond to corporate social initiatives. California Management Review, 2004, No.47.

40. Vance S G.Are Socially Responsible Corporations Good Investment Risks, Management Review,1975, No.8

41. 崔之元:《美国二十九个州公司法变革的理论背景》,《经济研究》1996年第4期。

42. 李伟阳, 肖红军:《基于社会资源优化配置视角的企业社会责任研究——兼对新古典经济学企业社会责任观的批判》,《中国工业经济》2009年第4期。

43. 黄群慧, 彭华岗, 钟宏武, 张蒽:《中国100强企业社会责任发展状况评价》,《中国工业经济》2009年第10期。

44. 徐传谌, 艾德洲:《中国国有企业社会责任研究》,《吉林大学社会科学学报》2010年第6期。

45. 丁晓钦, 陈昊:《国有企业社会责任的理论研究及实证分析》,《马克思主义研究》2015年第12期。

46. 李正:《企业社会责任信息披露影响因素实证研究》,《特区经济》2006年第8期。

47. 温素彬, 方苑:《企业社会责任与财务绩效关系的实证研究——利益相关者视角的面板数据分析》,《中国工业经济》2008年第10期。

48. 李文茜, 刘益:《技术创新、企业社会责任与企业竞争力——基于上市公司数据的实证分析》,《科学学与科学技术管理》2017年第1期。

49. 李伟阳, 肖红军: 利益相关方、责任内容、功能、组织层级、作用属性: 企业社会责任指标体系构建的五维模型,《WTO经济导刊》2009年第3期。

50. 中国社会科学院经济学部企业社会责任研究中心:《中国企业社会责任报告编写指南CASS-CSR1.0》, 北京: 经济管理出版社, 2009年。

51. 原诗萌:《央企社会责任履行情况分析报告》,《国资报告》2018年第3期。

52. 国务院国资委综合局, 中国社会科学院经济学部企业社会责任研究中心:《中央企业社会责任蓝皮书 (2017)》, 北京: 经济管理出版社, 2018年。

53. 尹晓燕:《在履责中唱响央企好声音》,《工人日报》2019年9月6日, 第七版

54. 金仁仙. 全球化背景下企业社会责任研究. 对外经济贸易大学出版社, 2017.

55. 金仁仙. 韩国财阀企业社会责任(CSR)发展研究及对我国的启示. 财会通讯, 2015 (644: 24):120-124.